NEW RETAILING MANAGEMENT

市场调查与预测

主　编◎吴培培　江　江

復旦大學出版社

新零售系列教材编委会

Preface 序

新零售时代已经到来，这是以人为中心的“线上线下一体化”的全渠道新零售。随着消费升级的变化，消费者的购物方式和消费理念在发生改变。面对消费者的多元化需求，信息技术的发展，以及经营环境的变化，零售企业要对经营理念和运营方式进行调整，对提供的产品和服务进行升级，利用大数据对用户行为进行分析，创新精准营销和体验营销，搭建智慧物流体系，这对零售企业提出了更多新挑战。

上海商学院建设有全国最早的连锁经营管理本科专业，于 2017 年新设了教育部首个零售业管理专业，工商管理专业 2019 年成为国家级一流本科专业建设点，在零售方向的专业教学始终处于领先地位。工商管理基于一流本科专业和一流学科建设，结合新商科、新需求、新模式、新技术发展，致力于培养具有互联网思维、创新创业能力、国际化视野的现代商业与商务管理人才，以满足上海“五个中心”和“四大品牌”建设及我国商业的新发展对高素质应用型商科人才的需求。

为实现以上人才培养的目标，专业定期更新课程体系，将行业前沿适时融入课程内容。经过长期的积累，形成了新零售系列教材，涵盖了零售基本理论、新零售管理理论、数字营销、智慧物流、商业数据分析、市场调查、商业伦理、组织行为等方面。新零售系列教材特色鲜明，内容覆盖新零售的方方面面，体现了教学内容的理论性、行业发展的前沿性和管理实践的应用性。

新零售系列教材，适用于零售管理、企业管理、工商管理等经济管理类专业的本科生，也适用于对新零售感兴趣的企业和研究人员。

Contents 目录

第1章 概 论

学习目标

◆ 理解市场的概念与特征
◆ 理解市场调查与预测的必要性、范围及内容
◆ 了解市场调查与预测行业的发展
◆ 了解市场调查与预测行业的结构

导入案例

2017年12月29日，中国领先的大数据与人工智能解决方案提供商百分点集团宣布，全资并购国内顶尖的在线调研公司极速洞察(Insight Works)，此举将进一步丰富其SaaS产品与业务布局。并购之后，极速洞察将继续以独立品牌运营的方式为广大企业和消费者提供服务；同时，百分点集团将其在大数据与人工智能领域多年积累的技术注入极速洞察，用大数据+AI赋能在线调研与用户洞察。

1. 极速洞察以产品创新引领在线调研及消费者洞察市场

极速洞察于2011年成立，是国内通过大小数据融合进行消费者洞察的开创者和引领者。其率先在业内推出移动消费者问答社区，运营着超过300万的活跃会员，是中国最大的在线消费者调研社区。

极速洞察以拥有大量优质企业客户以及良好的产品和服务享誉业内，通过成熟的SaaS业务模式服务国内外超过10万家企业客户，包括众多世界500强企业和本土知名企业，如腾讯、联合利华、欧莱雅、星巴克、百事、美的、顺丰、Ipsos、GfK、CTR等。

消费升级的大趋势下，用户的消费需求和行为呈现出多元化、实时化特点，并追求体验和表达的极致化。传统的调研方式，因数据局限性、样本真实性、时间滞后性和呈现深度等问题，已经不能满足品牌商所期待的灵动和深入把脉消费者的需求。在这种新业态下，在线调研公司开始探索模式创新，欧美市场出现了像 Survey Monkey 这样市值超过 20 亿美元的新型公司，以最新的技术引领市场研究；甚至互联网巨头也争相进入到这个领域，谷歌的 Google Surveys 以数据为核心，通过快速洞察用户并实时形成数据与业务的闭环，辅助企业做出更加智能、高效的商业决策。

极速洞察敏锐地捕捉到了这一市场趋势，将大数据等新技术运用到消费者洞察过程中。为此，其先后研发了乐调查、万能测等多款 SaaS 产品，一站式全自动实现传统专业调研中复杂的配额设定、高级分析模型应用、报告撰写等环节，使项目周期缩短 80%，成本降低 70%。

2. 百分点＋极速洞察：大数据＋AI 重新定义消费者洞察

百分点集团一直致力于推动大数据和 AI 技术在各行业的深度融合，积累了丰富的技术和实践经验。此次并购后，百分点集团将为极速洞察注入强大的技术、产品和市场能力，重新定义消费者洞察模式，为企业在用户消费升级时代提供更加智能的工具和服务。

数据协同让消费者洞察更加精准。百分点集团具有业内领先的用户画像技术，极速洞察拥有 318 万授权的活跃会员，并购之后的数据和技术协同效应将会让消费者洞察更加精准。

大数据和 AI 技术重新定义消费者洞察。百分点集团将充分利用数据打通、智能标签、自然语言处理等技术进行赋能，通过人工智能和行为定向等技术，结合大小数据，打通线上与线下、用户行为与态度等多个维度的数据，智能化获取消费者广泛而真实的意见反馈。

共享生态，服务行业。百分点集团经过八年发展已经积累了覆盖多个行业的超过 2 000 家企业级客户，拥有京东云、微软、华为、惠普、中国电子进出口、浪潮等覆盖多个领域的生态合作伙伴；极速洞察拥有英文、日语等多语言版本的产品，服务于众多海外客户，如日本最大电商乐天市场(Rakuten)、荷兰壳牌集团、新加坡金霸王等。此次并购之后，百分点集团与极速洞察将共享生态体系，共同开拓国内与海外市场。

资料来源：https://maimai.cn/article/detail?fid=247599953&efid=qmKBA57sPaVfxy4SO8Se7A。

1.1 市场调查的概述

1.1.1 市场调查的定义

根据 1961 年美国市场营销协会(AMA)对市场调查所下的定义：市场调查是指系统地

收集、记录和分析与产品和服务的市场营销问题有关的资料。市场调查为企业的决策者提供依据，用系统化的信息指导企业行为，是现代企业进行市场营销活动的客观需要。随着社会环境的变化，市场调查发挥的作用越来越重要，市场调查有了更全面的定义。市场调查是针对企业特定的市场问题，采用科学的研究方法，系统地、客观地收集、整理、分析、解释和沟通有关市场研究各方面的信息，了解市场现状及其发展趋势，为企业决策者制定、评估、改进决策和进行市场预测提供客观、正确的依据。

市场调查概念通常分为狭义概念和广义概念。狭义的市场调查，更侧重于信息的收集和分析。狭义的市场调查是从市场营销的角度，更侧重于对消费者的调查研究，是以科学的方法和手段收集消费者对产品购买及其使用的数据、意见、动机等有关资料，通过分析研究，以识别、定义市场机会和可能出现的问题，制定和优化市场营销组合策略，并评估其效果。广义的市场调查是从整个市场的角度，包括了从认识市场到制定营销策略的一切有关市场营销活动的分析和研究。广义的市场调查不仅包括消费者调查，还包括市场分析、销售分析、广告研究、营销环境研究等多方面的调查研究。

1.1.2 市场调查的内容

广义的市场调查是从整个市场的角度，包括了从认识市场到制定营销策略的一切有关市场营销活动的分析和研究。因此市场调查的范围涉及市场营销的任何问题，对其进行资料收集、整理、分析和预测都属于市场调查的范围，总的来说，包含两个方面，宏观市场调查和微观市场调查。

宏观市场调查是以一定地区范围的市场为对象，是对市场总体情况进行的调查，如市场结构、市场供求关系、市场环境、市场竞价、物价走势等构成市场体系的相关要素进行的调查研究。这种调查通常是由政府综合经济管理部门，如统计局、发改委、物价局进行的。微观市场调查包括对于企业市场营销目标、市场特征、市场行为、市场营销手段和市场营销组合的研究。这两者是相辅相成的，在市场调查的具体活动中，侧重点各有不同。

市场调查所涉及的内容非常广泛，各种调查者出于不同的调查目的和要求，其市场调查内容各有不同的侧重点，如针对市场环境、市场需求、市场供给、消费者市场、营销因素和市场竞争情况等进行调查。

1. 市场环境调查

企业生产经营活动与消费者的任何活动都离不开社会市场环境，企业只有在充分了解市场环境的基础上并去适应它，才能真正在复杂多变的环境中取得成功。市场环境调查主要包括经济环境、政治环境、社会文化环境、科学环境和自然地理环境等。具体的调查内容可以是市场的购买力水平、经济结构、政策和法律法规、风俗习惯、科学发展动态、气候等各种影响市场营销的因素。

2. 市场需求调查

顾客需求应该是企业一切活动的中心和出发点，因而市场需求是市场调查的重点内容，包括市场需求总量及其构成、市场需求变动影响因素等，涉及各种商品的需求数量、质量、品种、规格、包装，以及各种商品的需求地点和时间、商品需求的满足程度等。

3. 市场供给调查

市场供给调查主要包括产品生产能力调查、产品实体调查等，具体为某一产品市场可以提供的产品数量、质量、功能、型号、品牌，以及生产供应企业的情况等。

4. 消费者市场调查

消费者市场调查主要包括对消费者的数量与分布、人口结构与类型、消费能力与水平、消费者购买动机、购买行为、购买习惯、潜在需求和消费者满意度等的研究。

5. 市场营销因素调查

市场营销因素调查主要包括产品、价格、渠道和促销的调查。产品的调查主要包括了解市场上新产品开发的情况、设计的情况、消费者使用的情况、消费者的评价、产品生命周期阶段、产品的组合情况等。产品的价格调查主要包括了解消费者对价格的接受情况，对价格策略的反应等。渠道调查主要包括了解渠道的结构、中间商的情况、消费者对中间商的满意情况等。促销活动调查主要包括各种促销活动的效果，如广告实施的效果、人员推销的效果、营业推广的效果和对外宣传的市场反应等。

6. 市场竞争情况调查

市场竞争情况调查主要包括对竞争企业的调查和分析，了解同类企业的产品、价格等方面的情况，了解同类企业采取了什么竞争手段和策略，做到知己知彼，通过调查帮助企业确定竞争策略。

1.1.3 市场调查的分类

市场调查活动所涉及的范围相对广泛，可以从不同角度区分为多种类型。对市场调查进行明确分类，有利于全面系统地理解市场调查工作，也有利于市场调查实践中明确调查目的和确定内容。

1. 根据购买商品目的分类

根据购买商品的不同，市场调查可分为消费者市场调查和产业市场调查。消费者市场的购买目的是为了满足个人或家庭的生活需要。消费者市场是最终产品的消费市场，是社会再生产消费环节的实现。需要了解消费者需求数量和结构及变化，而消费者的需求数量和结构的变化受到多方面因素如人口、经济、社会文化、购买心理和购买行为等的影响。对消费者市场进行调查，除直接了解需求数量及其结构外，还必须对诸多的影响因素进行调查。

产业市场也称为生产资料市场，其购买目的是为了生产出新的产品或进行商品转卖。产业市场是初级产品和中间的消费市场，涉及生产领域和流通领域。产业市场主要是对市场商品供应量、产品的经济寿命周期、商品流通渠道等方面的内容进行调查。

2. 根据商品流通环节分类

根据商品流通环节不同，市场调查可分为批发市场调查和零售市场调查。批发市场的主要职能是把产品从生产领域输送到流通领域。批发市场调查主要是从批发市场的数量、规模与参加者，批发商品流转环节的不同层次，批发商品购销形式等方面进行的调查。零售市场是商品流通的最终环节，商品零售是为了满足个人的生活消费或企事业单位的非生产性消费。零售市场调查是调查不同经济形式下零售市场参与者及其构成情况，零售商业企业数量、类型及其在社会零售商品流转中的比重，消费者在零售市场上的购买心理和购买行为，零售商品的数量和结构，等等。

3. 根据产品层次分类

市场调查按产品层次不同，可划分为很多不同商品类别或商品品种的市场调查。如按商品大类可分为食品类、衣着类、日用品类、医药类、燃料类等市场调查，这类调查可以研究居民的消费结构及其变化，从总体上研究市场。各种商品大类的市场调查还可以进一步划分为不同的小类或具体商品的市场调查。如食品大类商品又可划分为粮食类、副食类、调味品类等小类商品的市场调查。按商品小类和具体商品进行的市场调查，所取得的资料对于研究不同商品的供求平衡、组织商品生产与营销、提高企业的经济效益是必须的，对于宏观上研究也有重要作用。

4. 根据时空层次分类

根据时间层次不同，市场调查可分为一次性市场调查、定期市场调查和不定期市场调查。一次性市场调查是指为了解决某种市场问题专门组织的调查，用于收集事物在某一特定时点上的水平、状态等资料；定期市场调查是对市场现象的发展变化过程进行连续的调查，如物价调查就是根据物价管理部门的需要而定期进行的。

根据空间不同，市场调查可分为国内市场调查与国际市场调查。国内市场调查是指以国内市场为对象进行的调查，可以分为全国性、地区性市场调查，还可以分为城市、城镇、农村市场调查。国际市场调查是以世界市场的需求动向为对象进行的调查。我国国内市场是国际市场的重要组成部分，国际市场同时也影响着我国国内市场。按不同空间组织的市场调查资料，研究不同空间市场的特点，合理地组织各地区商品生产与营销，这对于地区间合理的商品流通具有十分重要的价值。

5. 根据调查组织的方式分类

根据调查组织的方式不同，市场调查可分为全面市场调查和非全面市场调查。全面市场调查又称市场普查，是指为了了解市场的基本情况，搜集全面、精确的资料，对调查对象（总体）的全部单位进行逐一的、无遗漏的调查。其调查结果虽比较全面、正确，但需要耗费较多的人力、物力和财力。

非全面市场调查是对总体中的一部分单位进行调查。它又分为市场典型调查、市场重点调查和市场抽样调查。这种调查方式所涉及的调查单位少，可以用较少的人力、财力和时间调查较多的内容，搜集较深入、细致的情况和资料。但由于它未包括总体范围内的全部单位，因此常需要与全面调查结合起来运用。

6. 根据市场调查的目的和深度分类

根据市场调查的目的和深度分类，市场调查可分为探索性调查、描述性调查、因果性调查和预测性调查。

探索性调查是为了界定调查问题的性质以及更好地理解问题的环境而进行的小规模的

调查活动。在调查初期，市场情况非常不明了，调查者通常缺乏对问题的足够了解，或尚未形成一个问题产生原因的具体假设，为了发现问题，找出问题的症结，明确进一步深入调查的具体内容和重点，需要进行非正式的探索性市场调查的设计。因此，探索性调查研究的基本目的是提供一些资料以帮助调查者认识和理解所面对的问题，常常用于在一种更正式的调研之前，帮助调研者将问题定义得更准确些、帮助确定相关的行动路线或获取更多的有关资料。这一阶段一般是小样本的调查，所需的信息是不精确定义的，研究过程较为灵活，多采用专家咨询、座谈法或二手资料分析方法。例如，某公司的洗发水市场份额在去年下降了，尚不能确定相关原因，是广告支出的减少？还是消费者的习惯改变了？显然，可能的原因很多，公司只好采用探索性调查来寻找最可能的原因，如从一些用户和代理商处收集资料，从中发掘问题。

描述性市场调查指对需要调查的客观现象的有关方面进行正式调查，如对变量现状和特征的调查。其需要解决"是谁""是什么""什么时间""什么地点"和"怎样"的问题。描述性调查研究是结论性研究的一种，其调查的目的在于描述某些事物总体的特征或功能，也就是描述市场的特征或功能，如相关群体的特征、估算某种特征人群在总人口中的比例、确定产品特征的概念、确定变量间的联系程度等。相较于探索性调查，描述性调查事先已经提出了具体假设，对所需信息有了清楚的定义，一般采用有代表性的大样本的定量分析，结果用于决策参考。在调查方法上采用二手资料调查、抽样调查和观察法等。假设一家快餐店开设分店，公司想知道人们是如何选择这家分店的？因此需要具体描述惠顾这家分店的消费者是谁？他们的性别、年龄和居住地点及他们是如何来这里的？他们对快餐产品和服务的要求是什么？等等。当然这些问题必须根据调查的目的而定。若是用来制定促销计划，重点应放在人们是如何知道这家店的；若是决定开店的位置，重点应是分析快餐的商圈。

因果性市场调查是为了探测有关现象或市场变量之间的因果关系，它所回答的问题是"为什么"，目的在于找出事物变化的原因和现象的相互关系，找出影响事物变化的关键因素。如在某一时期影响儿童电子手表销量的因素有哪些？主要影响因素是什么？次要影响因素是什么？在因果性调查研究中有独立变量，控制中间变量，多为大样本的调查，更侧重于定量分析，结果可以用于决策参考。在调查方法上多采用二手资料调查、抽样调查和实验法等。

这三种调查中，探索性调查是第一步，其重点在于对问题进行尝试性解释，这种解释作为描述性调查的指南，如果这种解释被描述性市场调查所证实，就可利用因果性市场调查来确认这一解释的可信性。

除此之外，还有一种预测性市场调查，是指对未来可能出现的市场行情的变动趋势进行的调查，属于市场预测的范畴。它是在描述性调查和因果性调查的基础上，对市场的潜在需求进行的估算、预测和推断。因此，预测性调查实质上是市场调研结果在预测的应用。在市场竞争日益激烈的情况下，为了避免企业决策错误，就必须进行调查和预测市场潜在需求，这样才能把握市场机会。

上面的分类方法其实是根据市场调查目的和深度分类，除此之外，还可以根据空间和时间层次不同分类，根据产品层次不同分类，根据调查组织的方式分类，根据商品流通环节分类，根据购买商品目的分类。

四种调查的目的、特征、方法和成果应用见表1-1。

表1-1 四种调查方法的比较

项目	探索性研究	描述性研究	因果关系研究	预测性研究
目的	对问题进一步了解产生想法和思路	描述总体的特征或功能	确定因果之间的关系	市场未来的发展趋势
特征	小样本 不具总体推断意义 定性分析 常常是全部方案设计的前端部分	有事先提出的具体假设 大样本 定量分析 结果用作决策参考	研究独立变量，控制中间变量 多为大样本 侧重定量分析 结果说明决策原因	定量分析 因果分析 现在与未来的关系
方法	专家咨询 座谈会 二手资料	二手资料 抽样调查 观察法	实验法 二手资料 抽样调查	实验法 二手资料 抽样调查
成果	一般还需进一步的探索性或因果关系的研究	将结果用作决策的参考	将结果用作决策的参考	将结果用作决策的参考

除了上述分类之外，市场调查还可以根据调查的内容不同分为定性市场调查与定量市场调查；根据调查方法不同分为文案调查和实地调查等。但对于调查人员来说，需要针对不同的市场调查问题、研究目标、研究情景，选择不同的市场调查类型，更好地收集市场信息，为决策和市场预测提供客观、正确的依据。不同市场调查类型之间相互联系，在选择的时候必须综合考虑，灵活应用。

1.2 市场调查的原则与作用

1.2.1 市场调查的原则

1. 客观性原则

市场调查必须从客观实际出发，在正确的理论指导下，进行科学的研究分析。这是市场调查最基本也是最重要的原则。市场现象是客观存在的，在调查过程中应避免主观偏见或人为修改数据，如实地反映市场真实情况。市场现象还是复杂多变的，在客观的前提下，采用适当的调查组织方式和调查方法，对收集到的信息进行认真检查审核，确保调查结果的准确性。

2. 科学性原则

市场调查活动必须秉承客观的调查观念，制定严格的规章制度，按照科学的工作标准，采用合理的调查方法。在调查过程中，要采用科学的方法定义调查问题、设计合理的调查方案、收集信息、整理和分析数据等。市场调查活动只有运用科学的方法进行组织、实施和管理，才能得到准确的资料，得出可信的结果，从而做出正确的市场决策。

3. 系统性原则

市场调查活动是一个系统化的工作，包含调查活动的设计与组织，信息的收集、整理与分析，调查报告的撰写与汇报等。一系列工作紧密相连，环环相扣，构成了市场调查的全过程。因此在进行调查的时候，必须以系统要素为指导，处理好整体和局部的关系，全面考虑问题。同时，市场调查活动还应该具有连续性，以便不断积累信息，进行系统的动态分析和使用。

4. 时效性原则

市场不断变化，在对市场现象进行资料收集、整理、加工和利用时，间隔要短，效率要高。随着互联网时代的到来，信息产生、更新迭代的速度越来越快，用于做决策的时间越来越短，因此市场调查人员要及时获取市场上的有用的信息，及时分析，及时反馈，为企业在经营过程中适时地制定、评估和调整策略提供依据。

5. 经济性原则

经济性原则是指市场调查应按照调查的目的要求，选择恰当的调查方法，争取用较少的费用取得最佳调查结果。通常，在市场调查内容一定的条件下，采取不同的市场调查方式和方法，会形成不同的市场调查费用；在市场调查费用一定的条件下，采用不同的市场调查方式方法，又会取得不同的调查效果。所以，在满足市场调查目的的前提下，尽量简化调查的内容与项目；采用比较节省的调查方式方法，避免人力、物力、财力和时间的浪费。

6. 保密性原则

伴随着专业化分工，很多企业的调查项目都是委托给专业的市场调查公司完成的，作为调查人员需要对调查的项目及所获资料进行严格保密，以免造成委托方的损失。且在调查过程中，必须对被调查者信息提出保密承诺，消除被调查者的担忧和疑虑，从而获得真实可靠的信息。

市场调查的各项原则之间是相互联系的，在市场调查中要将各项原则综合应用，将其贯穿于市场调查的始终。

1.2.2 市场调查的作用

1. 为企业决策和调整策略提供市场信息

市场是企业研究的中心，根据市场的状况而制定的营销策略决定了企业的经营方向和目标，其正确与否，直接关系到企业的成功与失败。市场调查的目的就在于科学、准确、系统、及时地收集各类市场信息，为企业的决策和策略制定与调整提供依据，使企业营销的产品与服务适应且满足消费者的需要，这是营销策略中首先要解决的问题。

2. 有利于企业发现新的需求和市场机会

市场是动态变化的，任何企业都不可能依靠一个有限的产品或在有限的范围内获得永久的市场优势。企业可以通过市场调查，了解当前顾客的需求以及满足程度，洞察消费者潜在需求，挖掘尚未被满足的市场，开发新产品，开拓新市场，为企业制定行之有效的市场开发战略提供重要的依据。

3. 有利于企业在竞争中占据有利地位

知彼知己，百战不殆。在竞争激烈的市场环境中，企业想要取得胜利，就必须对竞争对手有充足的了解。市场调查可以帮助企业掌握竞争对手的经营策略、产品优势、经营力量、促销手段及未来的发展意图等。在此基础上，可以在竞争中绕开对手的优势，发挥自己的长处，或针对竞争者的弱点，突出自身的特色，更加准确地进行市场定位，以吸引消费者选择本企业的产品或服务，增强竞争力。

4. 有利于企业预测未来市场

除了现有市场之外，企业对未来市场的预判也十分重要。企业可运用科学的方法，把握经济发展或者未来市场变化的有关动态，分析和预见其发展趋势，掌握市场供求变化的规律，为经营决策提供可靠的依据。预测服务与决策，进行有效的市场预测还可以提高企业的管理水平，减少决策的盲目性和未来的不确定性，降低决策可能遇到的风险，使决策目标得以顺利实现。

1.3 市场调查行业的发展与结构

1.3.1 市场调查行业的发展

1. 市场调查行业的萌芽(20世纪前)

市场调查随着商品经济的产生而产生，伴随着商品经济的发展而发展。商品经济初始，企业规模较小，企业对顾客了解程度较高，无须进行市场调查。但工业革命的出现使得西方国家的经济得到极大发展，市场规模不断扩大，企业主意识到需要对消费者进行调查，只有了解消费者需求、偏好、购买能力和购买习惯等，生产和消费才能得以配合，因此开始出现了市场调查的端倪。最早有关市场调查的记载可以追溯到1824年7月美国地方报《宾夕法尼亚哈里斯堡报》(*Harrisburg Pennsylvanian*)开展的民意调查，询问路过的行人要投票给哪位候选人。其后，N. W. Ayer广告公司于1879年进行了一次以本地官员为调查对象的调查，了解他们对谷物生产的期望水平，旨在为农业设备制造商制定广告的安排。1895年后，很多学术研究中开始使用市场调查，如明尼苏达大学的一名心理学教授使用邮寄问卷的调查方法研究广告，其邮寄了200份问卷，最后收到20份完成的问卷，回收率为10%。之后不久，美国西北大学的斯克特也做了一些开创性的工作。

2. 市场调查行业的早期发展(1900—1930年)

20世纪初期，市场调查作为一个行业在各个领域开始发展，美国的多家大学创建了市场调查所；有关市场调查的学术专著、手册和教材开始陆续发表，并产生了一批有影响的著作；美国的一些企业也开始应用市场调查技术为企业营销服务，成立市场调研部，并获得了成功。1911 年美国纽约的柯蒂斯出版公司，聘请了佩林任经理，期间他编写了《销售机会》一书，这是第一本有关市场研究的专著，内容包括美国各大城市的人口分布、人口密度、收入水平及相关资料，在该书中他率先把市场调查理论和实践结合起来，这对市场调查的后续发展起到了关键的指导和促进作用，因此佩林也被推崇为市场调查学科的先驱。柯蒂斯出版公司的市场调查部门曾先后对农具销售、纺织品销售和百货公司进行了系统的调查。1915 年美国的橡胶公司成立了商业调研部。1917 年斯威夫特公司也成立商业调研部。1919 年美国芝加哥大学教授邓肯发表了《商业调研：操作准则简介》，被公认为市场营销调研的第一部著作。

1921 年怀特发表了《市场分析》，这是第一本调研手册书。1929 年在美国政府的主持下，全美展开了一项分销调查，内容涉及市场结构、商品销售通道、中间商和分配渠道、中间商的经营成本等，为企业提供了较为系统和准确的市场活动资料，这次调查被视为美国市场调查史上的里程碑。但是，在市场调查作为一门学科的创建初期，与市场调查有关的理论方法大部分局限于平均数、长期趋势、单相关等内容，经济计量在市场调查学中也仅有初步的发展和使用。在市场调查早期的发展阶段，陆续开发了一系列市场调查方法，如实地调查法、观察法和实验法，同时调查表法和抽样理论也得以发展。其中，在 1910—1920 年，问卷设计兴起，问卷调查成为当时主流的市场调查方式，如军队用问卷来进行个人审查，期刊出版商用问卷来搜集读者的意见等。1922 年尼尔森进入调研服务业，提出了“市场份额”的概念以及其他服务，从而为它后来成为美国最大的市场调研机构之一奠定了基础。直到 20 世纪末期，市场调查才作为正式课程在大学中得到普及。

随着企业管理手段、方法和工具的改进，企业的生产率得到了快速提高，生产能力的增速超过市场需求的增速。这一历史背景刺激了部分企业转变经营理念，开始重视市场的需求和产品的销售。企业越来越意识到通过收集市场信息特别是消费者信息，以制定科学促销策略和生产经营策略的重要性，市场调查逐渐成为一些企业的自觉行为。因此，20 世纪前 30 年是市场调查在全球的启蒙和兴起阶段，美国是世界市场调查业产生的源头，市场调查在世界其他国家和地区基本处于空白。但这一时期的市场调查还处于探索期，其理论体系并不成熟，只有少数企业零星地运用部分市场调查的理论知识来指导企业的实践。

3. 市场调查行业的成长(1930—1950 年)

随着全球经济的快速增长，企业越来越认识到市场调查的重要作用，有越来越多的企业开始在生产经营活动中运用市场调查的思维、理论和方法，以提高企业的市场竞争力。

20 世纪 30 年代末到 50 年代初是市场调查业快速成长阶段。从 20 世纪 30 年代开始，市场营销理论与市场调查理论得到了进一步的发展，也越来越呈现出国际化进程，越来越多的国家和地区开始相关理论研究和探讨。1937 年美国市场营销协会资助的出版物《市场调查技术》问世，该书汇集了有关市场调查理论和实践两方面的知识，市场调查正式成为大学商学院的课程之一。同年布朗的《市场调查与分析》出版，该书一经推出就作为有关市场调查方面的教材而被广泛使用。

在此阶段,市场调查的方法得到创新。20世纪20年代末和40年代初,样本设计技术获得很大进展,抽样调查兴起。调查方法的革新使得市场调查方法应用得更加广泛。20世纪40年代,莫顿教授开发了定性研究(焦点小组)方法,使得抽样技术和调查方法取得很大进展。20世纪40年代后,有关市场调查的书籍陆续出版,越来越多的大学商学院开设了市场调研课程,教科书也不断翻新。在此期间,配额抽样、随机抽样、消费者固定样本调查、问卷访问、统计推断、回归分析、简单相关分析、趋势分析等理论也得到了广泛的应用和发展。此外,很多专门从事市场调研的公司不断成立,截至1949年,全美调研公司的数量达到200多家。

4. 市场调查行业的成熟(1950年至今)

第二次世界大战结束后,西方各资本主义国家经济开始复苏并迅速发展,社会生产力不断提升,企业竞争激烈,企业经营理念由卖方市场向买方市场转变,迫使企业更加重视通过市场调查研究收集有关消费者和市场的信息,从而发现和掌握消费者需求,生产和提供满足这些需求的产品。市场调查成为企业研究市场的重要工具,企业导入市场营销信息系统,依据调查结果进行决策。各种各样的专业性市场调查公司开始出现在各国市场上,标志着市场调查开始形成一个具有巨大发展潜力的朝阳产业,市场调查进入了全面的推广、规范和成熟阶段。

企业和社会对市场调查的重视和广泛应用,反过来又促进了学科的发展。很多大学已经把市场调查作为重要课程,有关市场调查的书籍、教材、报纸、杂志得到出版发行,市场调查的理论、方法、技术越来越高级化、系统化、实用化。在20世纪50年代中期,相关学者主要依据容易区分的顾客人口统计特征提出了市场细分概念。同一时期,人们开始进行动机研究,重点分析消费者行为的原因。市场细分、动机分析与先进的调查技术的结合,出现了个人心理变化和利益细分等重要创新。20世纪60年代后,各种调查技术,如动态分析、运筹学运用、态度测量表、多元回归分析,数理模式、计算机模拟,随机模型、经济计量模型、决策理论和方法都得到创新和发展,使得市场调查更加专业化。伴随着计算机科学的发展,市场信息的收集、整理和分析过程都实现了电脑化。调查数据的分析、储存和提取能力大大提高。计算机的普及又促进了各种分析工具的出现和应用,如SPSS、SAS等。这些分析工具大大促进了分析速度以及简化了分析过程,进一步推动了市场调查业的电脑化。

至20世纪90年代,西方国家大约73%的公司都设立有市场调查和研究部门,美国有1 300多家公司直接从事市场调查和咨询服务业;美国大多数的大公司也会将其销售额的0.1%—3.5%用于市场调查,其中25%—50%被支付给专业市场调查机构,美国企业每年花在市场调研方面的费用超过100亿美元。随着社会进一步发展,大多数国家都先后成立了全国性的市场调查组织,并设立了大量的国际性市场调查组织,用于了解本国以及国际市场。目前,市场调查业以及有关市场调查的理论和方法依然在发展完善中。

5. 我国市场调查行业的发展

经过100多年的发展,市场调查行业在西方发达国家已经达到相当高的水平。我国由于长期处于计划经济体制下，市场调查行业起步较晚，但发展比较快。但在开始阶段，市场调查仅限于零星片段、局部地区的调研，如1923年清华大学陈达教授组织的人力车夫和校工家庭生活费用调查；1927年上海纱厂对200名工人家庭进行全年记账调查；1938年和1942年金陵大学农业经济系和社会系先后组织的职工家庭生活情况的调查等，这些对居民生活状况的研究，只是作为编制生活费用指数的依据，不能算真正的市场调查。

中华人民共和国成立后，国家、地方及各部门都设立了统计机构，对国民经济、社会发展等资料进行全面调查。1980年4月，国务院批转了国家统计局、国家劳动局、中国人民银行、商业部、中华全国总工会《关于恢复职工家庭生活调查工作所需人员问题的报告》，同意恢复职工家庭生活调查，这是我国第一个由政府明确的调查组织。1982年、1990年国家统计局进行全国范围内的两次普查，这对调整我国国民经济发展计划和人口政策提供了重要的数据依据。1984年，民办的北京社会与经济发展研究所在内部成立了社会调查中心。1986年成立了北京社会调查所（后改称中国社会调查所、中国市场调查所）和北京社会调查事务所（后改称中国社会调查事务所）。

自20世纪80年代中期，我国市场研究一直呈现高速增长的态势，主要体现在公司数量的快速增长，开始相继出现一些调研公司，1988年4月23日，广州市场研究公司（GMR）正式获得广州市工商局核发的营业执照，这标志着我国第一家自筹资金、自负盈亏的专业市场研究公司的诞生。

这段时期，由于市场意识淡薄，专业人才缺乏，市场调查的市场需求量较小，市场调查公司只有几家，但随后市场调查业在我国得到了巨大的发展，各种性质的独立的市场调查机构大量涌现，产生了一批颇具实力的专业市场调查公司，如央视-索福瑞媒介研究有限公司、北京零点研究集团等商业性市场调查公司，它们已经成为行业内具有一定影响力和具有带动性的大型调查公司。很多国外著名的市场调查公司也纷纷将目光投向中国。1993年，盖洛普与中方成立联营的调查机构从事市场调查业务，并陆续完成了一些大规模的全国性调查（例如，1994年5月进行的一项涉及3 000户的全国范围的抽样调查）。美国尼尔森国际公司于1994年多次来到中国，寻求与中央电视台及各省级电视台合作进行收视率调查。亚太地区最大规模的市场调查公司SRG集团在北京、上海、广州设立了自己的分公司，并在全国范围内建立了一个大规模的媒介检测网，向客户提供媒体研究、消费者研究、个案研究以及零售研究等市场调查服务。1995年以来，全国各大城市也相继成立了众多的市场调查机构，市场调查公司像雨后春笋般地出现。2005年我国以市场调查为主业的研究机构约有1 500家，2008年我国市场研究的营业额达到63亿元人民币（按当时汇率折合约9亿美元），世界排名第七位。经过多年的发展，我国市场调查业已从单一数据采集业务发展到提供中高端的研究甚至营销咨询服务，尤其2012年之后开始进入专业细分阶段，比如专门进行品牌研究、顾客满意度研究等。

1.3.2 市场调查行业的结构

市场调查的结构由企业自身设置的市场调查部门和企业外部的各种从事市场调查业务

的专业机构组成。

1. 企业的市场调查部门

很多大型企业中常设市场部门或者广告代理、策划部门，这些部门可能是固定的也可能是临时性的。它们根据需求负责市场调查的活动，但是更多的时候是将调查业务委托给专业的公司来完成，其承担的是一种桥梁作用。

2. 综合性的调查公司

这些调查公司收集各种市场信息，如市场动态、消费者行为、传统和新兴媒体监测等资料。其不特别针对某一家企业提供服务，将定期收集来的数据和报告出售给感兴趣的众多用户，从而获取利润。如美国的AC尼尔森专长于零售研究、盖洛普等公司。

3. 专业的市场调查公司

这些公司是专门为某一特定行业或者调查业务开展专项调查的公司，如资信调查公司主要为融资或者投资机构提供企业和个人的信用调查。专门的广告代理公司，接受企业委托做广告策划和广告代理，兼营市场调查。此类公司是市场调查行业的主体，数量非常多。

4. 咨询服务公司

这些公司接受企业等单位的委托，专门从事市场调查工作，同时参与调查设计、负责营销业务员的指导咨询等。

5. 非商业性质的调查机构

这类机构包含各级政府部门的调查机构和学术型调查机构。各级政府部门的调查机构中，国家级统计机构和地方各级调查机构为我国最大的市场调查机构，通过统计报表和专业的调查队伍调查等手段收集和分析市场资料，了解市场环境的变化和发展，指导企业进行微观经营活动。而经济信息中心是以统一规划和协调全国各地的经济信息系统，基本任务是用现代化管理手段为中央和地方各级人民政府以及国务院各主要经济部门提供经济信息服务，对国民经济和发展情况进行定量分析，以实现国民经济的科学决策和管理，提高社会经济活动的效益。此外，还提供社会化的咨询服务。新闻单位、高校和科研院所属于学术型调查机构，其定期或不定期开展市场调查活动，收集和发布市场信息。

1.4 市场调查行业的伦理道德

在市场调查中道德层面上的伦理学探讨非常重要，但是仅从道德层面上探讨市场调查中的伦理问题太过宽泛，且容易仅针对调查者进行约束，因此需要从具体操作层面上深层次地探讨市场调查研究中的伦理关系，以及需要贯彻落实的伦理原则和义务，从而提高市场调查的质量。

1.4.1 调查者的伦理关系

市场调查是一个调查者、被调查者、委托方和团队成员多方面互动的过程。在调查伦理的考虑中需要纳入被调查者的配合程度、委托方的背景以及团体成员间的竞合关系等。因此了解和处理好调查者与被调查者、委托方研究团体和社会公众之间的关系非常重要。

1. 调查者与被调查者

在这一种关系中，伦理道德问题调查者首先需要保护被调查者的以下四个权利。第一，保护被调查者的个人隐私。被调查者的姓名、年龄、收入、住址等信息容易被用于商业推销和宣传，因此调查工作首先要确保被调查者资料的匿名性。第二，确保被调查者自愿参加调查研究。调查人员应对调查工作的基本情况进行介绍，不可隐瞒调查意图，并强调被调查者接受调查的重要性和价值，以确保被调查者用心参与、得到正确有效的调查结果。第三，确保被调查者处于放松和自由表达的状态。如在调查中有时会涉及一些经济问题、道德问题或者政治问题，对于这些问题的回答，了解被调查者有一定的疑虑和压力，给出大众化的回答，从而消除潜在的麻烦和风险。因此调查者事先应了解被调查者的担忧，并告知其采取的保密措施，消除疑虑，营造良好的沟通氛围。第四，积极倾听被调查者的意见并给予反应，对被调查者意见的倾听和反映是对被调查者的尊重，同时可以消除其不安定的情绪，提高调查的效果。

2. 调查者与委托方

调查者与委托方之间关键在于为委托方保密，同时为其提供科学真实的调查结果。首先，在资源提供者方面，如赞助商、委托方，调查者需事先声明他们的职责并保守承诺，即调查者应保护未公开的专门性研究的机密以及资助人提供的相关商业信息，且调研过程中制定的研究方案等资料未经对方允许不得对外披露。其次，在提供科学真实的结果方面，调查者必须严格地遵守科学客观的研究准则，坚持严谨公正的研究态度。为了确保调查结果的科学性，可以引进外部监督机制，由委托方聘用第三方对调查研究进行独立评价。

3. 调查者与研究团体

对于调查者个体而言，对内需要处理好与研究团队其他成员或委托者之间的合作关系。如对助理研究人员选择需谨慎仔细，且对其工作不断进行检查和询问，确保其工作质量，同时还需注意调动其积极性；对委托方提出的问题或者质疑需及时给予回答或反馈。对外需处理好与其他研究团体之间的竞争关系。调查者与竞争对手之间应该遵循公平交易的原则竞标项目，不得以捏造、散布虚假事实等手段诋毁竞争对手或者引用不真实、不准确的资料虚假夸大自己的方式进行恶性竞争。

4. 调查者与社会公众

对于公众，调查者在选题、方法、分析以及传播方面，应追求开放性、敏感性、准确性、忠实性以及客观性，其中包括尊重不同社会团体利益，避免会排除特殊调查结果的研究设计，广泛地散布结果，促进数据再利用。

1.4.2 调查者的伦理义务

为了平息有关统计工作的伦理争论，国际统计协会建立了一套系统的制度性伦理规范，这在帕梅拉·萨蒙斯的《伦理问题与统计工作》一文中得到了详细的介绍和分析。在他看来，这一规范体系适用于所有从事收集、分析和解释量化数据的研究人员。这一伦理规范体系是从四个方面来建构的：对被调查者的义务、对委托方的义务、对同事的义务，以及对社会的义务。

1. 对被调查者的义务

在对被调查者的义务方面，准则规定：第一，避免不必要的侵扰和损害。首先一些研究现象可能给被调查者带来潜在打扰时，调查者应该主动规避，任何调研都不能凌驾于一切社会和文化价值观之上；其次，当调查对被调查者可能带来潜在伤害时，应提供充足的信息帮助被调查者进行判断和决策；第二，获得知情同意。无论被调查者是主动或者被动参与调查，都需要提前告知并获得同意。若是因法律或者上级部门要求，调查者应该明确指出有关法律条款或上级文件说明，若是被调查者自愿参与调查，调查者应该告知其有权拒绝调查或在调查过程中随时停止合作并撤回所提供的数据；第三，维持保密性。调查数据中涉及个人信息时，应采取合理的保密措施防止信息的泄露，或者不直接获取被调查者具体的个人信息，通过区间设置或者侧面提问等方式收集相关数据。第四，在决定利用实名数据时，应考虑到被调查者可能的敏感点和利益点。

2. 对委托方的义务

对赞助商或者委托方的义务方面，准则规定：第一，明确义务和角色。调查者应当事先明确委托方和调查人员各自的义务，委托方如实反映问题并提供相关数据，调查者展开科学真实的调查并提供正确的调查结果，并在研究结果的报告中，指明各自的角色；第二，客观评价各种方法。调查者应当全面考虑所有可能的调查方法和程序，阐明各自优缺点，供委托方进行评价和选择；第三，保护特殊信息。调查者必须保护委托方提供的保密信息，防止商业信息泄露，造成委托方的利益损失。

3. 对同事的义务

对同事的义务方面，调查工作强调同事间的合作价值观。合作以尊重为基础，调查者应尊重与之合作的同事，维护其隐私权，维护个人独特性和个人特质的专业价值观。在业务上，诚意合作，取长补短，遇到问题相互探讨，坦诚交换意见，从而减少矛盾和冲突的发生，维护调查者的专业形象，促进专业水平和工作效能的提升。

4. 对社会的义务

对社会的义务方面，准则规定：第一，扩大统计规模。调查者应当尽其可能扩大调查统计范围、讨论研究成果，从而尽可能广泛地有利于社会；第二，考虑利益的冲突。在调查各阶段(包括研究成果的发表)的设计过程中，调查者应当权衡给整个社会、研究小组、调查对象和未来的研究带来的可能后果。第三，注重客观性。当调查者在社会价值体系内运作时，其应该遵守职业操守，不可歪曲事实，确保调查的客观准确。

1.4.3 市场调查研究的基本原则

基于以上的伦理关系和义务，调查者须遵循以下市场调查研究的基本原则：知情认可原则、平等和尊重原则、无伤害然后受益原则。

1. 知情认可原则

知情同意是指任何把人当成试验或研究对象的学科领域，相关研究者必须获得研究对象同意，也即研究参与者在获得关于该研究所有必要信息并充分理解后，在没有强迫、不当压力和外界诱导的情况下，自愿做出是否参与以及在研究过程中是否退出的决定。研究者提供信息，参与者完全了解且完全自愿，这是知情同意原则。尽管书面形式的知情同意更符合学术规范，但是这可能会加剧调查对象对调查活动的疑虑，且从文化层面来看，中国人对签字十分谨慎，尤其在涉及较敏感问题时，书面同意几乎不可能。因此调查更多采用口头同意形式，以调查对象表示认可为宜。

知情认可首先是要尊重和保护对方信息。但因占用了调查对象时间，涉及调查对象私人信息，很容易让调研对象不舒服。因此，让被调查者感到自己受到尊重，让其在心情愉悦的状态下接受调研就显得十分必要。对被调查者而言，调查者需要先征询调查对象是否方便接受调查，在对方同意的前提下说明“我们是谁”“调查目的是什么”“调查内容是什么”“为什么选择你进行调查”“如何保密”等，从而为顺利开展调查活动打下基础。在调查过程中，被调查者如感到尴尬或不便回答，可以做出必要调整，甚至终止相关调查，从而最大限度地保障被调查者的知情认可权。在调研结束后，调查员对于调查对象再次表示感谢，或赠予一些小礼品。

2. 平等和尊重原则

尊重和平等是非常重要的调查伦理原则，这种态度在实际操作中需要切实地体现在与被调查者和团队成员的相处过程中。对于被调查者，调查者要做到移情性，站在其角度思考问题，理解和尊重他们的疑虑和担忧，通过良好的沟通交流和互动帮助他们解决问题和消除疑虑。而沟通交流与互动的前提是双方地位平等，在调查中，调查者作为调查的发起者、控制者与评判者，具有社会地位、信息等多方面优势，在有偿调查中这种优势地位更加明显。因此调查者需要正视自己的身份与角色，调查者仅仅是信息的收集者，不是审讯，更不是任何意义上的道德评判者。只有在这样的平等关系之中，市场调查的双方才可能进行有效果与有意义的交流。此外，调查者不是以一个单独的个体存在，需要和团队的成员进行互动交流，了解每个成员的专业和伦理责任。通过沟通交流，让成员对整个团队的专业性质、目标和团队价值观、应该承担的责任和义务都有所了解和掌握。

3. 无伤害然后受益原则

在市场调查中，调查者不能给被调查者带来任何形式的伤害，包括有形的还是无形的，物质或精神的。对于市场调查来说，无伤害首要的和最基本的是保密，即不泄漏被调查者的信息，包括任何文字、声音和影像信息。调查中保护被调查者信息的通常做法有：(1) 首先在调查之前向被调查者说明调查目的和内容等，帮助被调查者充分了解调查，规避潜在的伤害；(2) 调查资料中不出现能够辨认出被调查者身份的个人信息；(3) 如果在知情同意的情况下录音或录像，需说明且保证录音或录像资料仅供调查者使用并且在使用后妥善保管或者销毁；(4) 对跟踪研究而言，做好相关资料的编码、归档和保管工作，以便最大限度地保障调研对象的信息安全。

在无伤害的前提下，进一步考虑改进调查对象的福利，包括物质意义上的报酬，如酬金、礼物等，还有情感上的交流，建立长期合作关系。调查者还应当增强对调查结果的讨论研究，确保给委托方降低决策风险或提高决策价值，且尽可能扩大调查结果对社会的应用性，增加整个社会的福利。

对于无伤害原则的把握，不仅能够体现调查者对调查市场的熟悉程度，也能够反映调查者的专业素养和调查能力。因为如果对所要调查的问题缺乏深入了解，对被调查者的特征和诉求缺乏较好把握，调查者就无法获知调查是否会伤害到被调查者，更不清楚如何使被调查者、委托方或社会受益，这一调查伦理也就无从得到体现[①]。

本章小结

本章在回顾市场与市场营销的概念与相关内容的基础上，主要介绍了市场调查的概念，营销管理决策过程，市场调查的内容、分类、原则与作用，以及市场调查行业的发展、结构与伦理道德问题。市场调查是对企业特定的市场问题进行的调查活动，市场调查概念通常有狭义和广义两种理解。对于企业来说，在其营销管理决策的过程中，可以通过运用各种市场调查方法与手段，做出准确的判断并进行有效的预测。

市场调查的内容十分广泛，根据不同的调查目的和要求，可以分为市场环境、市场需求、市场供给、消费者市场、营销因素和市场竞争情况等进行调查。市场调查活动范围大，可从不同角度区分为多种类型。

市场调查行业经历了萌芽期、早期发展、快速成长，已经进入了成熟阶段。我国市场调查行业起步较晚，但发展比较快，现已经进入了专业细分阶段。

关键词

市场、市场营销、市场调查、探索性研究、描述性研究、因果关系研究

思考题

1. 市场、市场营销、市场调查的概念是什么？三者之间是何关系？
2. 简述市场调查与管理决策之间的关系。
3. 市场调查的内容包括哪些？
4. 市场调查有哪些分类？
5. 探索性调查、描述性调查和因果性调查的含义，以及三者之间的关系如何？
6. 在企业实际经营中如何坚持市场调查的原则？

① 周齐生. 论市场调查伦理[J]. 内蒙古科技与经济，1999(S1)：15-16. 常伟. 农村调查中的研究伦理：基于方法论意义的讨论[J]. 统计与信息论坛，2017，32(11)：21-28.

7. 市场调查的作用如何理解?

8. 市场调查行业的发展和现状如何?

9. 市场调查行业的结构包含哪些组成部分?

10. 市场调查行业存在哪些道德问题?

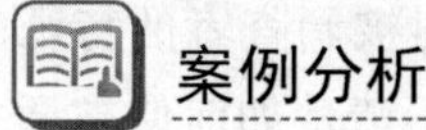

案例分析

品牌在进行校园营销时如何绘制用户画像?

在今天的这个消费环境,用户的需求体量越来越大,品牌在进行校园营销时与用户之间的信息经常出现不对称的现象。所以,很多品牌在进行校园营销时逐步意识到,在校园市场中的消费群体类别太多,而品牌自身所提供的产品或服务很难覆盖到每一类消费群体,所以品牌在进行校园营销时所面临的问题是在校园营销期间所传播的信息并非是这些用户们真正想要的。

在这个时候,品牌就需要依靠于一些专业的校园营销平台,从而实现校园营销的精准性。同时,品牌在进行校园营销时更需要对用户的消费习惯进行分析,给这些用户的消费行为贴上特定的用户标签,再结合这些用户标签绘制出用户画像,从而有针对性地进行校园营销,这也是在今天大多数品牌在进行校园营销时需要掌握的一项技能。

品牌在进行校园营销时需要如何绘制用户画像?

第一,用户画像需要标签化。

这里所指的标签化,是品牌对用户的阅读偏好、消费能力、消费偏好等用户行为进行分析,挖掘到用户的个人属性、社交属性、消费能力、购买需求、使用场景等数据,随后将这些属性进行归类,构建起多样化、动态化的用户画像,从而更好地帮助品牌进行校园营销。

对用户进行标签化的目的就是基于对用户数据的采集,通过数据化的形式将用户的行为属性提取出来,以便于品牌更好地对需求数据进行分析。当然,用户的标签化一定是品牌基于实际的数据对用户进行归类整理,而不是想当然的一种行为。

第二,用户画像中的低交叉率。

在校园营销期间绘制用户画像的目的就是通过更加直观的标签对品牌的目标用户进行数据化的整合和描述。

品牌在进行用户画像绘制整合时需要注意低交叉率的原则。也就是在两组用户画像中的标签相似时,只有个别对用户的需求影响不大的标签因素可能被弱化。

同时,品牌在进行校园营销时对用户画像的绘制也需要尽可能保证完整性和独立性。保证完整性是为了包含较全的用户群体类别,而独立性又要求的是在这些用户群体之中尽可能没有重叠。通过这两点来对校园市场进行分析,在校园市场中对优化品牌的产品或服务具有很大的作用。

通常来说,品牌在进行校园营销时对用户画像的绘制可参考五种类型的信息:

(1) 用户属性：我的目标用户是谁，在目标用户群体中性别占比、年龄段、专业等用户基本信息的比例；

(2) 消费需求：目标用户都有哪些消费习惯和消费偏好；

(3) 购买能力：这类用户的消费能力和购买频次，以及都是通过哪些渠道进行消费的；

(4) 兴趣爱好：用户都有哪些个人兴趣，以及偏好哪些品牌；

(5) 社交属性：这类用户群体通常活跃在什么样的场景，在哪些社交媒体中，以及经常混迹于哪些社交圈层。

在进行校园营销过程中，为了得到一个精准的用户画像分析，通常需要品牌从用户数据中洞察分析其中的规律，以实现校园营销的精准性，从而驱动品牌在校园营销期间的增长。

资料来源：https://blog.csdn.net/weixin_30868807/article/details/113644331.

问题：

(1) 市场调查的重要性体现在哪些方面？大数据时代下你对市场调查有何深层次理解？

(2) 品牌在校园营销时对用户画像的绘制需要收集哪些信息？

(3) 企业决策与市场调查之间有什么关系？

第 2 章 市场调查方案设计

学习目标

- ◆ 理解市场调查方案编制的意义
- ◆ 掌握市场调查的步骤
- ◆ 掌握市场调查方案设计的方法和要求
- ◆ 理解市场调查方案的可行性研究的方法

导入案例

内蒙古根河“天工部落”

中国主题公园的建设始于20世纪80年代中期，大致经历了六个高潮，即游乐园阶段，以“西游记宫”“封神演义宫”为主题的初期景观创建热潮，以“深圳锦绣中华”为代表的缩微景观建设热潮，以“三国城”为代表的影视基地、仿古建筑热潮，以“苏州乐园”为代表的主题游乐园建设热潮，以及后来出现的海底世界建设热潮，也遭遇了优胜劣汰的过程。粗略统计，这一期间全国大大小小的项目在3 000个左右，1998年和1999年是主题公园建成开业的高潮期，此后又是逐渐倒闭的高潮期。主题公园遍地开花的直接后果是2/3左右的主题公园自生自灭。即便是目前尚存的主题公园，也有50％左右处于勉强维持阶段。

中国主题公园建设的突出问题首先表现在盲目跟风，不做客观的市场分析，以别人的成功作为自己成功的参照，盲目乐观，西游记热、微缩景观热、海洋馆热，都是在这种条件下出现的；其次是经营管理不善，没有高质量的现代化管理手段。内蒙古根河“天工部落”是众多颇具代表性的失败个案的其中之一。

1. 基本情况

2006年7月15日，内蒙古根河“天工部落”在敖鲁古雅乡举行盛大开盘仪式。来自清华大学总裁同学会的100多位知名企业家、北京台资协会的15名台商以及来自美国、德国、乌克兰、瑞典、俄罗斯等国的20多名游客，总计200多人前来参加开盘仪式，自治区旅游局局长、呼伦贝尔市副市长也出席了盛会。

根河“天工部落”是北京神州之旅发展(有限)公司和万通集团共同投资开发的旅游项目。项目占地2 000亩，预计投资2亿元，其中一期投资为4 000万元。是一个集休闲、度假、娱乐为一体的综合性度假区。倡导生态养生，主张“像候鸟一样生活”，该项目一期工程建有集休闲、度假、娱乐为一体的养生公寓88套。200多位中外嘉宾参观建设中的“天工部落”后赞不绝口，对根河市的生态环境和旅游资源也表现出浓厚兴趣。“天工部落”与北京建国饭店集团决定建立战略合作伙伴关系。建国饭店集团承诺，将在根河建一座一流酒店。据悉，在当晚的开盘仪式上共有70套养生公寓被认购。

作为神州之旅进入旅游地产的第二站，“天工部落”是神州之旅对其在黄山的“徽州文化园”项目的快速复制。“徽州文化园”项目占地312亩，产品定位为度假式公寓和产权式酒店，产品在市场上的销售旺盛，促使公司决心在旅游地产的方向上走得更远。

在根河市人民政府网站上，招商项目中依然留有根河市发展和改革局在2013年10月28日发布的“天工部落”旅游景区项目。网页显示该项目现已完成投资3 000万元，建成四层养生公寓楼八栋；四星级酒店一栋，客房45套，主体结构已封顶；会所6 040平方米，基础已完成。项目预测建设期为5年，经营期为20年。年接待15万人次以上。人均消费按550元计算，则营业收入为8 250万元。项目期总营业收入为16.5亿元。通过经济分析，该旅游项目正常年份利润总额为2 887.5万元，投资利润率为11.5%，投资回收期为9年(含建设期5年)。

但之后的发展情况似乎没有预期的那么理想，事实是项目经营异常艰难，第一期建成之后，迟迟不见第二期出来。现在看来，这个项目已然失败。

2. 失败原因

(1) 交通不便。根河处于大兴安岭的腹地，路途遥远。离根河市最近的城市是呼伦贝尔市。比较快捷的是乘坐飞机，但航线很少，淡季时只有北京飞呼伦贝尔。北京没有直接到呼伦贝尔的火车。从呼伦贝尔到根河只有一条二级公路，而且距离超过300千米。

(2) 没有形成旅游大环境。整个呼伦贝尔的旅游虽然在快速增长，但是总量并不高，并且主要集中在呼伦贝尔市、海拉尔等地，延伸到根河的不多，现实客源不多。

(3) 旅游季节性太强。根河位于中国的最北端，夏季只有三个月时间，漫长的冬季造成资源的限制。呼伦贝尔一直在努力做冬季旅游，但效果不明显，无论从区位还是产品品质都难以与哈尔滨进行竞争。

(4) 定位不准确。根河最大的优势是自然资源的品位和低廉的土地价格,因此最好采用“粗放式”吸引策略,实行高端定位。比如一百亩地只做一幢别墅,配备小型飞机等方式。定位于中低端很难实现销售,因为度假成本太高,非常不合算。

总的来说,该项目失败的主要原因就是缺乏必要的调查研究。虽然根河自然资源十分丰富,土地价格低廉,但快速的复制,缺乏翔实的调查研究,最终使这一项目面临失败窘境。

资料来源:https://mp.weixin.qq.com/s/o5tewm_pGtZbPnCHoDuqug.

2.1 市场调查方案的概述

市场调查工作具有复杂、严肃和技术性较强等特征,尤其是在当前大数据时代,通常一项市场调查工作所涉及的数据量相当庞大,参与组织调查实施的人员类别也趋向多样化,为了市场调查过程中能够统一认识、统一内容、统一方法和统一步调,保障市场调查工作圆满完成,就必须事先拟定一个科学、严密和可行的市场调查方案,以使得所有组织调查的人员都能够按照一定的程序协同开展调查工作,进而提高调查工作效率。调查方案科学与否、合理与否等,是影响调查工作能否保质保量完成的决定性因素。重视市场调查方案的整体筹划,是顺利开展调查工作的必要前期工作。

2.1.1 市场调查方案的概念

市场调查方案,又称市场调查计划书或市场调查策划书,指方案设计者在深度剖析调查研究的目的和调查对象的性质的基础上,在调查工作正式启动之前,对整个调查工作的各个方面和全部过程进行的通盘考虑和整体筹划,以形成相应的调查方案和合理的工作程序。市场调查方案设计通常是在定义市场调查问题的基础上,确定调查背景、调查目的和意义、调查内容、调查对象和范围、调查方法和方式、调查实践及其进度安排、调查费用预算等。

对于市场调查方案的概念可以从静态和动态两个角度来理解。从静态上看,它是指市场调研的计划或者方案;从动态上看,它是指调研人员对调研计划、方案的策划过程。

2.1.2 市场调查方案的意义

科学的市场预测和决策都需要依赖于严密的市场调查,而市场调查方案的设计是市场调查工作的起点。作为市场调查工作开展的行动纲领,它是对整个市场研究活动的整体计划的描述,是提高整体市场调查工作效率的必要保障。其在市场调查过程中所发挥的作用通常包括以下四个方面。

一是定性认识，深化理解。对于事物、现象的认识都是从定性开始的，在市场调查中，对于调查对象调查的认识亦是如此。在市场调查方案设计中首要任务就是界定研究问题，明确调查谁、调查什么、怎么调查以及如何解决问题，按照方案设计的程序收集资料，其中包含很多定量的资料，并对资料进行整理和分析，最终解决问题。因此市场调查方案设计常常是从定性的认识过渡到定量的认识的开始阶段。

二是统筹兼顾，统一协调。市场调查是一项复杂的、科学的、系统的工作，并且一项调查中往往包含众多的调查人员。因此，为了圆满完成调查任务，就必须事先对市场调查工作的各个组成部分进行思考，制定出一个科学、严密、可行的工作计划和组织措施，以便使所有参加调查工作的人员参照执行。

三是紧跟变化，适应发展。现代市场调查已由单纯的收集资料活动发展到把调查对象作为整体来反映的调查活动，因此，市场调查过程也要与时俱进，形成市场调查设计、资料收集、资料整理和资料分析的一个完整工作过程，而调查方案设计正是这个全过程的第一步。

四是竞争依据，避免误解。目前的市场调查项目委托方一般都采取招标的方式选择最理想的合作者，在争取项目经费，或是在与其他调查机构竞争某个项目，或是在投标说服招标者时，方案撰写质量的高低可能直接影响到项目能否被批准或能否中标。一旦确定合作，市场调查方案设计就成为调查项目委托人和承担者之间的合同或者协议的重要组成部分，项目双方就设计中的调查目的、方法、范围等达成一致，极大避免了后期可能出现的误解。

2.2 市场调查的程序

市场调查程序指了解、记录、整理及分析市场情况的活动顺序与步骤。市场调查过程涉及面广且复杂，调查内容丰富，调查方法多样，为了使调查工作顺利，最终达到预期目标，市场调查要按照一定的程序进行。

当企业遇到市场问题的时候，借助市场调查方法解决问题已经成为一个普遍共识。但并非所有的决策问题都需要借助市场调查的帮助，因此在开展正式的市场调查程序之前，企业需要综合考虑市场调查的费用、市场调查可能带来的收益、决策的重要程度、调查所需的时间和资料等。当遇到以下情形时，企业一般无须开展市场调查。

一是企业决策者或企业管理部门已经掌握了可用的信息、具备一定经验，可以帮助企业进行快速的决策，这个时候就不需要借助市场调查的手段去帮助决策。

二是决策具有紧迫性。企业需要快速地做出决策，没有足够的时间来进行市场调查，此时企业决策者只能根据自身所掌握的信息和经验做出决策。

三是企业本身不具备开展市场调查的能力。开展市场调查需要消耗人力、财力、物力、时间，对于一些企业来说，尤其是小企业，其本身不具备进行完整的市场调查工作的能力，需要借助专业的市场调查机构,这在一定程度上影响了企业进行市场调查的意愿。

对于具备市场调研能力的企业来说,也并非遇到决策困境时就进行市场调查,其需要权衡成本和收益,只有当市场调查的价值大于调查的成本时,调查才应当进行。对于市场调查价值的判断,企业可以借助这样三种方法:(1) 净价值法,即将市场调查的净价值与调查的费用进行差值计算,当结果大于零时,表示可以进行市场调查;(2) 投资回收率法,即估算市场调查在某段时间内(通常以年为单位)总的价值,将市场调查的净价值与调查费用进行比值计算,结果大于1时,可以开展市场调查;(3) 现实分析,综合分析某个决策方案的各种可能结果、与每个结果相关联的盈亏额、每种结果发生的概率这三方面的因素。在现实情境下,企业面对的决策情景往往较为复杂,企业进行了市场调查,可能会得到多个决策结果,如盈利、亏损、持平,或者不同决策其盈利和亏损的程度不同,每种结果发生的可能性也不相同,所以市场调查信息价值的衡量的分析十分复杂,必须先列出市场调查辅助决策下所有可能发生的结果,并且给出每种结果的具体数值,即盈亏额,再由专业人士给出所有结果发生的可能性,这是一种主观概率,基于此再计算出市场调查的期望值,再与不进行市场调研的价值进行比较,最终与市场调查的成本进行比较,计算出市场调研的信息价值。

此外,在进行市场调查的过程中还可能存在商业泄密、信息泄露的风险等,因此确定市场调查的必要性也非常重要。当企业遇到市场问题,也具备调查能力,调查收益很大,那么这个时候就可以按照一定的程序开展调查活动,借助市场调查帮助决策。市场调查一般应按如下程序实施:明确市场调查问题、制定市场调查方案、市场资料的收集、资料的整理与分析以及撰写市场调查报告。

2.2.1　明确市场调查问题

战略大师彼得·德鲁克说做对的事情比把事情做对更重要。因此在进行正式调查之前必须先确定调查的目的,分析调查问题。所谓分析问题就是要用问题体现研究目标,将主要问题转化成能用数据分析解决的具体问题,并确定解决标准。现实问题往往是抽象的,如销售额的大幅下降、商品的退货率突然提升、新业务在市场上推广受阻等,企业的经营决策者通常希望从市场调研人员那里知道应该怎么做。对于市场调研人员来说,抽象问题必须转化成能够用数据来解决的具体问题,好的问题应该表述清晰明确,聚焦于研究目标,并且是可以操作的和可论证的。如针对销量的大幅下降,研究人员进行全面的检查,评估问题出现的原因,得出销量下降是跟广告策略有关,基于此提出研究假设“使用不同诉求策略的广告对产品的销量的促进作用存在显著差异”“使用不同媒体策略的广告对商品销量的促进作用存在显著差异”“喜欢不同类型广告的顾客的人口统计特征存在显著差异”。在对研究问题提出具体的研究假设之后,提出具体的测量问题。针对具体的测量问题,研究人员就知道应该获取哪些具体资料,需要采用哪些研究方法分析问题,得到正确的研究结果。这就是一个管理问题转化为研究问题,再转化为测量问题的过程。

错误的研究问题会导致整个数据分析过程的浪费,决定了数据分析结论的局限,甚至还可能误导决策。因此进行市场调查时首先应该明确市场调查的问题,即为何要调查、调查要解决什么问题、调查结果对于企业有何作用。

1. 界定问题的方法

对于问题的界定，一般有以下三个方法。第一个方法就是与企业决策者讨论。因为决策者希望市场营销调研，能够帮助他解决问题，或者是达成目标。决策者从管理的困境或目标达成角度出发提出问题，研究人员要了解决策者遇到了什么困难，需要哪些辅助信息，将这样的目标转化为真正的研究问题，准确理解决策者的目标，可以给调研人员提供一个指导性的研究框架。第二个方法是访问行业专家。访问行业专家对于界定问题也非常有用，特别是当调查研究公司或者研究人员对所要研究的行业或领域不熟时，行业专家可以帮助研究人员尽快熟悉行业和产品。第三个方法是根据二手数据进行分析。二手数据广泛地存在于报纸、杂志、书籍、简报、数据库等各种相关资源里，这类数据的获取非常方便，省时省力，并且一般来说样本量较大。研究者可以根据二手数据对研究的问题进行初步的界定或者加深对研究问题的认识。当涉及特殊的消费群体或特殊的研究问题时，除以上方法外，可能需要借助于定性研究，开展小样本非结构化的探索性研究，采用焦点小组讨论法、个人深度访谈以及投射技术等。

2. 问题的环境背景

对研究问题进行清晰的界定，还需要充分了解与研究问题相关的各种背景环境信息，这包括以下内容。

第一，行业与企业的发展信息。行业的发展历史、发展现状，行业的平均盈利水平、技术、发展趋势、前景等；企业的发展历史、发展现状，类似企业的组织架构、销售额、市场增长率、行业排名等。这些信息多数可以通过二手数据获得。例如美国一家冰淇淋企业想要进入中国市场，可以通过二手数据调研获取中国冰淇淋行业及市场环境资料，如中国冰淇淋行业发展概况、中国冰淇淋人均消费情况、世界冰淇淋产品特点、冰淇淋巨头连锁在中国发展情况、中国冰淇淋品牌市场占有情况、中国冰淇淋产业链现状、中国冰淇淋产业运行环境分析、中国社会消费品零售总额、中国冰淇淋制造行业产值及结构现状、中国高端和低端冰淇淋市场状况、中国冰淇淋发展阶段及营销变革、中国冰淇淋行业目前营销现状、中国冰淇淋行业未来发展方向。

第二，考察消费者行为。对消费者研究通常是企业的基本需求，主要包括消费者人口统计特征和心理特征，消费者数量、地理分布，消费者的产品使用习惯、品牌偏好，消费者的购买数量及频次，消费者媒体消费习惯和相应反应等。

第三，了解企业已经拥有的资源约束，营销调研项目通常需要资源支持。企业现有的顾客数据、资金水平、人力资源状况这些基础资源也在一定程度上限制了研究问题的界定。

总之，对于研究的环境背景的分析，尤其是对决策者目标的深入了解，有助于研究人员站在企业的立场进行研究设计。

2.2.2 制定市场调查方案

明确市场调查问题后，市场调查的第二阶段就是围绕调研目标制定切实可行的市场调查方案，对整个市场研究活动的整体计划进行描述，包括资料收集范围与方法、问卷设计、抽样方式、数据分析计划、时间进度安排、经费预算等环节。

2.2.3 市场资料的收集

制定好调查方案，根据计划的进程安排，对市场资料进行收集，这是整个市场调查的主体部分，涉及的内容比较多。资料的收集要遵循全面、系统、客观、准确、及时和科学的原则。现实中资料的来源主要有两个方面：直接资料和间接资料。

所谓直接资料，又称一手资料，是调查者通过访问调查法、实验调查法、观察调查法等手段和方法直接获得的资料。间接资料，又称二手资料，包括内部资料和外部资料两个方面。内部资料有企业的各种凭证、报表、报告、预测等资料，外部资料可来自政府机关、金融机构、咨询机构、报纸杂志等。间接资料的收集省时、省力、省钱，一般是资料收集的首选。如果二手资料无法满足分析或者没有现成的二手资料，则必须搜集一手资料。采用何种方式收集资料，与所需资料的性质有关，从而决定了收集的方法。如需要收集关于消费者态度的资料，市场调查人员可以采用访问调查法。在访问调查法中可借助问卷、记录设备、电话、电脑、信函等工具。

资料收集工作必须通过调查员来完成，调查员的素质、责任心和组织管理的科学性将会很大程度上影响调查结果的正确性。在此阶段对于调查人员的选择和调查的组织领导工作安排至关重要。调查员一般以具有大学的市场学系、心理学系或社会学系学历的学生人员担当最为理想，因为他们已受过相关调查技术与理论的训练，可有效降低调查误差。此外，调查组织人员须按照事先划定的调查区域确定调查人员数量、调查样本数量、调查路线，明确调查人员的工作任务和工作职责，掌握工作进度，了解遇到的问题，及时改进。在进行市场调查时，还必须采取科学合理的调查方法和技术，这样才能收到事半功倍的效果。对于资料的类型和市场调查方法将在本书第 3 章中进行详细阐述。

2.2.4 资料的整理与分析

资料收集结束后，即进入调查资料的整理和分析阶段。此阶段的主要任务是对所收集的资料采用科学的方法进行整理，包括加工编辑、资料审核、数据清洗、分类归纳等；依据一定的统计分析方法和决策模型，采用分析软件如 EXCEL、SPSS 等对整理后的数据做统计分析，得出分析结果，并借助统计图表进行可视化展示。

市场调查的整理工作首先要对全部文字资料和数字资料做全面的审查，消除资料中虚假、错误等现象，以保证一手资料的真实和准确。若发现资料存在不足或者缺失，应立刻进行补充调查，以保证调查资料的完整性。在此基础上，可对调查资料按研究问题的需要和市场现象的本质特征做不同的分类，对资料进行统计分析，即运用统计学的有关原理和方法进行全面的分析工作，研究市场问题。有关资料的整理与分析的详细内容见本书的“第 6 章 市场调查资料的整理与分析”的相关阐述。

2.2.5　撰写市场调查报告

通过对调查资料的整理和分析，得出结论。在此基础上，撰写市场调查报告，并在报告中提出关键的建议方案，作为决策者的决策依据。报告的形式可以是书面的，也可以是口头陈述，口头陈述需要在书面报告的基础上进行内容提炼，并且加以图片辅助展示结果，这种形式更为形象生动。市场调查报告要按照规范格式进行撰写，确保结构合理、逻辑通顺、内容完整。在撰写市场调查报告时，一般遵循这样的逻辑关系，首先描述问题的现状，其次分析问题的原因，最后给出对策建议。因此一份完整市场调查报告包括题目、目录、概要、正文、结论和建议、附件等。

撰写调查报告是市场调查的最后一个阶段，市场调查工作的成果将体现在最后的调查报告中，为决策提供信息支持，作为企业制定市场营销策略的依据。报告的写作应力求语言简练、明确，内容讲求适用性，并配以图表进行说明，便于决策者阅读和理解。如果是技术性的报告，因其读者大多数是专业人员或专家，因此，要力求推理严密，并提供详细的技术资料及资料来源说明，注重报告的技术性，以增强说服力。有关调查报告的撰写内容见本书第 9 章的详细阐述。

2.3　市场调查方案的结构与评价

2.3.1　市场调查方案的结构

市场调查方案是在开始正式的市场调查之前，对调查工作任务的各个方面和各个阶段的通盘考虑和安排。调查方案是否科学、可行，对调查项目的成败至关重要。虽然客观上不存在统一的市场调查方案格式，但基本包含以下 11 个部分。

1. 执行概要

执行概要就是对整个调查方案的概述，通过简短的文字能够让管理者或者决策者很迅速地清楚研究过程。

2. 前言

简明扼要介绍整个调查项目的背景和来龙去脉。

3. 目的与任务

市场调查目的是指特定的调查课题所要解决的问题，即为何要调查，要了解和解决什么问题，调查结果可能带来的社会效益或经济效益，或是在理论研究方面的重大意义。调查任务是指调查目的既定的条件下，市场调查获取什么样的信息才能满足要求。只有明确了目的和任务，才能确定调查的对象、内容、方法及时间，才能保证市场调查具有针对性。

4. 调查对象和调查单位

明确了调查目的之后，就要确定调查对象和调查单位，这主要是为了明确调查谁以及由谁来提供资料的问题。调查对象就是根据调查目的、任务确定调查的范围以及所要调查的总体，它是由某些性质上相同的许多调查单位所组成的。调查单位就是所要调查的社会经济现象总体中的个体，即调查对象中的具体单位，它是调查中要调查登记的各个调查项目的承担者。例如拟定对高度白酒消费调查，调查的范围主要定在西北和东北两个重点市场，包括上述地区的中心城市和有代表性的市县，调查对象选择 30—50 岁的男性。

5. 调查项目

调查项目就是明确要向调查对象了解什么内容，也是进行问卷设计的前期工作。在确定调查项目时，需要注意以下三点：首先，确定的调查项目是调查任务所需的，且能够取得充分资料的；其次，调查项目的表达必须明确，必要时可附以项目的解释，要使所获资料有具体的表现形式，如数字式、是否式或文字式等；最后，调查项目之间相互联系，以便了解现象发生变化的原因、条件和后果，便于检查资料的准确。

6. 调查方法

调查方法的说明主要是详细说明选择什么方法去收集资料，具体的操作步骤是什么。调查方法的选择应该根据调查的目的和任务、调查对象的特点、调查资料收集的难易程度、数据的质量要求、调查的费用等进行选择。如果调查项目涉及面广、内容较多，那应该综合采用多种调查方法，如既可以采用二手数据调查，获取现成的资料，又可以采用焦点小组访谈、个人访谈、问卷调查等获取一手资料。

7. 整理和分析方法

收集得到的资料往往是零散的、不系统的，需要进行加工处理。因此，必须确定调查资料整理的方案，对资料的编码、审核、订正、分类、汇总等做出具体的安排。市场调查资料的分析是对调查数据的深度加工、得出结论，并提出对策建议。根据调查的目的、任务、项目以及分析方法和技术的特点和适用性制定分析研究的初步方案。

8. 时间与期限

调查时间是指调查资料所属的时间。如果所要调查的是时期现象，就要明确规定资料所反映的是调查对象从何时起到何时止的资料。如果所要调查的是时点现象，就要明确规定统一的标准调查时点。调查期限是规定调查工作的开始时间和结束时间，是对市场调查过程的具体时间安排，既包括从调查方案设计到提交调查报告的整个工作时间，也包括各个阶段的起始时间，其目的是使调查工作能及时开展、按时完成。为了提高信息资料的时效性，在可能的情况下，调查期限应适当缩短。

9. 经费预算

在进行经费预算时，要全面考虑资料收集费、复印费、问卷设计费、印刷费、劳务费、数据输入费、统计处理费、报告撰稿费等，以免在正式调查过程中因为突发费用影响调查进度。

10. 结果表达

确定市场调查结果的表达形式，如最终报告是书面报告还是口头报告，是否有阶段性报告等。

11. 附录

附录包括调查项目负责人及主要参加者的名单(说明每人的专业特长以及在该调查项目中的主要分工。课题组成员的水平和经历对于调查项目能否获得有关委托调查单位的批准具有重要影响),另外,还应包括抽样方案的技术说明及细节说明,调查表及问卷有关技术说明,数据的处理方法、所用软件等方面的说明。

2.3.2 市场调查方案的评价

在对复杂社会经济现象进行调查时,通常需要设计多个调查方案,并从中选取一个最优方案进行组织实施。此外,调查方案的设计并不是一蹴而就的,需要经过严密的可行性研究和质量评价,确定方案是否可行,进而对方案进行试点和修缮,以确保方案具备可执行性。

1. 市场调查方案可行性研究

众所周知,可行性研究是科学决策的必经阶段。对市场调查方案进行可行性研究是科学制定市场调查方案的关键步骤。市场调查方案可行性研究指从成本、技术、实施环境、实施效果和管理等方面对市场调查方案进行综合评价,分析其中存在的有利和不利因素,预估调查活动成功概率大小,进而评估调查方案是否可行的过程。通常情况下,市场调查方案可行性研究的方法有很多,其中较为常用的方法有:经验判断法、逻辑分析法和试点调查法等。

(1) 经验判断法。

经验判断法指依托具有丰富市场调查经验的人士对设计出来的市场调查方案进行初步研究和判断,以说明调查方案合理性和可行性的一种方法。例如,调查全国大学生的网络消费行为特征,通常不会采用普查的方式,而是采用抽样调查的方式;调查某类企业管理者的领导行为特征,通常适合采用综合线上线下各种手段的深度访谈;国家统计局对我国全年农作物收成进行预测时,通常也是采用针对一些农作物重要产地进行重点调查的方式。这些方法适宜与否的判断都是属于经验判断的范畴。

(2) 逻辑分析法。

逻辑分析法指从逻辑严谨性、合理性等层面对市场调查方案进行分析的一种方法。例如,某化妆品品牌欲调查消费者对其品牌的知晓度,选取老年群体为调查对象;某农药品牌欲调查消费者对其品牌的认知度,选取大学生为调查对象,都是有悖于情理的,按此类设计所调查出的结果通常无法满足调查的要求。再如,如果想调查某高中全体学生的平均身高,那么在选取样本的时候我们应该怎么操作呢?假设这个高中有3 000人,其中高一900人(男生500人、女生400人),高二1 200人(男生650人、女生550人),高三900人(男生450人、女生450人),只准备选取样本300人进行抽样调查。那么,按照不同年级及不同性别的比例进行样本分配,显然是科学且符合逻辑的。照此思路,我们可以如下分配调查样本:

高一男生取样数=900/3 000×300×(500/900)=50(人)

高一女生取样数=900/3 000×300×(400/900)=40(人)

高二男生取样数=1 200/3 000×300×(650/1 200)=65(人)

高二女生取样数=1 200/3 000×300×(550/1 200)=55(人)

高三男生取样数=900/3 000×300×(450/900)=45(人)

高三女生取样数=900/3 000×300×(450/900)=45(人)

类似地,如果想调查某区域居民烟草需求的话,也需要依据性别差异、吸烟习惯、吸烟量等特征对整体人群进行区分,并对不同类别人群进行分别取样。

(3) 试点调查法。

试点调查法又称预调研(Pre-test),意指在小范围内选择部分单位进行预调研,通过实地检验调查方案来判断调查方案的可行性。例如某些学者在进行正式的实验研究之前,通常会选择一小部分人,试验一下所设计的实验流程,以发现问题进而改善实验流程,以期正式实验时能够得到更好的结果;某些调查者在开展问卷调查之前,会选择一些专家或者有经验的被调研对象,试填一遍问卷,以发现一些问卷题项表述、题项顺序设计等方面存在的问题,进而对问卷进行改善,以期在正式问卷调查的过程中能够减少因为问卷本身而产生的调查误差。

实施试点调查法时应该注意的事项包括:第一,确保试点对象的代表性,尽量保障试点对象与将要选择的被调研对象间具有较高程度、较多方面的重合,必要时可以采取分步试点的方式,由少数对象先行试点再扩大试点范围和区域,循序渐进;第二,确保试点调查开展人员的专业性,虽然试点调查是小范围调查,但试点调查人员的专业性程度很大程度上会决定试点调查过程中发现调查方案问题的数量和质量,故此要注意选择具备专业性的人员开展试点调查,以提供组织保证;第三,提升调查方法和方式的灵活性,应该多准备几种用于试点调查的方式方法,并在试点检验的过程中对比不同方式方法的优劣,进而为正式调查方式方法的选择提供依据;最后,做好试点调查总结,认真分析试点调查结果,为调查方案的修缮提供切实可行的、具体的建议。

2. 市场调查方案总体评价

市场调查方案的总体评价可以从不同视角来衡量。通常情况下,对市场调查方案的总体评价应该包括以下四个方面的内容。

第一,市场调查方案是否映射了调查目的和要求。调查目的和要求在调查方案中被体现、在调查过程中被落实、最终实现有保障,都是调查方案设计中最基础的要求。

第二,市场调查方案是否兼具完备性、科学性和适用性。调查方案一定程度上决定了后续调查活动的整体安排设计,因此调查方案的合理、完整、科学和可行程度等都会直接影响调查活动开展的质量。

第三,市场调查方案能否帮助提升调查结果质量。调查结果质量的影响因素有很多,但如果调查方案具备较高程度的科学性和可行性的话,调查过程中的干扰就会减少,一定程度上能够帮助保障调查结果质量。

第四,调查实效检验。调查实施的成效可以体现调查方案是否科学与准确,因此可以通过对调查工作实践的检验来评价调查方案的设计是否符合实际,是否存在不足之处,并且通过分析寻求改进方法。

本章小结

本章重点介绍了市场调查方案设计的过程。市场调查方案是对整个调查工作的各个方面和全部过程进行的通盘考虑和整体筹划。在市场调查过程中，调查方案发挥着认识引领，深化理解；统筹兼顾，统一协调；紧跟变化，适应发展；竞争依据，避免误解的作用。方案设计的过程包括明确市场调查问题、制定市场调查方案、市场资料的收集、资料的整理与分析、撰写市场调查报告。完整的市场调查方案由执行概要、前言、目的与任务、调查对象和调查单位、调查项目、调查方法、整理和分析方法、时间与期限、经费预算、结果表达、附录等部分组成。对于市场调查方案的评价可以从可行性研究和总体评价两个方面开展。可行性研究可以采用经验判断法、逻辑分析法和试点调查法。市场调查方案总体评价包括以下四个方面的内容：市场调查方案是否映射了调查目的和要求；市场调查方案是否兼具完备性、科学性和适用性；市场调查方案能否帮助提升调查结果质量；调查实效检验。

关键词

市场调查方案、调查目的、调查对象

思考题

1. 市场调查方案的定义是什么？编制市场调查方案的意义何在？
2. 市场调查的过程如何开展？
3. 市场调查方案包含哪些内容？
4. 如何对市场调查方案进行评价？

案例分析

某饮料公司为其主打饮料开发了一个新配方，希望顾客能够喜欢，以便推向市场。但如果多数顾客都喜欢原配方饮料，那生产新配方饮料就没有意义。为此，该公司组织了一次市场调查，邀请一组顾客共 100 人进行品尝，目的是比较新配方饮料与原配方饮料的受欢迎程度。

第一方案：让 100 名顾客都品尝新配方饮料，然后让他们说新配方是否优于原配方。如说“是的”明显多于说“不”，则可以得出新配方优于原配方的结果；否则，则结论相反。

第二方案：取印有不同包装标记的两种配方的饮料各 100 包，让每名顾客饮新旧配方饮料各 1 包，然后表态。

第三方案：将两种饮料都倒入相同的玻璃杯中，请顾客先饮原配方饮料，后饮新配方饮料，然后表态。

第四方案：先将两种饮料都倒入相同的玻璃杯中，然后将100名顾客随机分成两组，各带入一个房间，让一组顾客先品尝无标签的原配方饮料，后品尝无标签的新配方饮料；另一组则品尝顺序相反。最后把两组的意见综合到一起，得出结论。

问题：请评价上述每种方案，并选出其中最优的方案。

第3章 市场调查方法

学习目标

◆ 了解各种市场调查方法的概念、特点及其程序
◆ 理解不同市场调查方法适用范围的差异
◆ 掌握各种市场调查方法的常用技术
◆ 重点掌握网络调查及大数据时代的新市场调查方法

导入案例

瑞幸咖啡的经营数据

瑞幸咖啡公司(以下简称“瑞幸咖啡”或“瑞幸”)由神州优车前COO钱治亚在2017年11月创办,自2018年5月8日正式营业。截至2018年12月31日,在瑞幸咖啡的收入与利润结构中,净营业收入为人民币8.407亿元,营业成本为24.387亿元,净损失为人民币16.192亿元。2019年5月17日,瑞幸咖啡在纳斯达克上市,创立18个月就实现了IPO上市,创中国创业公司最快上市纪录。该企业快速上市,倡导以技术为驱动,以数据为核心,通过互联网的方式销售咖啡,通过线上线下的协同营销,通过App线上预定,然后通过线下门店来进行配送。可以说,瑞幸咖啡是快消费零售的一种新型O2O商业模式。上市后瑞幸咖啡在资本市场股价不断走高,特别是2019年11月之后,股价从最低13.71美元上涨到最高45.73美元,上涨幅度高达233.87%。两年内在全国市场上开设4 507家门店,超越咖啡店巨头星巴克在华门店数量,成为我国门店数量最多的咖啡连锁品牌。资本市场与产品市场的靓丽表现,在2019年四季度,就吸引了64家机构新进入场,股价摸高51.38美元,市值123亿美元;2020年

1月瑞幸又进行增发融资,规模超过11亿美元。然而在2020年4月2日,瑞幸咖啡公开宣布,在2019年第二季度至第四季度期间,公司伪造了22亿元人民币的交易额,同时也虚增了相关的费用和成本。公开"自爆"财务造假,让所有关注瑞幸咖啡的人惊耳骇目,当天股价暴跌,市值缩水至16亿美元。瑞幸咖啡自成立以来就受到很多外界的关注,特别是它的商业模式和价值创造理念持续引发理论界和实务界的广泛争议。但此次财务造假事件给企业带来致命危害。2020年6月27日,瑞幸咖啡发布声明:将于6月29日停牌并进行退市备案。

瑞幸咖啡是互联网下快速成长的企业,用互联网的思维和速度来满足消费者需求可以获得核心竞争力,但在竞争过程中,所有企业都必须按照市场规则和相应的国家法律法规从事企业经营活动,否则将会付出惨痛代价。

市场调查材料的处理是从大量的,可能是杂乱无章的、难以理解的各类原始材料中抽取、提纯、推断,以此获取对企业有价值、有意义的材料并作为重要的资源存储起来的过程。市场调查所获得的材料必须通过科学的分析与整理之后,才能呈现在调查报告以及决策方案中。这不仅保证调查材料的真实可信而且可以使材料更加规范,便于储存和提取,也是对材料进行去粗取精、去伪存真的过程,以此作为企业在未来市场战略决策的依据。

资料来源:张新民,陈德球.移动互联网时代企业商业模式、价值共创与治理风险——基于瑞幸咖啡财务造假的案例分析[J].管理世界,2020(05):74-86.(本书引用时有改编。)

3.1 文案调查法

3.1.1 文案调查法的定义及优缺点

文案调查法,又称间接调查法,是指通过查看、阅读、检索、筛选、复制、剪辑、购买等手段收集二手资料的一种调查方法。文案调查法主要用于搜集与市场调研课题有关的二手资料,它与访问调查法、观察调查法等搜集原始资料的方法是相互依存、相互补充的。

文案调查法的优点是:资料收集过程比较简易,组织工作简便,二手资料比较容易得到,相对来说比较便宜,并能较快地获取,因此,能够节省人力、调查经费和时间。尤其是在企业建有管理信息系统或市场调查网络体系,并与外部有关机构具有数据提供协作关系的条件下,文案调查法具有较强的机动性和灵活性,能够较快获取所需的二手资料,以满足市场研究的需要。

文案调查法的主要缺点是:二手资料是为原来的目的收集整理的,不一定能满足调研者研究特定市场问题的数据需求;二手资料主要是历史性的数据和相关资料,往往缺乏当前的数据和情况，存在时效性缺陷；二手资料的准确性、相关性也可能存在一些问题。因此，在使用二手资料之前，有必要对二手资料进行审查与评价。

3.1.2 文案调查的流程

文案调查的资料来源主要有企业的内部渠道和外部渠道。内部渠道主要是企业各个部门提供的各种业务、统计、财务及其他有关资料。外部渠道主要是企业外部的调查机构、情报单位、国际互联网、在线数据库及图书馆等所持有的可供用户共享的各种资料。文案调查工作具体的流程主要包括以下内容。

1. 确定信息需求

文案调查必须针对特定的目的收集资料，为此，调研者应考虑企业市场研究和经营管理的信息需求，包括现实需求和长远需求。现实需求是指文案调查应为解决什么样的现实问题提供信息支持，长远需求是指文案调查应为企业经常性的、生产经营管理决策提供基础性的、连续的数据和资料。

2. 确定资料收集的内容

根据确定的信息需求，进一步明确应收集哪些方面的内部资料和外部资料，才能满足市场研究和生产经营管理的决策需求。一般来说，应收集与市场调研课题有关的背景资料、主体资料和相关资料，以便研究问题的题由、特征和原因。同时，资料内容的界定应力求具体化、条理化。

3. 评审企业现有的内部资料

评审企业内部已取得或已经积累起来的业务资料、统计资料、财务资料和其他资料是否能满足特定的市场研究课题的需要，是否能满足企业经常性的生产经营管理的信息需求。通过评审，发现问题进行整改，以完善现成资料的内部来源，规范内部信息流程和基础工作。

4. 确定外部资料的来源渠道

根据确定的外部资料收集的内容确定收集的方向和渠道，明确向谁收集、收集什么和何时收集等基本问题。外部资料来源的渠道很多，应根据资料收集的目的、内容和要求，综合考虑提供者的信誉、专业化程度和服务水平，及其所提供数据的质量、数据的系统性与可用性做出选择。

5. 确定收集资料的方法

要明确采用什么样的方法才能有效地收集第二手资料。一般来说，外部资料的收集需要采用多种方法组合应用，才能从不同的渠道有效获取各种不同性质的现成资料。内部现成资料收集的主要方法是核算法、报告法、汇编法及企业内部数据库、管理信息系统搜寻法等。

6. 实施与评审

第二手资料搜集的内容、渠道和方法确定之后，调研者则可实施资料的收集工作。对所收集的二手数据和相关资料，应从内容、目的、时间、技术、质量、水平、系统性、可靠性等方面做出评审，以决定资料的利用价值。

7. 综合与汇集

对收集的二手数据和相关资料，经过评审后，再进行分类、综合、加工、制表、归档、汇编等处理，使收集的资料实现条理化、综合化、层次化，为市场分析研究和满足管理的信息需求提供优质的信息服务。

3.1.3　文案调查的具体方法

方法是达到目的的手段和工具，下面介绍几种当前常见的文案调查方法。

1. 文献资料检索法

文献资料检索法意指依托检索各类文献资料进而从中挖掘与企业营销活动相关的信息和资料的一种方法。国内一般可供检索的文献数据库包括中国知网、万方数据知识服务平台、维普数据库系统、超星数字图书馆、方正 Apabi 数字资源平台以及书生之家数字图书馆等，可供检索的资料类型包括图书、杂志、统计年鉴、期刊和会议文献、科研报告等。利用文献资料检索法可以根据调查目标和要求等有针对地去查找相关文献资料。例如，想了解某个企业当前的经营现状，除了可以去企业官网了解一些信息以外，还可以去数据库搜索与这个企业相关的文献资料，从其他学者发表的关于该企业经营现状的观点中获得启发。

2. 报刊和网络新闻资料分析法

报刊和网络新闻资料分析法意指调查人员通过阅读报刊上所呈现的相关报道和文章以及通过查阅网络平台上的新闻等，从中分析市场信息的一种方法。通常情况下相关报刊资料或者网络新闻报道中呈现的都是最新的市场动态，用心观察、收集和分析报刊及网络新闻中与企业营销活动相关的信息，有助于扩大视野。从新闻资料中获得灵感，最为经典的案例便是“尿布大王”多博川在看报纸时，捕捉到了日本每年有 250 万婴儿出生的人口普查资料，便产生了将生产雨伞的小企业尼西奇公司转型生产尿布的灵感，如今尼西奇公司的尿布销量已占世界总销量的 1/3，多博川本人也因此成为享誉世界的“尿布大王”。

3. 情报联络网法

情报联络网法是指企业通过在全国范围内或国外有限区域内设立情报联络网，使情报资料的收集范围可以拓展至企业想要延伸的地方的一种方法。尤其是在互联网时代，信息互通成为一件非常简单的事情，情报联络网法成为文案调查的常用方法。在该方法的实际操作方面，企业可以采取在重点区域设置情报点，派专人或者对应地区的员工兼职，定期互通情报资料以获取自己所需的信息；如果企业资源不足以支撑设置专门情报点，可以通过有偿或某种合作形式利用其他企业构建的情报网。

4. 网络搜索法

网络搜索法意指依据相关调查目的和要求在互联网上对关键词进行索引进而获取相关文案资料的方法。在网络平台上的搜索框内，输入某个关键词后，包含了该关键词的网页都将作为搜索的结果呈现出来，包括相关新闻、相关文献和书籍、相关网络服务商信息等，通常情况下网络搜索的结果会按照与搜索关键词的相关度高低排序呈现。例如在百度搜索“flower plus”这一鲜花电商品牌，可以得到 2 660 万个搜索结果，具体页面信息包括品牌介绍、品牌官网、品牌相关市场舆情等。

3.1.4　文案调查资料的来源

文案调查资料的来源主要包括两种：企业内部资料和外部资料。内部资料主要是企业内部各种业务经营记录和统计相关的资料，外部资料主要是企业外部相关单位所持有的资料。

1. 内部资料来源

(1) 业务资料。业务资料是指与企业业务经营相关的各种资料，例如订货和发货等形成的合同和单据、发票、销售记录、顾客反馈信息、业务员访问报告等。业务资料是企业经营状况的最直接反映，从中可以切实掌握企业的所生产产品或所提供服务的供需情况和经营实际等。

(2) 统计资料。统计资料是指企业在对业务资料等相关资料进行统计分析的基础上形成的各类统计报表、分析报告等。统计资料通常会直观地呈现企业经营活动相关的数据特征和动态规律，是企业分析现状和预测未来的基础。

(3) 财务资料。财务资料是指企业在对相关经营成本、利润、税金等进行分析的基础上形成的财务报表、会计核算等资料。财务资料通常会直观地体现企业依托相关资源利用进而创造经济效益的效率情况，是企业判断相关业务发展前景的重要依据。

(4) 顾客数据库。随着企业对数据信息价值的认可度不断提升，有条件的公司多数都会建立自己的顾客数据库，收录顾客的一些原始信息，记录顾客相关的交易信息。企业可以通过分析顾客数据库中的相关信息对顾客进行分类管理，发现顾客的消费偏好，并对相关消费行为进行预测。例如著名的RFM模型，就是依据顾客在一段时间内最近一次消费距离现在的时间长短、消费频率和消费金额这三个相关数据对顾客进行细分，进而供企业衡量客户价值和客户创造利益的能力。

(5) 其他资料。其他资料包括企业规划、简报、购买或自己团队完成的相关调研报告资料、经验总结、审计报告和日常会议记录等，也是企业把握企业现状和掌握行业动态的重要信息来源。

2. 外部资料来源

外部资料通常是指一些专业机构提供的已出版或未出版的资料。这些机构可能是政府机构，也可能是非政府机构。作为企业的调查人员，特别是在掌握行业宏观动态的过程中，尤其要注意这些专业机构提供的资料。

(1) 互联网。互联网上的信息量巨大，调查人员足不出户就可以收集到来自世界各地各方面的资料。对于调查人员而言，互联网有两个重要的信息源：企业、各类组织机构、个人创设的一些官方网址等，或由于对某一个主题感兴趣的人们组成的各类用户论坛、群组等。通过这些渠道通常能够捕捉到一些时效性比较高的市场动态信息。

(2) 图书馆或博物馆。各类综合性或专业性的图书馆或博物馆，尤其是经贸部门的图书馆，存储的一些商情资料、技术发展资料等，可以提供有关市场的基本动态的资料；有些博物馆还可以提供一些关于某些产品发展历程等相关具体资料。

(3) 政府机构。不同类型的政府机构通常都会对相关领域的资料进行统计分析，并供民众下载检阅，例如从统计局官网可以下载到不同地区、不同年份的统计年鉴，从商务委网站可以下载到区域商贸流通、电子商务、对外贸易、利用外资等相关方面的商务数据。依据这些数据可以对相关区域的经济政策法规、整体社会经济发展、人口等方面的情况进行分析掌握。

(4) 行业协会和商会。各类行业协会通常会定期或者不定期通过内部刊物或者发布会等形式发布各种报告、行业法规、市场信息、经验总结、形势综述、统计资料汇编、会员单位交流纪要和行业发展水平综合分析等相关资料，行业协会发布的资料通常信息灵敏度较高，是调查人员重要的资料来源。例如上海市品牌授权经营企业协会，通过其官网不仅可以看到实时更新的相关协会会员单位的会员动态，还可以看到其分享的有关品牌经营相关的行研报告。

(5) 新闻媒体。各类报刊、广播和电视等也是重要的资料来源。这些新闻媒体每天都会为调查人员带来较新的市场动态信息。例如，通过关注电视上的相关财经频道的新闻，可以捕捉到相关财经法规的动向、学习一些优秀企业家的经验和市场动态信息分享等。

(6) 研究机构和调查咨询公司。各类研究机构和调查咨询公司发布的调研报告和专题评论文章等，也是调查人员重要的资料信息来源。例如上海市品牌授权经营企业协会与上海商学院共建的中国自有品牌产业研究院，从 2021 年开始每年都会发布《中国自有品牌发展研究报告》，分析自有品牌相关发展史及供需视角的发展动态，为相关企业进行自有品牌相关的市场调查提供重要信息来源。

(7) 各类展会和会议。国内外各种博览会、展销会、交易会、订货会，以及各类专业性和学术性会议上都会发布各种文件和资料，包括有关企业的产品目录、商品说明书、价格单、经销商名单、年度报告、相关学术文章等，通过参加这些展会和会议可以捕捉各类企业和研究学者们当前正在关注的行业领域动态。

(8) 证券交易所。证券交易所可以提供各类上市公司相关的年度报告、中期报告等资料。通过这些资料市场调查人员可以分析相关调查对象的财务状况、战略规划和营销策略等信息。

3.2 访问调查法

3.2.1 访问调查法的定义与应用

访问调查法是采用沟通交流的方式就所研究的问题收集信息资料的方法，可以通过直接的访谈（面谈），也可以通过电话访谈、邮件访谈、网上访谈等方式。访谈获得的样本量较少，但调查者通过与受访者的交流，可以详细了解事物、活动的情况，获取受访者的心理、意见、想法等丰富的信息。面谈的优点是，访谈过程灵活、内容深入，可以及时确认信息和排除误解，方便发现更多的信息；缺点则是时间和费用方面的成本较高。电话、邮件和网上访谈省时便捷，但往往不如面谈所获得的信息丰富和深入。

根据研究需要,访谈可设计为结构式访谈和非结构式访谈。结构式访谈,在事前应明确需要的信息内容并且制订访谈提纲,事先对访谈中可能出现的回答做好准备,有时还需要指导被访谈者回答问题,目的是尽可能获得翔实的信息;非结构式访谈则不依照一个已规划好的问题顺序提问,而是从开放式的问题出发围绕研究内容进行自由的沟通交流,非结构式访谈的目的往往是引出一些初步的议题,以帮助研究者确定变量。访谈调查要求调查者具有良好的倾听能力和洞察力,熟悉访谈主题或研究领域,善于捕捉关键问题,非结构式访谈对调查者的要求尤是如此。问卷调查是一种结构式的调查方法,可与访谈法结合使用。

3.2.2　访问调查法的流程

访问调查法是市场调查资料搜集最基本最常用的调查方法,主要用于元素资料的搜集。访谈法调查的流程包括五个步骤:第1步,确定访谈人员、受访人员、访谈的时间地点;第2步,确定访谈的内容或问题;第3步,进行访谈,并做记录;第4步,复核访谈记录内容,整理访谈资料;第5步,根据访谈资料进行分析研究。

制定访谈提纲时,可以进行预访谈来完善访谈方案,以提高访谈效果。正式访谈前,调查者应告知受访者访谈的意图或目的、访谈者的机构(必要时出示证件、备用资料等)、访谈内容的用处、是否匿名访谈、是否录音、需占用的大概时间等信息。访谈的时间、地点根据调查目的和调查内容而定,以不易引起对方的反感为原则。访谈者要表现得有礼貌而专业,开始时要自我介绍,结束时要表示感谢,要与受访者建立信任与和谐的关系,并注意鼓励受访者回答问题。在访谈开始时,调查者要注意制造良好的沟通氛围,在访谈中要注意聆听,细心观察,包括语言信息与非语言信息,做好记录,根据受访者的反应进行灵活的应变,围绕主题使沟通不断深入,以获得高质量的信息和数据。对于结构式访谈,尽量按照事先设计的访谈方案进行访谈。访谈记录可以通过录音、摄像或速记的方式以原始形式保留下来,也可以是调查者将所有重要的信息或数据记录下来,事后再查阅相关资料对它们进行补充。无论哪一种形式,每次访谈后采访者应对访谈记录给予及时的复核。

3.2.3　访问调查的常用方法

1. 直接访问法

直接访问法又被称作家庭访问法或者个人访问法,意指调查者通过与被调查者面对面交流进行收集资料的方法。可以依托提前设计好的问卷或者提纲,也可以采取自由交谈的形式。通常包括焦点小组座谈法、深度访谈法、入户面访和拦截式面访等。

(1) 焦点小组座谈法。

焦点小组座谈法是市场调查中常用的一种通过特定小组访谈收集信息的方法,在市场调查中又称特定人群研究。焦点小组是由一些特意挑选的具有代表性的被调查者组成,他们被安排在一个房间内接受调查。经验丰富的营销调研者将与这些人在一起进行沟通,并安排他们接触产品实物(如样品)或视觉画面(如广告),让他们围绕一定的话题畅所欲言,从而收集到具有深度的、高质量的反馈信息,研究人员通常会在单面可见的屏幕后面观察特定人群的行为言语。一个焦点小组通常是由 8—10 位参与者组成，主持人鼓励参与者进行讨论，发表各自意见，然后研究人员会将话题集中到对分析研究有用的特定的话题范围内。

焦点小组座谈法的特点是组织起来较为复杂，成本也较高，能否取得成功，关键取决于主持者主持会议和组织讨论的能力和水平，这些能力和水平又取决于主持者应具备的基本要素。从焦点小组座谈法的要求来看，主持人应具备如下一些基本素质和要求：

① 坚定、中立、和善。为了促成必要的相互影响，主持人应将训练有素的不偏不倚的超脱态度与理解对方并将感情投入这两者很好地结合起来。

② 容许。主持人必须容许出现小组的兴奋点或目的不集中的情况，但必须保持警觉性。

③ 介入。主持人必须鼓励和促进热情的个人介入。

④ 不完全理解。主持人必须通过表示自己对问题的不完全理解，进而鼓励参加者更具体地阐述其看法。

⑤ 鼓励。主持人必须鼓励不发言的成员积极参与。

⑥ 灵活。在小组座谈出现混乱时，主持人必须能够随机应变进行处理，并及时变更计划的座谈提纲。

⑦ 敏感。主持人应具有敏感性，以便能够在既有感情又有理解的水平上去引导小组的讨论。

(2) 深度访谈法。

深度访谈法是一种无结构的、直接的、个人的访谈，又称个别访谈法。调研者按照拟定的调查提纲或腹稿，对受访者进行个别询问，以获取有关信息。在访问过程中，一个有经验的掌握访谈技巧的调查员通过深入地了解每一个被调查者，可以揭示被调查者对某一问题的潜在动机、态度和感情。

深度访谈技术主要有三种：阶梯前进、隐蔽问题寻探和象征性分析。阶梯前进是顺着一定的问题线索进行访问探索，例如从产品的特点一直到使用者的特点，这使得调查员有机会了解被访者思想的脉络。隐蔽问题寻探是将重点放在个人的“痛点”而不是社会的共同价值观上，放在个人密切相关的而不是一般的生活方式上。象征性分析是通过反面比较来分析对象的含义，要想知道“是什么”，先设法知道“不是什么”，例如在调查某产品时，其逻辑反面是：产品的不适用方面、“非产品”形象的属性，以及对立的产品类型。

调查员的作用对深度访谈的成功是十分重要的。调查员应当做到以下五点：

① 避免表现得优越和高高在上，要让被访者放松；

② 超脱并客观，但又要有风度和人情味；

③ 以提供信息的方式问话；

④ 不要接受简单的“是”“不是”回答；

⑤ 刺探被访者的内心。

深度访谈法比焦点小组座谈法能更深入地探索被访者的内心思想与看法。而且深度访谈可将反应与被访者直接联系起来，不像小组座谈中难以确定哪个反应是来自哪个被调查者。深度访谈可以更自由地交换看法，而在小组座谈中也许做不到，因为有时被调查者会有社会压力而不自觉地形成小组一致的意见。深度访谈也有小组座谈所拥有的缺点，而且在程度上常常更深。由于调查的无结构使得结果十分容易受调查员自身的影响，调查结果和质量的完整性也十分依赖于调查员的技巧。结果常常难以分析和解释，因此需要一定的心理学知识来解决这个问题。由于占用的时间和所花的经费较多，因而在一个调研项目中深度访谈的受访者数量是十分有限的。

(3) 入户面访。

入户面访，即调查人员按抽样方案的要求，选取适当的消费者，并按事先规定的方法，到抽中的消费者家庭中，依照问卷或调查提纲进行面对面的直接提问，问卷可为访问式问卷和自填式问卷。问题可以是封闭式的，也可以是开放式的。

入户面访在实施的过程中首先要确定“入哪些户”的问题，研究者赋予调查者的抽样主动权应该尽量保持在小范围内，按照等距抽样法规定的起点，计算抽样间距、行走路线，抽样方案中还应该包括如遇家中无人或拒访的处置方案。其次要确定的问题便是“入户访哪个人”，确定的面访对象一般是依据访谈的目标确定应该聚焦的人群，通常选择与访谈目标相匹配的且具有决定权的相应决策者。

入户面访的优势在于成功入户后就进入到一个相对私密的面访环境中，且该环境是被访者所熟悉的，通常得到的答案更为真实，对相关问题的阐释也更为具体，有效的入户面访得到的结果通常是效度比较高的。此外，入户面访也是一次不可多得的“消费者教育”的机会，在面访的过程中，获知消费者对相关产品和服务的认知的同时，也能借机会解答消费者的疑惑，提升消费者对相关产品和服务的好感度。但同时由于入户面访成本、拒访率均较高，这致使入户面访越来越少。

(4) 拦截式面访。

拦截式面访也是访谈法的重要形式之一。拦截式面访即调查人员可在固定场所拦截符合调查条件的消费者，进行面对面的访问。这是一种十分流行的调查方法，因为这种调查方法相对简单，超市、写字楼、街面、车站、停车场、商场等公共场所均可以进行这样的访问调查。

拦截式面访的形式主要包括三种：第一，随机选择面访，经过培训的调查人员在事先选定的若干地区选择访问对象，征得其同意后在现场按访谈提纲开展访谈工作；第二，特定地点面访，在先租定地点的情况下，经过培训的调查人员在事先选定的若干地区选取面访对象，征得其同意后带到租定的地点进行访谈调查；第三，特定环境面访，通常与一些市场营销活动相关联，在商场、店铺内等特定环境中针对在商场、店铺特定位置的消费者进行拦截，就事先准备好的问题(可以是商场的布局、店铺的装饰、商品的满意度、店员服务态度等)与消费者展开面访调查。其中计算机辅助个人面访调查是拦截式面访的新形式，调查人员随机拦截被调查人员并在征得其同意的基础上将其带到有相应计算机设备的地方，或者就地由调查者手持计算机设备，在告诉被调查者相关操作方法后，由被调查者按照计算机上的相关问项自行输入相应的回答，或者被调查者表述并由调查者代为输入。

拦截式面访调查的优点主要包括：拦截式面访是一种性价比相对较高的访问方法，特定地点人员比较集中，一定程度上节省了时间和交通费用；另外，拦截式面访有助于克服入户面访的困难,同时规避了一些隐性风险;且通常拦截式面访是针对少量问题的集中访谈,调查者可有效控制访问效果,被调查者也会有充分的时间考虑问题,能得到效度较高的访问结果。但同时拦截式面访也有其缺点:首先,适用性有限,拦截式面访通常不适用于内容较长、较复杂或者不方便公开表达的观点调查;其次,拦截式面访通常集中在特定区域,样本的代表性存疑;最后,拦截式面访被拒的概率是很高的,实施起来相对较具难度。

实施拦截式面访的过程中要注意访问的内容要简明扼要,规避涉及隐私的问题;访问的过程中注意被访者的陪同者、面访环境等对被访者的影响,尽量规避不利因素;调查者要注意甄别被调查者,选择最合适的被调查者展开面访。

2. 电话访问法

电话访问法意指通过依托电话对被调查者访问有关调查内容和征询市场反应的一种调查方法。电话访问法通常包括两种形式。传统的电话访问,有的采取电话随机拨号的方法,利用现成的电话号码簿作为抽样框,借助随机数字表,随机地选取拨打电话,或者采用等距抽样法从电话簿中抽取拨打号码,经常被房产中介、推销员等使用;也有的电话访问被用于针对已产生相关购买行为或报名预约参与相关活动的人群展开回访或意向确认,例如消费者通过电商平台购买了某品牌商品,品牌根据消费者留下的电话号码进行产品使用情况的回访或者其他相关活动的参与意愿确认。计算机辅助电话调查(Computer-Assisted Telephone Interviewing, CATI),也称电脑辅助电话调查,是利用计算机辅助电话调查而开发的调查访问作业系统,通常是访问员坐在计算机前,在与被访问者进行电话交谈的过程中将受访者的回答通过鼠标和键盘输入计算机中,同时可以在调查结束时马上得到一些相关结果统计图表,结果分析更具效率。

电话访问法的程序主要包括以下几个方面:首先,在对调查目标进行解读的基础上,确定需要展开电话访问的区划范围;其次,确定每个区域需要调查的样本单位数;再次,编制电话号码单或者确定依托相关资源、系统等获取的电话号码单;最后,在确定负责特定区域调查者的基础上,调查者选择在适宜的时间展开电话访问。电话访问的过程中调查人员要在保持发音正确、口齿清楚、语速适中和听力良好的同时,注意专注聆听,切忌中途打断被访问者;且要保持积极询问的态度,切忌成为单纯的记录员,要在积极沟通的基础上获知被访问者的想法,积极挖掘市场动态信息,提升电话访问的效度。

电话访问法的优点主要包括:成本低,利用电话访问收集数据是一种相对廉价的方法;效率高,相对于入户或者街头拦截等,通过打电话展开访问是一种可以快速获取相关信息的方法;可控性高,关于访问的程度及过程中的非语言表达,可由访问者依据情况自行控制;统一性高,电话访问多数是按照标准的提纲访问,获得的信息的统一性程度较高。电话访问法的缺点主要有:被拒率较高,很多电话访问在说明来意后就被受访者挂断,终止了访问过程;深度有限,通常情况下电话访问的时间不宜过长,访问的深度不及面访;可用的工具有限,电话访问因为是一种远距离的非面访形式,无法在电话访问的过程中向被访问者展示相关照片、图表或样品等,访问的效果有限;准确性很难判断,电话访问的过程中调查者无法判断被访问者的真实情绪和反应,对回答的真实性很难判断,相关资料的准确性有限。

3.3 观察调查法

3.3.1 观察调查法的定义及优缺点

观察调查法是指不通过提问或者交流而系统地记录人、物体或者事件的行为模式的过程。观察调查法可以从四个方面进行分类：(1) 自然的观察与经过设计的观察；(2) 公开观察与掩饰观察；(3) 人员观察与机器观察；(4) 直接观察和间接观察。每一类观察调查法下又包括不同的观察技术。

观察调查法的优点主要包括：(1) 直接且兼具灵活性。观察调查法通常是调查人员直接对现场发生的现象进行观察或记录，或者借助机器进行摄像、录音等如实反映现象，可以直接记录和展示现场的特殊环境和事实情况，直接性较强；观察调查法简便易行，调查人员可以随时随地进行观察，较具灵活性。(2) 自然且兼具准确性。调研人员对被观察者的相关活动以及可能存在影响的环境因素等，都不加以干预，是在被观察者自然表现的基础上开展的，可有效规避有关语言交流、人际交往或者结构性问题的设计不合理等而造成的误会、干扰和误差。

观察调查法的缺点主要包括：(1) 时间长且成本高。如若想透彻地观察某一现象并客观地反映事实，通常情况下需要较长时间的观察才能明晰现象或事实中的规律，相应产生的成本自然就较高。(2) 限制多且深度低。观察调查法的应用情境相对有限，一般适用于较小的微观环境和一些简单现象，较为复杂的环境和问题通常无法通过观察来透彻探析；此外，观察结果的质量通常还在很大程度上依赖于调查人员的身体条件、观察能力、记忆能力、心理分析能力等，观察的内容通常也是各种行为的表象，但是对于行为背后的原因或动机无法通过观察获取。

3.3.2 观察调查法的程序

成功的观察调查都是有目的、有计划、有步骤的科学观察，通常情况下观察调查法的实施主要包括以下四个步骤。

1. 确定观察计划和提纲

在明晰调查目标的基础上，以计划制定的形式确定观察的阶段及每个阶段的主要任务、观察调查经费的来源与开支及对相关事项的规划。以观察提纲和问卷的形式确定观察变量和指标的说明，界定观察的内容、方法和手段、对象、具体时间和地点、过程中的注意事项、相关资料整理和分析的方式方法等。明确的观察计划和提纲有助于后期观察调查工作在具体开展过程中具备较高程度的统一性。

2. 选择和培训观察者

观察者是相关观察计划和提纲的具体执行者，其专业素养直接决定观察的质量。对观察者的要求是要有敏锐的观察力、较强的记忆力和心理分析能力等。故此，在观察计划和提纲确定的基础上，依据观察的目标和可供选择的观察者的强项和聚焦的研究领域，选择最合适的观察者。

3. 实施观察并收集资料

实施观察是观察调查法的重点阶段，观察者首先在提前确定好观察现场准入规则的基础上按规定进入现场；其次是与观察对象开展有效的沟通以建立相互之间的信任感；最后是灵活运用观察计划和观察提纲中确定的技巧和方法等，选择最佳的观察点进行观察以收集资料。观察的过程中注意选择合适的方法进行结果的记录，常用的记录的技术方法包括：观察表、符号和速记、头脑记忆以及机械记录等。

4. 观察资料的整理分析及结果反馈

实地观察的结束并不意味着观察调查的终止。实地观察结束后，需要对记录的观察资料进行整理分析，依托专业的分析判断将观察资料升华为有用的市场信息，整理出具体的研究结论并形成观察报告，向信息使用者提供决策依据。在资料整理分析的过程中注意对相关资料进行分门别类的整理并保存好，以便日后查找。

3.3.3 观察调查法的常用方法

1. 人员观察法

人员观察法是依托雇用的观察人员实施观察工作的一种方法。例如，作为神秘顾客的人员、在单向镜后面的观察者或记录消费者购物路线与行为模式的记录员。人员观察法通常包括以下三种类型。

(1) 人种志调研。

人种志调研是调查人员与被调查人员交互作用的实地调查方式，试图在调查现场发现有意义的东西。作为“参与其中的观察者”，人种志调研专家能够利用他们与被研究者的密切交互来获取对文化和行为等的更丰富和深入的理解。在商业市场调研中，这种技术的流行程度正在与日俱增。例如，宝洁在墨西哥城的低收入阶层中进行了人种志调研，并在调研结果的启发下开发了“一漂净”，即一种使衣物柔软的洗护产品，因为在调研的过程中发现当地的洗衣机没有相关功能。

人种志调研适用于各种情境，尤其是对于社会群体、个体与群体所处的背景以及人际交往过程的研究。人种志调研的实施通常包括两个步骤：① 参与者培训及开始观察过程。人种志调研的第一步是找到合适且有意愿的参与者，一个非常熟练的人种志调研专家需要经过良好的人类学训练。通常情况下，人种志调研开始于一个系统的观察和询问，经过训练的参与者基于自己对一些符号、代码、神话、习俗、信仰、价值观、社交规则和概念类别等人类文化的观察和理解，通过观察、提问或者深度访谈等进行资料收集和记录。② 资料整理和分析并形成结论。在收集的资料的基础上，进行系统性的整理分析和解释，以发掘其中的意义。通过对数据资料进行仔细而全面的分析，对其主题及对应意义进行分类整理，建立结论框架，以帮助企业理解。

(2) 神秘购物法。

神秘购物法主要是让接受过专门训练的“神秘顾客”作为普通消费者进入特定的调查环

境，进行直接观察，一般主要围绕观察购物环境、了解服务质量、观察消费者的购买行为、了解同类产品的市场情况等。

神秘购物者可收集有关商店的观察数据（例如货架是否摆放整齐），以及顾客和员工间互动的数据。当然，在后一种情况下，神秘购物者和员工之间需要进行交流。神秘购物者可能会问，"这个产品多少钱?""这种款式是最新款吗?""这个颜色适合老年人吗?"这种相互交流不是为了访谈，只是为了观察员工的行动和评论。因此，虽然观察者经常被卷入彼此的交流，但神秘购物法仍可以看成是一种观察调查法，沃尔玛、麦当劳、星巴克等很多零售商使用这种技术。

神秘购物概念有四种基本形式，每种形式在深度和收集的信息类型上有所不同：第一种是神秘购物者拨打神秘电话。在这种方法中，神秘购物者给其目标商铺打电话并根据电话内容评估所接受的服务水平，继而与其进行一番照本宣科式的谈话。第二种是神秘购物者参观某个展览并快速地购买一些产品，不需要过多或者完全不需要顾客与员工间的相互沟通。例如，神秘购物者购买了一些商品，并对其交易能力和场所的形象进行评估。第三种是神秘购物者造访某企业，用事先准备好的手稿或方案与服务或销售代表谈话，如与销售代表讨论有关附带产品是否一起销售等。这里神秘购物通常并不包含真正的购买行为。第四种是神秘购物者进行一次需要良好的沟通技巧以及有关产品的丰富知识的访问。例如，讨论有关家庭贷款购买新车的过程等。

（3）单向镜观察法。

单向镜观察法，又被称为第三者介入法，是在一个装有单向镜和录音录像设备的房间里安排观察人员（第三者），在被观察者不知情的条件下，通过单向镜观察主持人组织座谈会和采访调查者等情形，然后根据主持人现场座谈、访谈获得的信息和观察者观察到的信息进行综合分析，得出调查结论。例如，新产品开发经理可以在主持人让消费者试吃不同的新品时，通过单向镜观察室观察不同类型的消费者在试吃不同新品时的反应，进而判断不同新品的目标顾客群体。

单向镜观察法的主要特征在于在调查者和被调查者之外，由观察者从第三者的角度来观察现场调查的过程。第三者视角的优势主要包括以下几个方面：首先，观察者不置身于现场，从而不会受到现场环境和氛围的干扰，可以更加客观、细致和全面地观察被调查者的言行举止，可以补充调查者受现场环境和个人因素影响的不足，更充分地得到相关信息；其次，第三者视角观察更容易发现虚假信息，以便得到更为真切的信息；再次，观察者作为在观察室外的第三者，可以与室内的调查者实现良好的配合，解决了调查者既需要组织会议又需要记录资料而导致自顾不暇的矛盾，使得调查者可以更好地投入调查过程；最后，因为是单向镜，被调查者不知道存在观察者这个角色，在参与调查的过程中没有自己的表现将被记录的心理负担，有利于被调查者真实地展现自己。单向镜观察法的不足之处主要在于人力、财力的成本相对较高，现场布置的复杂度较高，且对于在观察室内引导的调查者要求较高。

单向镜观察法的适用情境通常是在其他调查方法进行了大面积调查之后，利用单向镜观察法进行典型调查，以便进一步验证大面积调查的结果。

2. 机器观察法

机器观察法是指根据调查的要求、目的，在调查场所设置摄像机、红外线探测器、IC卡智能机等设备自动采集有关消息。机器观察的常用方法包括以下五种类型。

(1) 神经营销学。

神经营销学(Neuromarketing)是研究消费者面对激励时的大脑模式和生理测定的过程。大脑模式通常是通过记录脑电活动的脑电图测量的(如图 3-1)。功能性磁共振成像(FMRI)测量大脑中和神经活动相关的血液流动变化。生理测定包括血压、心率和出汗情况。

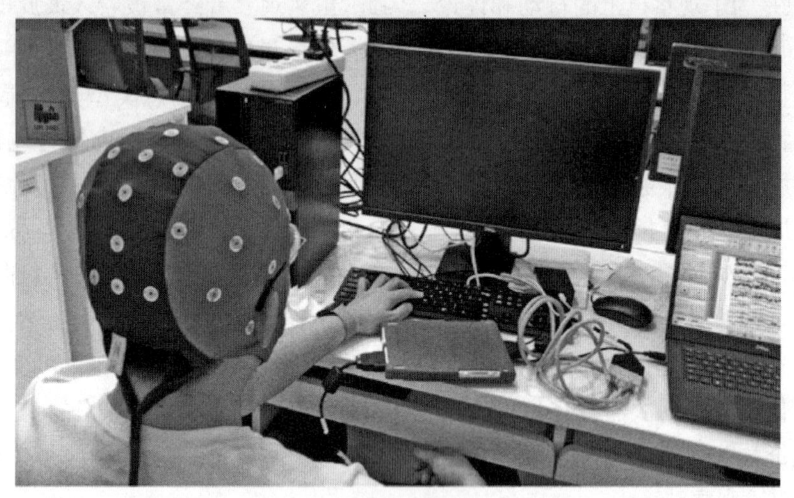

图 3-1　上海商学院学生使用可穿戴脑电设备测量脑电波

神经营销学在市场调研中是一个很热门的领域,它既拥有坚定的支持者,也拥有大力反对者。该领域最大的公司是尼尔森的 NeuroFocus,该公司发明了一个便携的无线 EEG,可以直接发送数据到远程遥控的笔记本电脑或 iPad 上。在看电视、观看广告或产品原型、看电影或是在商店购物时佩戴该设备,消费者被给予一定的报酬。一个 EEG 实时虚拟测量佩戴者的脑电活动;相反,一个 FMRI 记录大脑里的血流变化会导致读取上的 5 秒延迟。FMRI 提供清晰、高分辨度的画质,但在速度上不如 EEG。例如,想象你要想一个关于球的动作。在 200 毫秒内你的大脑已经接收到了信号。脉冲移动到运动皮质层使你的牙合器回应,你可能想说"扔"。这个过程发生的速度太快以至于 FMRI 无法记录。但是,一个 EEG 可以捕捉从"球"这个词产生的每个虚拟神经脉冲。支持者认为,这就是神经营销学存在之处——在一个无意识的想法产生的最初,在大脑收到刺激和潜意识反应之间的一瞬间。因此,数据都是没有被你的意识过滤和处理过的,也没有机会对字眼或手势做出有结构的回答。

例如,神经营销学中的"视线追踪",一束红外线光直接射入眼睛,光线进入视网膜并反射回照相机,瞳孔中心和角膜反射之间的矢量被测量,发现关注点。通过视线追踪,可以记录人们能否从混乱的货架中、巨大店铺的陈列中看到或注意到产品包装,市场措施是否有力地吸引消费者的注意力,哪一种产品要素或者相关信息吸引消费者注意并且被一直注视。

(2) 脸部动作编码。

脸部动作编码意指通过捕捉被调查对象面部动作如皱眉、挑眉、傻笑、微笑等细微动作判断其情绪的一种观察方法。该方法最初由国际著名心理学家保罗·艾克曼(Paul Ekman)

提出。在20世纪60年代，他在两个互相隔离的原始部落研究他们的动作和手势，最终发现了人类共通的特性，并发布了“脸部动作编码系统”(FACS)：他在人的脸上发现43种动作单元(AU)，每一种都由一块或者好几块肌肉的运动构成，各种动作单元之间可以自由组合，也就是说，人脸上可能有1万种表情，其中的3 000种具有一个情感意义。例如，“眼睑紧绷”代表生气，“鼻唇紧闭”意味着难过。

依托脸部动作编码进而观察情绪的方法通常能够借助一些公司开发的系统进行自动分析面部表情，清楚地反映出不同刺激对情绪的影响，是一种易于使用且能够帮助调查人员节省时间与资源的一种观察方法，可以与眼动等生理数据快速整合。脸部动作编码技术目前在全球1 000多所大学(包括8所常春藤盟校中的6所)、研究机构和许多领域的公司中使用。

(3) 性别和年龄识别系统。

性别和年龄识别系统是依托一些先进技术手段从语音或人的脸部特征等信息中识别被调查者性别和年龄的一种观察方法。例如日本的NEC电子发明的消费者性别和年龄识别系统，建立在拥有数千张面孔的数据库作为参考的运算法则上，能够注意到人脸上显著的差异点，从耳朵、眼睛等的形状和头发的颜色等，依次判断年龄；该系统通常被放置在购物中心、机场和其他人流量大的公共场所，这些场所内的零售商家可以依托该系统识别的消费者性别和年龄数据，定向投送推荐信息。国内的讯飞开放平台上，我们也可以看到有一个性别年龄识别系统，应用场景包括：客户画像分析，对于电话客服接到的客户音频信息，可以进行声音特征分析，便于构造用户画像；娱乐应用，分析用户上传的声音信息，给用户构造性格特征标签，增加更多的娱乐互动；聊天应用，根据用户上传的音频文件，给用户进行标签分类，进行精准化社交匹配。

依托性别和年龄识别系统，悄无声息地识别消费者信息，进而实现营销信息的精准推送，是一种高效且成本较低的方式。近些年，这种技术的运用范围越来越广泛，但是这种观察方法通常是在消费者不知情的情况下进行的信息扫描，一些对个人隐私权益保护比较在意的国家通常不愿意使用该系统。故此，在使用此方法的过程中需要注意对消费者权益的保护。

(4) 店内跟踪。

店内跟踪是通过在店内安装安全摄像头以跟踪消费者行为的一种观察方法。店内跟踪观察法比较经典的案例便是零售大数据分析服务公司RetailNext，通过安全摄像头获取视频，结合其独有的软件实现消费者跟踪观察。例如，将摄像头获取的视频与运动传感器结合起来分析可以判断某品牌被拿起却没有被放进购物车的次数。奢侈品零售商Montblanc通过在其店铺内使用RetailNext的视频分析，识别了店内最佳客流量地图，并据此设计了销售人员在店内的走位以及相关商品的陈列，促使其销售额实现了明显增长。

店内跟踪观察法的另一种应用场景便是通过店内系统与消费者手机应用的对接，凡是下载了使用该品牌的相关应用并授权店内跟踪服务的情况下，当顾客进入该品牌相应线下店铺时，会接收到相应消息，例如：他/她所熟悉的销售人员所在位置、上市的新款所在区域、打折促销的活动信息、时尚潮流趋势和接下来的店铺活动等。消费者可以使用该系统来预约或者给销售人员留言，标记喜欢的产品，然后被标记的产品会自动分享给他们喜欢的销售人员。这些应用通常还可以与消费者相关的过去的购买数据同步，销售人员可以据此进行推荐。

（5）在线跟踪。

在线跟踪是观察调查法的另一种基本形式。传统的网络跟踪通常是通过 Cookie 来完成的，一个 Cookie 是用户的网页浏览器储存的一个文本，可以用来验证身份、储存网页偏好及购物车内容等，还可以用来跟踪互联网用户的网页浏览习惯。Cookie 利用网页代码中 HTTP 头信息，伴随着用户请求和页面在 Web 服务器和浏览器之间传递。当消费者在浏览器地址栏中键入了服务的 URL，浏览器会向服务器发送一个读取网页的请求，并将结果回显。在发送之前，该网页在电脑上寻找服务网站设置的 Cookie 文件，如果找到，浏览器会把 Cookie 文件中的数据连同前面输入的 URL 一同发送给服务器。服务器收到 Cookie 数据，就会在它的数据库中检索到消费者的 ID、购物记录、个人喜好等信息，并记录下新的内容，增加到数据库和 Cookie 文件中去。

除了传统的网页浏览痕迹及相关行为跟踪以外，依托电子产品或者社交媒体的使用行为痕迹跟踪也是目前一些商家常用的方法。例如，消费者通过某些电子阅读器平台下载图书并阅读图书，在阅读图书过程中的标记等行为、书籍被打开和阅读的次数及时间等都会被记录下来，并最终被分享给出版社；另外，我们日常生活中离不开的社交媒体，每天都会产生大量的数据，消费者注册了某一社交媒体账号后，在访问有该社交媒体分享选项或者可以用该社交媒体账号登录的网页或其他应用时，该社交媒体网站会获取消费者点击网页的地址、时间、日期等各类信息，并综合分析该用户的特征，与其他应用共享。

3.4 实验调查法

3.4.1 实验调查法的定义及优缺点

实验调查法又称实验观察法，它是通过实验设计和观测实验结果而获取有关的信息，即从影响调查问题的许多可变因素中，选出一个或两个因素，将它们置于同一条件下进行小规模实验，然后对实验观察的数据进行处理和分析，确定研究结果是否值得大规模推广。它是研究特定问题的各因素之间的因果关系的一种有效手段，因为它可以通过对实验对象和环境及实验过程的有效控制，来达到分析各因素之间的相互影响关系及其程度，从中提取出有价值的信息，为决策提供依据。实验调查法的最大特点是把调查对象置于非自然状态下开展实验观察，将实验变量或所测因素的效果从多因素的作用中分离出来，并给予检定。

实验调查法的优点主要包括：兼具客观性和实用性，通过实地实验的方式模拟真实的环境进行调研，通常情况下结果是相对客观的，可信度较高，且结果具有较大的推广实用性。兼具可控性和主动性，实验开展的过程中，可以通过控制某些因素的变化来分析和观察因果关系及其影响程度，且关于控制哪些因素、实验环境和过程等方面调查者具有主动性。当调查者对某些现象或变量间关系并不明确的时候，可以通过实验调查法探索在市场环境中不明确的市场关系，且这种实验调查法是可重复的调查，可以在合适的实验设计、实验环境的基础上，对探索性关系进行反复验证，得到精准度较高的实验结论。实验调查法的缺点主要有：成本高，市场环境中的随机因素和不可控因素比较多，要想比较准确地掌握相关市场环境，通常需要通过长时间的多组实验进行综合分析，时间和财务成本都相对较高；局限性明显，实验调查法本质上是一种真实环境的模拟分析，但并不能完全等同于真实情境，与实验设置完全相同的条件通常是不存在的，所以对于较为复杂的问题适用性有限，且实验调查法的核心在于掌握不同变量之间的关系，通常不能用于研究过去和未来的情况。

3.4.2　实验调查的程序

第 1 步：根据调查项目的目的要求，提出需要研究的假设，确定实验变量。例如，某种新产品在不同的地区销售是否有显著的差异，哪个地区的销售效应最好，不同的广告设计方案的促销效果是否存在显著的差别，哪个方案的促销效果最佳等。

第 2 步：进行实验设计。实验设计的方案很多，有单因素的实验设计和双因素实验设计两大类，其中每一类又分为许多具体的实验设计形式。一般来说，应根据因素个数、因素的不同状态或水平、可允许的重复观察次数、实验经费和实验时间等综合选择实验方案。

第 3 步：进行实验。按实验设计方案组织实施实验，并对实验结果进行认真观测和记录。要认真监视实验过程全部按计划完成，使得每个实验结果(数据)都含有设计中规定的信息。这一过程所耗经费最多，时间最长，如果失控，通常会导致实验的有效性丧失。

第 4 步：数据处理与统计分析。对实验观察数据进行整理、编制统计表，并运用统计方法如对比分析、方差分析等对实验数据进行分析和推断，得出实验结果，并解释实验结果。

第 5 步：编写实验调查报告。实验结果验证确认无误后，可写出实验调查报告。实验调查报告应包括实验目的说明、实验方案和实验过程的介绍、实验结果及解释，并提出今后的行动建议。

3.4.3　实验调查的常用方法

实际的市场调查活动中通常会通过不同的实验设计来得出调查结论，形式很多。常用的实验调查方法包括以下五种。

1. 无控制组的前后对比实验

无控制组的前后对比实验意指在同一个市场环境下，聚焦于某一个选定的实验对象，通过分别记录实验前和实验后的相关结果，然后通过差异分析得出实验的效果。这是一种相对比较简单的实验方法，在不设置控制组的情况下，考察实验组在引入实验因素前后实验对象量的变化，以此来测定实验因素对实验对象产生的效果，通常可用于观测企业改变价格、规格、款式、包装等因素变化的影响分析。

例如，某企业有 A、B 两种产品，企业打算更改 A、B 产品的价格，以探测消费者对 A、B

产品的价格敏感度,在某特定市场进行了两周的实验。实验前后 A、B 两种产品的销售额数据具体见表 3-1。

表 3-1　商品销售额统计表

产　品	零售价格(元)		销售额(万元)		
	实验前	实验后	实验前	实验后	变动值
A	60	80	55	45	−10
B	90	95	60	40	−20

从表 3-1 中的数据可知,A 产品的价格提升 20 元后,会引起销售额下降 10 万元;B 产品的价格提升 5 元后,会引起销售额下降 20 万元。这说明调整产品的价格影响市场供求,且消费者对 B 产品的价格敏感度更高,对 A 产品的价格敏感度较低,所以 A 产品适合适度提价策略,B 产品更适合降价策略。

2. 有控制组的前后对比实验

有控制组的前后对比实验意指通过将控制组与实验组的结果在引入实验因素前后分别进行对比进而分析实验因素影响。要求在调查对象中随机抽出两类样本组,在同一时间周期内,在不同企业或单位之间,选择控制组和实验组并对控制组和实验组的实验结果分别进行实验因素引入前后的测量和记录,再进行比较。该方法有利于消除实验期间外来因素的影响,大大提升实验的准确性。

例如,要测定某企业改变产品包装对其销量的影响,选定 A、B、C 三家超市为实验组,D、E、F 三家超市为控制组,在实验组超市中以新包装销售,在控制组超市中仍以旧包装销售,实验周期为 1 个月,实验前后的相关数据具体见表 3-2。

表 3-2　实验结果对比

单位:盒

组　别	实验前	实验后	变动值
实验组(A、B、C)	$X_1=800$	$X_2=1\,200$	+400
控制组(D、E、F)	$Y_1=800$	$Y_2=1\,000$	+200

由表 3-2 中数据可知,实验组改变包装带来的效应是增加了 400 盒的销量,控制组实验前后增加了 200 盒。由此可见,实验效果 $=(X_2-X_1)-(Y_2-Y_1)=200$(盒),可以判定企业改变该产品包装带来的增益效果是 200 盒。设置控制组的实验结果相较于无控制组的实验结果而言,能够更准确地捕捉到其他的市场因素导致的销量增加效果,而不是简单地认为改变包装能够带来 400 盒的增益效果。

3. 实验组与控制组对比实验

实验组与控制组对比实验指在事后设计的基础上，通过比较实验组和控制组相关结果来测定实验效果的一种方法。要求选择若干对象为实验组及若干与实验对象较为相似的调查对象为控制组，并使实验组和控制组在相同的实验环境中，通过对实验组引入相关实验因素，对控制组不引入相关实验因素，最后比较实验组和控制组的结果，并得出实验因素效果相关的结论。

例如，某品牌为了测定打折促销的效果，选择了A、B、C三个超市为实验组，进行为期一周的8折促销；选择了与之条件相似的D、E、F三个超市为控制组，不进行任何促销活动，进行观察。观察一周后，将两组对调再观察一周，相应的销量统计数据见表3-3。

表3-3　实验组与控制组结果对比

单位：盒

项　目		非促销组销量		促销组销量	
		第一周	第二周	第一周	第二周
超市名称	A		400	500	
	B		500	600	
	C		600	800	
	D	500			600
	E	550			650
	F	550			750
合　计		1 600	1 500	1 900	2 000

从表3-3中数据结果可知，不做促销活动的情况下6个超市总的销售量是3 100盒（1 600＋1 500＝3 100），做促销活动的情况下6个超市总的销量是3 900盒（2 000＋1 900＝3 900）。由此可知，促销活动的开展可以增加800盒（3 900－3 100＝800）的销量，说明8折促销活动对该产品的增收有利，品牌方可以考虑适度开展促销活动。

4. 完全随机对比实验

完全随机对比实验指按照随机抽样的方法选定实验组，然后再随机按组设计不同的实验因素，进而通过比较不同组之间的结果来测定实验因素影响效果的一种方法。该方法使用起来比较简单，易操作，通常被用于测定包装设计、销售价格、产品品牌等的不同对销量的影响。

例如，某企业为某款产品设计了A、B、C三种包装款式，为了测试这三种包装的效果，将三种包装的产品随机地分配给进行实验的9个超市，每3个超市用一种包装，试验周期为1周，每周结束后再随机分配一次，重复4周，并且记录每种包装产品的销量，相关销量数据如表3-4所示。

由表 3-4 中的销量统计结果可知，不同款式的包装对该产品的销量是有影响的，A 包装款式共销售 125 盒，B 包装款式共销售 145 盒，C 包装款式共销售 115 盒，从这次的实验结果可以初步判定 B 包装款式与该产品的契合度更高。

表 3-4　各超市销量统计

单位：盒

周　次	各包装款式销量		
	A	B	C
1	25	30	28
2	35	40	22
3	30	35	30
4	35	40	35
合　计	125	145	115

5. 分组随机对比实验

单因素分组随机对比实验相较于完全随机对比实验而言，是在考虑某个自变量的影响以外，通过分组的形式将一些主要的外部因素控制起来展开研究。例如，前面的例子说明了三种包装在 9 个超市内的销量，但是并没有考虑超市的规模对销量的影响，显然这是一个需要控制的因素。遇到此类情况时，可以考虑设计分组随机对比实验，使得外部因素的影响与总的实验误差分开，得到更具精确度的实验结果。

在上例的基础上，可以考虑将 9 个超市按照月平均销售额划分为三组：第一组大于 10 万元，第二组 6—10 万元，第三组小于 6 万元。且由于增加了额外的变量（超市规模），有必要增加实验的超市数，为保证每种包装款式下都有 3 个试销超市，一共选择 27 个超市作为试验场景，被三种包装随机分配给每个组的 9 个超市，实验周期为 4 周。相关销量结果如表 3-5 所示。

表 3-5　不同规模超市不同包装的销量统计

单位：盒

超 市 规 模	各包装款式销量		
	A	B	C
大于 10 万元	130	150	150
6—10 万元	115	125	130
小于 6 万元	105	115	120
合　计	350	390	400

由表 3-5 中的销量统计结果可知,相比较而言 C 款包装的销量最高,此次实验的结果是在控制超市规模大小影响的基础上所得,结果相对精确度更高。

3.5 网络调查

3.5.1 网络调查的定义及特点

网络调查又称网上调查,指在互联网上进行市场信息的收集、整理、分析和研究的过程。本质上是传统的调查方法在新的信息传播媒体上的应用,与传统的调查方法相似,也有对原始资料的调查和对二手资料的调查两大类。但同时,网络调查作为一种依托互联网开展的调查方法,有着互联网的开放、广泛、直接、平等特性的加持,塑造了很多传统调查方法无法比拟的优势。表 3-6 总结了网络调查与传统调查的比较。

表 3-6　网络调查与传统调查的比较

比较维度	网络调查	传统调查
成本	成本较低,除了可能存在的样本服务费、数据委托处理费、问卷设计费用等,几乎不存在其他费用	成本较高,问卷设计、印刷、发放、回收、相关调查人员的培训、结果的统计和数据处理等环节都涉及费用
时空限制	时空限制小,可以随时开展调查,且能够调研的区域不受地理位置限制	时空限制大,在相关成本的限制下,开展调查的时间和区域都受到调查者能触达区域的限制
效率	效率高,运用网络样本或者特定的数据爬虫技术,可以在短时间内获得大量的数据资料	效率低,受到能接触到的样本量大小的限制,通常要想获得定论需要经过长时间的调研过程
便利性	便利性高,调查者和被调查者可以依托网络实时交流具体的调查形式和安排,对彼此而言便利性都较高	便利性相对不足,通常情况下需要跨越时空障碍触达被调查者,对彼此都方便的时空安排较少
精准度	样本相对分散或者数量巨大,依此得到的结论精准度较高	样本相对集中且获取样本的数量有限,据此得到的结论精准度有限
适用范围	适合需要大样本或者对调研时效性要求较高的项目	适合面对面的深度访谈或者需要现场测试的项目

3.5.2 网络调查的程序

网络调查的目的是依托互联网收集被调查者的想法和行为或者通过收集一些网络数据

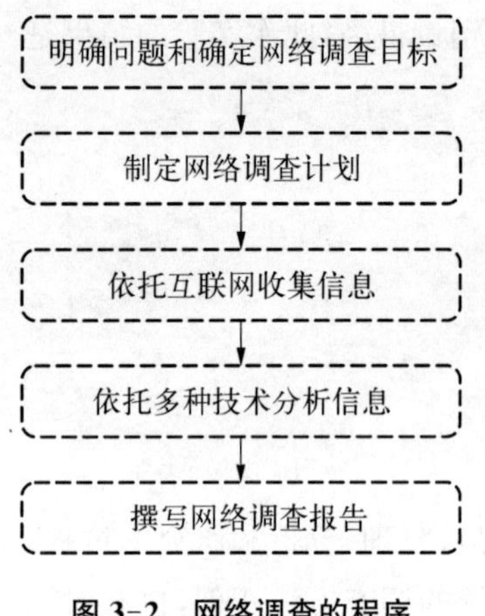

图 3-2　网络调查的程序

来分析被调查者的想法和行为，以便为企业决策提供参考。网络调查是企业主动利用互联网获取信息的重要手段，其程序如图 3-2 所示。

1. 明确问题和确定网络调查目标

明确问题和目标对于网络调查来说至关重要，直接决定了网络调查的方向和效率。例如，某企业想要了解其品牌或者某款产品当前的消费者评价与某企业想要了解其品牌产品当前的市场绩效是两个完全不同的目标，需要采用的调研方法和资料统计的方法等都完全不同。通常情况下的网络调研目标包括：目标顾客群体识别、顾客价值分析、顾客行为分析、顾客评价、市场环境分析等。

2. 制定网络调查计划

在调查问题和目标确定的基础上，从资料来源、调查方法、调查手段、抽样方案和联系方法等方面制定出翔实有效的网络调查计划，以指引实际的调查工作。

(1) 资料来源。依据调查目标的分解，确定相应的资料来源，是收集一手资料，还是收集二手资料，抑或两者相结合的方式。如果想判断当前消费者对某品牌的评价如何，一方面可以通过企业官网和官媒、小红书或者大众点评等平台挖掘顾客评价中的高频词和好恶情绪等，收集二手数据；另一方面也可以直接发起关于品牌形象的线上调研，收集一手数据，弥补不同来源资料的不足，以便获得更精确的信息。

(2) 调查方法。网络调查的方法包括网上观察、网上讨论、在线问卷、网上实验、众包网上调研、网上二手资料收集等直接调查和间接调查的方法，例如上述分析消费者对某企业品牌的评价，依托平台评论分析可能需要采用社交媒体网上调查的方法，直接进行企业形象调查可能需要采用问卷调查法，根据规划的目标和相应的资料来源方式，确定合适的调查方法。

(3) 调查手段。在方法确定的基础上，具体规划方法实现的手段。通常情况下调查手段主要但不仅限于以下三类：第一，在线问卷，相对来说是一种较为简易的方法，调研的效率比较高；第二，交互式计算机辅助电话访谈系统，利用软件程序在计算机辅助电话访谈系统上设计问卷结构并在网上传输，数据库直接对接互联网服务器，直接储存收集到的被调查者的答案；第三，网上调查软件系统，是专门为网上调查设计的问卷链接及传输软件，包括整体问卷设计、网络服务器、数据库和数据传输程序。

(4) 抽样方案。通过在计划中规划抽样方式、数量和判断准则等，为后续的实际抽样工作提供指引。

(5) 联系方法。确定调查者与被调查者实施调查过程的联系场景，包括实体地址、社交网址、公众号或者社交媒体群组等。

3. 依托互联网收集信息

在确定的目标和计划的基础上，正式开始依托互联网的信息收集工作。依托互联网的信息收集指以互联网为媒介，运用多种手段获取直接调查的资料，或者从互联网共享服务资源中收集、处理和分析网络二手资料的过程。常用的互联网信息收集渠道详见图 3-3。

4. 依托多种技术分析信息

完成信息收集工作后，接下来最重要的一步便是分析信息，这是将相关信息转化为具有指导意义的结论的关键桥梁，是验证相关调查工作是否切实有用的关键一步。对互联网信息的分析通常是在数据清洗的基础上，对有效数据进行基础统计分析、可视化、综合分析及成果展示等。互联网信息分析常用技术方法详见图 3-4。

5. 撰写网络调查报告

与传统调查一样，网络调查的最后一个阶段也是撰写调查报告，翔实体现调查成果。撰写调查报告的过程中注意不能简单地堆砌收集的数据资料，应该运用上述提到的各类信息分析技术方法对相关资料进行翔实分析、统计，并借用多种形式呈现结果，并呈现基于深度思考得出的结论，将其与企业决策相关的调查结果着重显示；此外，撰写网络调查报告的过程中也要注意格式规范。

3.5.3 网络调查的常用方法

1. 网上观察法

网上观察法指利用相关软件和人员记录网站的访问情况及对网民在线行为进行观察和监测的一种调查方法，这是目前多数网站普遍采用的方法。

网上观察法常用的技术主要有：(1) 计数器设置。绝大多数的网站都设置了流量计数器，记录网站的访问流量，流量一定程度上代表了该品牌或该网站的受欢迎程度，通过流量分析可以了解到关注该品牌或网站的消费者数量，反映企业网络营销的效果。(2) 通过后台管理测试用户行为影响因素。网络营销人员可以通过对产品价格、广告内容、包装图案等可能影响消费者行为的因素进行不同组合，依托后台监测消费者的购买行为，可以测试出不同因素对于消费者而言的重要程度，据此设计最有效度的影响策略。(3) 利用 Cookie 技术跟踪在线行为。通过关联消费者的 IP 地址、关注或经常浏览的网页、点击的广告、停留的时间、进入的链接、关注的平台等信息，可以分析出不同特征的消费者采取某些消费行为背后的心理和需求要素。

2. 网上讨论法

网上讨论法指调查者通过网络会议或者其他平台与被调查者进行实时交谈讨论的调查方法。调查者可以通过在相应的群组或论坛等发布调查项目，邀请或吸引相关被调查者参与讨论并发表观点或想法；也可以通过各网络视频会议平台将被调查者集中在虚拟会议中就某个调查项目展开讨论，以收集被调查者的意见和观点。网上讨论法比较适用于重点调查或典型调查。网上讨论法的实现途径很多样，如新闻组、电子公告牌系统、社交媒体平台、网络会议等。

(1) 新闻组。新闻组就是依托网络的计算机组合，将计算机作为新闻服务器，不同的用户借助一些软件可以连接到新闻服务器上，张贴个人信息、阅读他人的信息并参与讨论等。

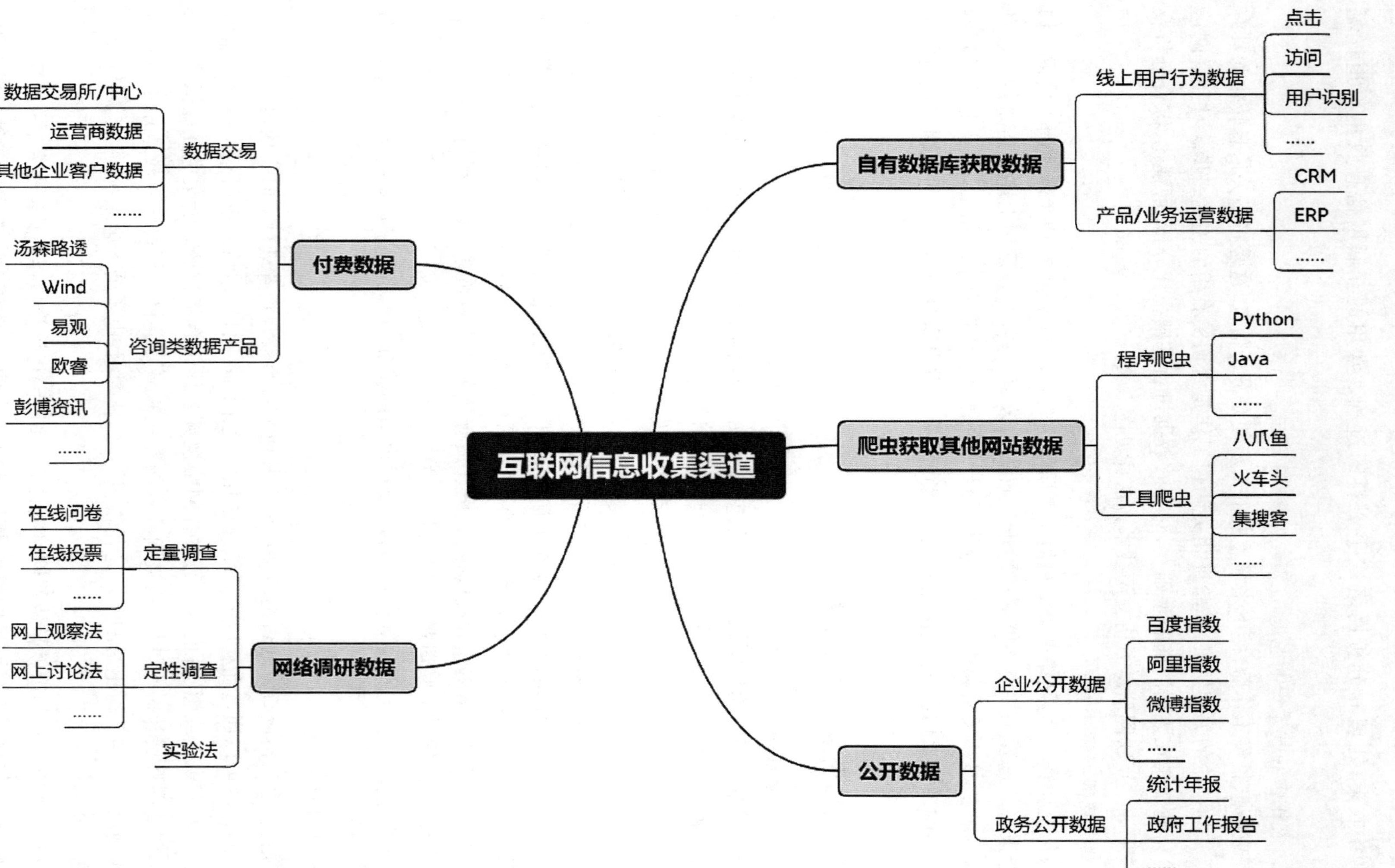

图 3-3　常用的互联网信息收集渠道

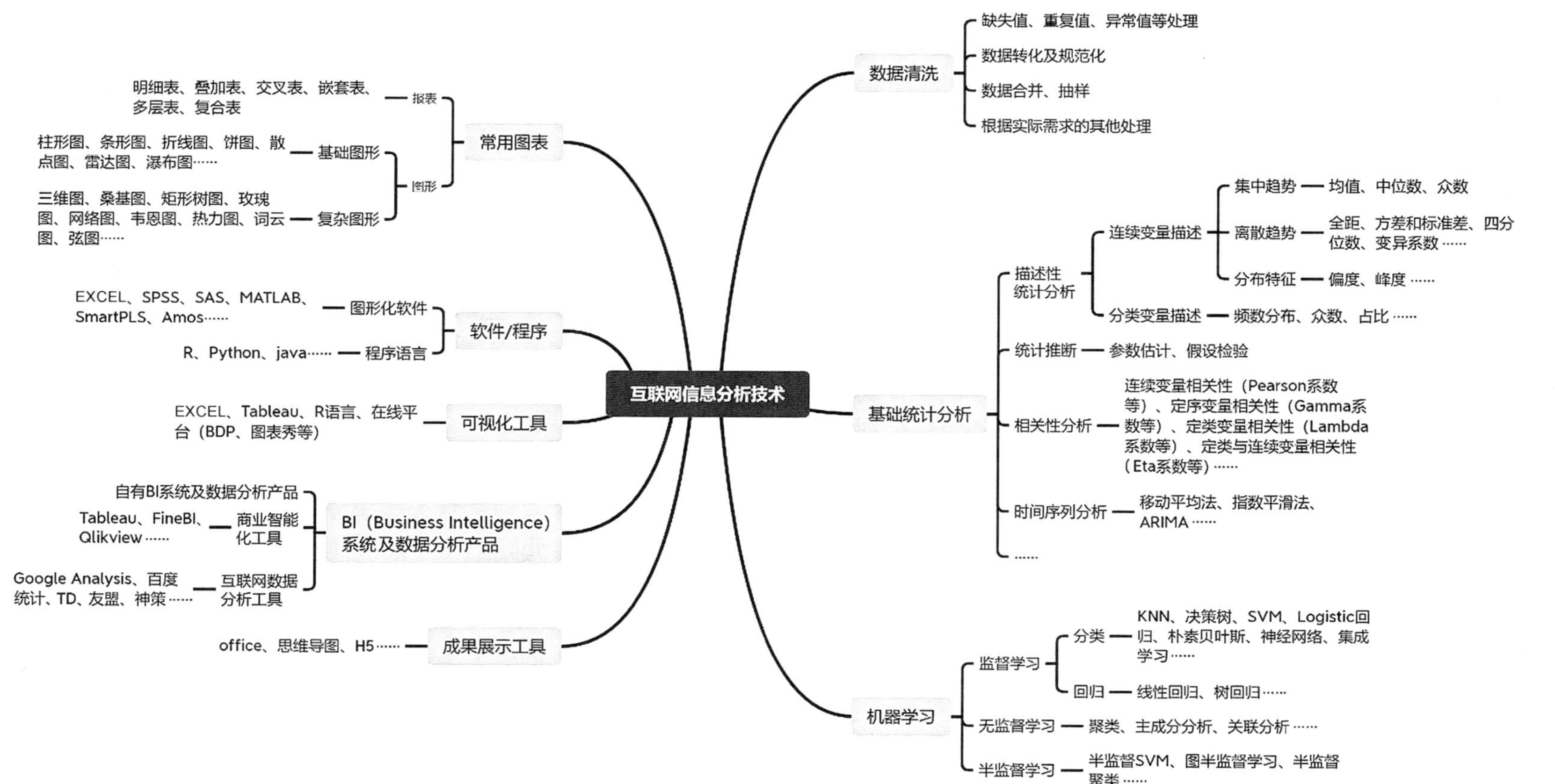

图3-4 互联网信息分析常用技术方法

新闻组在本质上是一个完全交互式的超级电子论坛，是在互联网上与其他志趣相投人士或某个兴趣小组进行交流沟通的主要渠道。新闻组是按照某个话题或兴趣组建的，且参加新闻组的用户人数众多，话题涉及的面非常广，按照内容来分的话，包括娱乐、新闻、体育和科技等不同类别。用户将信息发送给新闻服务器，服务器再将信息发送给其他参与者，通常情况下用户只有订阅才能参与其中。几乎所有的新闻组都可以在 Usenet 新闻组服务器上找到，Usenet 是全世界范围内所有新闻组服务器的组合，包括了整个互联网上几乎所有的电子论坛信息。

(2) 电子公告牌系统(Bulletin Board System, BBS)。电子公告牌系统一般又被称为网络论坛，指依托计算机运行服务软件使得用户借助终端程序通过互联网进行连接，进而上传或下载相关数据、阅读新闻或与其他用户交互的网上交流场所。随着网络科技的发展及普及，网络论坛几乎涵盖了生活的各个方面，通常被用于各类企业开放给消费者交流的平台，是网络虚拟社区的主要形式。在中国大陆，比较知名的论坛包括百度贴吧、天涯论坛和华声论坛等，有很多没有建立自己论坛的企业会通过百度贴吧发出一些关于自己产品或品牌的主题讨论，很多电视节目会在天涯论坛发帖讨论，都是利用论坛服务市场调查的典型方式之一。

(3) 社交媒体平台。社交媒体指互联网上基于用户关系的内容生产与交换平台，如微博、微信、小红书、抖音、QQ、快手、哔哩哔哩等。社交媒体作为互联网互动的主要载体之一，每个月都活跃着上亿用户，为市场调查提供了与被调查者互动的媒介。不难发现，有很多知名企业的市场调查工作都已经“搭乘”了社交媒体平台的快车。综合来讲，利用社交媒体平台进行市场调查的优势比较明显：一方面，社交媒体上所形成的群落都是一些按照身份、兴趣等形成的有机聚合，社交身份极具参考性，因为人们通常都是基于自己的社交身份进行消费决策；另一方面，相较于传统的调查方式而言，利用社交媒体平台进行调研的成本相对偏低且精准性较好。

(4) 网络会议。网络会议系统是以网络为媒介的多媒体会议平台，调查者可以突破时间和地域等的限制通过互联网与被调查者实现面对面般的交流效果。目前比较流行的网络会议平台包括：ZOOM(Zoom Cloud Meetings)、腾讯会议(Tencent Meeting)、钉钉、好视通、小鱼易连等。通过网络会议展开市场调查，是一种低成本且时效性高的方式，使用便利且稳定可靠，一些大规模的异地调查通常可以通过网络会议的形式开展。

3. 在线问卷法

在线问卷法指依托互联网开展问卷设计、问卷发放和相关数据收集的方法，本质上是传统市场的问卷调查法在互联网上的延伸，可广泛应用于各种内容的在线调研活动中。目前应用较多的在线调查平台有问卷星、人人问卷、乐调查、易表达、SurveyMonkey 等。

相较于传统问卷调查法，在线问卷调查的优势主要包括：(1) 易于使用且成本低，随着很多在线问卷平台的不断发展和优化，在平台上设计问卷、发放问卷等工作都变得非常简单易行；相较于传统问卷调查法印刷问卷、雇用调查者发放问卷、邮寄问卷等方式，在线问卷产生的成本非常少，是一种较具经济性的数据获取方法。(2) 样本广泛且时效高，通过在线问卷可以不受时空限制触达合适的被调查者，样本范围包括全球范围内不同细分市场且特征各异的网络用户，也正是由于样本量广泛且获取相对较为容易，利用在线问卷获取数据通常情况下速度较快，且很多在线问卷平台都自带数据结果分析工具，数据收集完的同时一些基础的结论就已经呈现在调查者面前，是一种快速获取相关数据及调查结果的方法。(3) 相对客观可控制，在线问卷在填写的时候多数都是匿名填写，被调查者不会受到与调查者间关系或面对面互动等情境的影响，给予的反馈较为真实客观，且由被调查者自己输入答案的方式一定程度上避免了调查人员录入纸质问卷数据易出现差错的问题。此外，现在很多在线问卷平台的功能都相对完善，通过 IP 来源限制、筛选题项设置、干扰题项设置等，可以在很大程度上直接规避掉不适合的样本，数据质量的可控性较强。但同时在线问卷法也存在一定的不足：在线问卷法通常情况下无法确认被调查者的真实身份，且有的时候如果设置的激励措施不够的话，就鲜有人问津。依据在线问卷实现的技术方法，可以将在线问卷法分为站点问卷法和电子邮件法两类。

站点问卷法指将问卷以 Web 网页的形式在一个或多个网站上或者一些社交媒体平台上发布，由网站的浏览者和社交媒体平台上的用户访问时填写问卷的方法。Web 网页问卷能实现的题项设计方式非常多样，可以是按钮式或下拉菜单式的单选/多选型封闭式询问，可以是文本框里输入信息型的开放式询问，还可以采用矩阵量表式的询问，同时在展现背景资料等方面也极具优势，例如就某产品展开调研时，可以通过网页直接呈现或者链接建立的方式，全方位介绍产品信息，让被调查者在阅读相关信息的基础上展现认知。站点问卷法实现的方式有三种：一种是建立专门的调查网站或网页，多见于一些专业的调研公司开设的网站或大型企业自建的网站，调查内容非常广泛；一种是在与调查项目相关的专业网站中建立调查网页，例如在某大型日用消费品论坛中建立一个快速消费者需求调查栏目；还有一种是在基于一些专业问卷调查平台形成在线问卷链接以后，通过社交媒体平台、群组或论坛等进行发放的形式。

电子邮件法指将含有在线问卷的电子邮件发送给被调查者，后者填完问卷将其回复给调查者的方法。问卷可以是普通的文本，也可以是 HTML 格式。相较于站点问卷法，电子邮件法可以对被调查者有一定的控制力，调查者可以根据需要选择合适的被调查对象，通常被用于特定用户群体的调研，例如，某品牌开发了新款防晒霜，根据试用活动报名时消费者留下的邮箱，在试用活动后的一段时间通过发送邮件的方式调查消费者对新款防晒霜的看法，利用这样的方式获取的数据针对性较强。此外，电子邮件问卷可以在离线的状态下作答，被调查者没有时间压力，数据质量有保证。

4. 网上实验法

随着数字化时代的到来以及移动互联技术的快速发展，网上实验法被众多企业和社会科学领域的研究者们应用。网上实验法指以互联网平台为实验室，通过有目的地控制特定的条件或者设定某些情境，引起被调查者某些心理活动或行为反应的实验研究。与传统的实验室实验相比，网上实验法不仅能够突破时空的限制，一定程度上能规避研究者或实验本身的干扰，带来更具信度和效度的数据结果；而且，还拥有更高程度的灵活性、可定制性和经济性。具体来说，网上实验法的特征主要包括以下三个方面。

第一，样本广泛性。传统实验室实验的样本通常都是通过招募所得，区域范围多数情况下都集中在调查人员所在地区，且通常情况下依靠少量便利样本，如大学生样本、某公司的员工样本等。网上实验通过网络招募或抓取，能够获得远超便利样本的受试者池。网上受试者池主要的特征便是规模巨大且具有较高程度的多样性，网上实验可以使得调查者实施跨国家、跨地区、跨文化、跨职业等的调查研究，一定程度上为集体/宏观层面的行为研究创造了机会和桥梁。

第二，过程自动化。传统实验室实验在进行的过程中，对于某些因素的控制、量表的解释等与被试者的沟通都是由调查人员亲自完成，样本越大，实验室实验的可控性越低，耗费的人力、物力、财力就越多，且调查者的干预一定程度上会对被试者形成干扰，损害实验的内在效度。网上实验法多数都是依靠编写的计算机程序自动进行，人机互动成为网上实验中的主要互动模式，实验的资源消耗更少，也能提升整体实验的可控性、实验结果的精准度，尤其是对于那些需要同时进行、重复进行或嵌套进行的调查实验，网上实验法更为适合。

第三，记录实时化。网上实验中产生的细节数据或过程数据通常在实验过程中就被自动保存下来，能够为实验结果分析提供更为丰富的资料。例如在一项探究网页广告设计效果的研究中，网上实验法可以让调查者记录下被调查者的鼠标移动轨迹，并将其与广告信息部分的距离作为衡量广告受关注度的主要指标。依托互联网的数据实时记录能够为调查者在资料记录和整理等方面节省很多时间，也能避免人员记录时出现错误，数据准确性提高。

5. 众包网上调研

众包指一个公司或者机构将过去由员工执行的工作任务，以自由自愿的形式外包给非特定的(且通常是大型的)大众志愿者的做法。众包网上调研就是通过网络做产品的开发需求调研，以用户的真实使用感受为出发点，大量征集他人的解决方案，从而获取信息并将其用于特定任务或项目。该服务可以是有偿的，也可以是无偿的。众包网上调研的过程是发包方(收集创意、验证创意或收集数据的需求者)通过在第三方综合型众包平台或者自建众包平台上发布任务(清晰描述需求的具体要求)，平台上的用户看到自己能贡献智慧的任务可以接包并通过平台提交自己的需求解决方案，最后由发包方审核是否合格并采纳。平台在其中扮演中介者、争议解决者和相关酬金托管的角色。众包网上调研本质上是利用集体智慧解决企业问题的形式。目前国内外主流的众包平台包括：猪八戒网、阿里众包、一品威客网、百度众测、蚂蚁众包等。众包调研的应用形式非常多样，可以是依托众包平台调查目标对象对新产品、新创意的意见和观点，也可以是依托众包平台中的接包者收集相关数据。具体来讲，众包网上调研的应用场景主要包括以下三类。

(1) 创意收集。对于企业而言，众包网上调研可以为企业收获源源不断的创意，高效地得到解决方案，大大降低企业的创意获取成本。例如奇瑞旗下凯翼汽车打造的众包造车平台——“凯翼＋你一起造车”，是国内汽车行业首个众包造车平台，在平台上，关于车身、内外饰设计、使用汽车过程中的痛点调研，甚至是一些专业部件上的设计等，都让平台用户自己表达并参与设计。就像某次交流会上凯翼某领导所述，有用户在凯翼众包平台上反馈下雨天将雨伞收好后再上车，有种雨伞无处安放的困惑，需要在汽车中设计放雨伞的地方，这一创意后来在凯翼汽车的产品中得以实现。这就是典型的通过专业众包平台聚集对汽车感兴趣的一群人，进而收集大众创意的典型案例。

(2) 创意验证。除了通过鼓励用户在众包平台上发表创意想法以外，众包平台也是一个验证创意的重要渠道。企业可以在整理创意的基础上，通过在众包平台投票等形式，进行创意方案验证和选择。例如乐高公司，通过自建的众包平台——Cuusoo，在利用消费者制作出的各种创意作品的基础上，鼓励消费者在平台上提交关于不同创意作品的观点，如果消费者喜欢某个作品，可以点击“点赞”(Vote)按钮，如果某个创意被点击“点赞”的次数达到1万次及以上，乐高公司会给予该创意“可行性备选产品评审”的资格，如果最后产品被生产就可以在全球范围内发布，创意的提出者可以在产品上拥有姓名及1%的销售分红。这是典型的利用众包模式验证大众智慧的案例(见图3-5)。

图3-5　乐高百兽王原创设计者(菲律宾乐高玩家Leandro Tayag)签售现场

(3) 多类型数据收集。众包平台也是企业收集数据的良好阵地，一方面可以通过在众包网站发放问卷的形式来收集数据，另一方面也可以通过发包的形式吸引用户提供视频、图片、数字等多种形式的数据，以供企业决策参考。通过众包网站发放问卷，本质上是一种在线问卷法，此处不再赘述。通过众包平台让用户为企业提供企业所需要的各类数据材料，是一种新型的调查方式。例如，某企业希望获取北京、天津所有公交站牌亭、灯箱、LED、路牌和立柱广告的数量、分布以及每月这些广告媒体硬件情况、广告投放内容的变化情况，如果借用传统方式完成这个项目非常耗时耗力，而且费用昂贵，该公司经过前期对客户需求收集、整合，在“拍了么”平台中生成了一个广告拍拍App，通过发动这两个城市的众包用户，利用广告拍拍App进行任务的调研，不到一个月时间就收集到8 000多个广告点，而且能够做到每月的即时查看与内容上报，相比传统方式至少节约60%以上的成本，为企业的经营决策提供了坚实的依据。

利用众包网上调研寻找创意、验证创意，可以使企业确保在新产品或服务发布之前证明消费者对其需要的程度，提高决策效度。利用众包网上调研收集数据，是一种低成本且高效的调查方式，尤其是在企业想要调研复杂问题、样本量需求大的项目，不仅仅是数字数据需求时，尤其适用众包网上调研。

6. 网上二手资料收集

随着互联网的快速发展和普及，利用互联网可以获得大部分二手资料，为企业决策提供可靠依据。网上二手资料的收集指通过互联网收集与企业产品或服务以及市场经营环境相关的信息，以洞悉市场动态，进而提升营销策略的效度。在互联网上，世界范围内各个国家发布的各种电子报告、刊物、公报等都是市场调查人员重要的资料收集来源，调查人员在掌握相关搜索引擎方法的基础上，明晰网络二手资料的主要类型，便可在互联网上找到大量且有价值的数据资料。目前调查者们常用的网络二手资料获取方法为依托大数据技术的互联网数据获取。

3.6 大数据技术与新市场调查方法

3.6.1 大数据概述

1. 大数据的内涵与特征

大数据指需要新处理模式才能具有更强的决策力、洞察力、发现力和流程优化能力的海量、高增长率和多样化的信息资产。大数据已经被认为是和煤炭、石油、金矿一样的资产与生产资料，是具有更强的决策力、洞察力、发现力和流程优化能力的信息资产。而且，与那些不可再生的自然资源不同，大数据越开发，价值越大，具有 IT 资源的一些外部性的特征。在 IT 界，大数据的 Volume(大量)、Velocity(高速)、Variety(多样)、Value(价值)的特征被称为“4V”。

大量(Volume)，作为大数据的第一个特征，是指数据量大，数据规模大，储存所占的空间大。数据储存的最小单位是 bit，按顺序依次为 bit、Byte、KB、MB、GB、TB、PB、EB、ZB、YB、BB、NB、DB，每个数量级都是按照 1 024 倍来计算。截至 2012 年，数据量已经从 TB(1 024 GB=1 TB)级别跃升到 PB(1 024 TB=1 PB)、EB(1 024 PB=1 EB)乃至 ZB(1 024 EB=1 ZB)级别。根据联合国的估测，数据一直在以每年 50%的速度增长，也就是说每两年数据就会增长一倍。尤其是最近两年，人类产生的数据量相当于之前产生的全部数据总和。2020 年，全球总共拥有的数据量约为 35 ZB，相较于 2010 年增长了近 30 倍。

高速(Velocity)，是指大数据产生的速度快，正因为数据产生的速度够快，所以数据的规模才大。大数据的快速化不仅是指数据从生成到消耗的时间窗口期短，同时也说明了人们利用大数据进行决策的时间非常短。数据增长的速度快，处理的速度也快，那么对时效性的要求也就很高。在 IT 界，有“一秒定律”的说法，这一点也是和传统的数据分析技术有着本质区别。根据 2011 年的数据显示，一分钟，新浪可以发送 2 万条微博，苹果可以下载 4.7 万次应用，淘宝可以卖出6万件商品，百度可以产生90万次搜索。2018年，天猫“双11”峰值成交额达49.1万笔/秒。2019年，天猫“双11”，14秒成交额破10亿元，96秒破100亿元，高额的成交额伴随的是极短时间内产生的大量成交数据。2018年11月，微信发布了“微信一分钟数据”，数据显示在清晨的早高峰里，平均每分钟有2.5万人同时刷微信进入地铁或踏上公交。早高峰的2个半小时，这个数据可达375万条。一分钟，有超过8亿用户使用微信支付的即扫即收功能，超2 000万个公众号发出多样化的声音，150万开发者带来超过100万个小程序。同样在一分钟时间里，移动互联网接入流量超46 000 GB，可塞满50块1 TB硬盘，一天的数据流量则超过70 PB。

多样（Variety），是指大数据的来源和种类丰富多样、复杂多变。虽然数据种类繁多，但是能够存储在传统数据库中的结构化数据只占10%。互联网上，各大电商平台、各类社交网站和搜索引擎每时每秒都在产生各种不同类型的数据，包括文本、图像、视频等Web 1.0数据与查询日志、点击流、关注、订阅等Web 2.0数据。此外，还有基因组、LHC加速器、地球与空间探测等科学研究数据，E-mail、文档、文件、应用日志、交易记录等企业应用数据，这些数据都与人类信息密切相关。

价值（Value），是指大数据的价值密度低。由于大数据的规模大，在蕴含了有效信息的同时，还掺杂了大量冗余、虚假，甚至错误的信息，因此导致大数据的单位信息价值较低，即便如此，大数据的应用价值仍然是很高的，值得人们探索和挖掘。

大数据的四个特征之间有着密切关系，正因为数据产生的速度快，种类多样，因此大数据的规模才如此之大，但是大数据并不在“大”，而在于有用。相较于体量，大数据的价值含量和挖掘成本更为重要。因此，对于行业企业而言，关键不在于掌握庞大的数据信息，而在于对有价值信息的加工与利用。

2. 大数据分析的特点

大数据已经成为一项重要的技术革新，它对包括市场调查与预测在内的所有社会活动的影响已经非常深远，大数据分析具有五个特点。

（1）可视化分析（Analytic Visualizations）。不管是对数据分析专家还是普通用户而言，数据可视化是数据分析工具最基本的要求。可视化可以直观地展示数据，让数据自己“说话”，让观众“听”到结果。

（2）数据挖掘算法（Data Mining Algorithms）。可视化是给人看的，数据挖掘就是给机器看的。集群、分割、孤立点分析，还有其他的算法让我们深入数据内部，挖掘价值。这些算法不仅要处理大数据的量，也要处理大数据的速度。

（3）预测性分析能力（Predictive Analytic Capabilities）。数据挖掘可以让分析员更好地理解数据，而预测性分析可以让分析员根据可视化分析和数据挖掘的结果做出一些预测性的判断。

（4）语义引擎（Semantic Engines）。我们知道由于非结构化数据的多样性带来了数据分析的新挑战，需要一系列的工具去解析、提取、分析数据。语义引擎需要被设计成能够从“文档”中智能提取信息。

(5) 数据质量和数据管理(Data Quality and Master Data Management)。数据质量和数据管理是一些管理方面的最佳实践,通过标准化的流程和工具对数据进行处理可以保证一个预先定义好的高质量的分析结果。

3.6.2 大数据在市场调查中的应用

调查本质上是一种认知,调查者的大数据是从各种类型的海量信息中,快速地获得能够反映客户特征与需求的有价值的信息。作为市场调查研究的工作者要具备运用大数据的能力,要实现认知、思维、决策方式以及方法向更高层次的转型,更好地开发大数据的价值。

1. 大数据与生活调查

大数据影响着人们生活的方方面面,当遇到生活难题的时候,人们可以借助这种调查方式,如经历过高考的学生,都会面临选择大学的问题。以往我们可以通过浏览不同大学历年招生分数线进行择校,现在我们可以用大数据的方法进行判断(如图 3-6)。经济学中价格由供给和需求共同决定,在择校上,报考人数相当于供给,而学校的招生人数相当于需求,若两所学校的排名相近,招生人数相似,那么录取分数线就由填报人数来决定。对于高考考生来说,自己的填报志愿是已知的,而其他考生的填报志愿是未知的,但我们可以通过大数据调查来近似推算其他考生的填报情况,如利用各种网络指数来对比不同学校的搜索量。一般来说,搜索量越大,填报这个学校的人数就有可能越多。

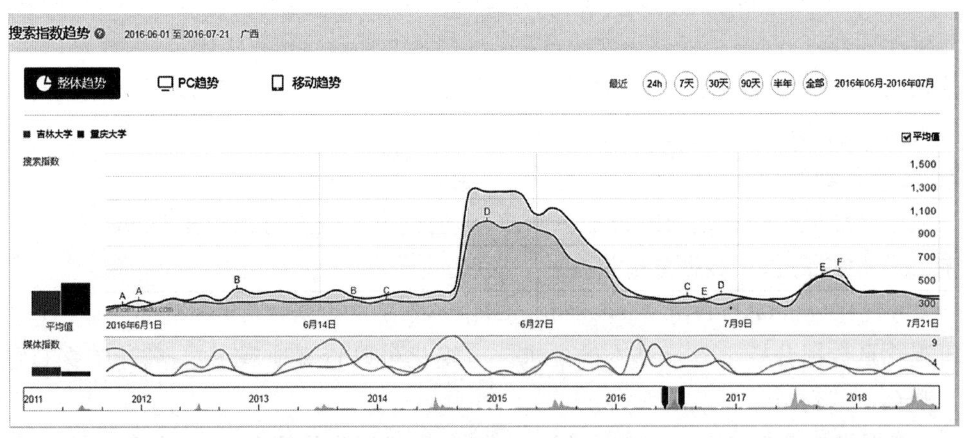

图 3-6 不同大学搜索指数对比

上述例子是生活中的大数据调查,虽然不属于市场调查领域,但是都是调查。调查就是获取数据,以帮助进行决策。大数据可以使人们的生活更加便利,这是毋庸置疑的,如人们可以感受到在购物、交通、医疗等各个方面都有了很大的改善。图 3-7 中是一个公交车司机驾驶室的场景。司机的驾驶室中有电风扇、MP4、手机、ETC、行车记录仪等设备,这些设备分别满足了司机师傅不同层次的需求。首先,20 世纪 80 年代中国居民家庭使用的电风扇是来自工业时代的设备,在公交车驾驶室的电风扇满足的是司机最基本的身体需求。其次,MP4 是电子时代的设备,满足的是基本娱乐需求。而 ETC、联网的行车记录仪与手机中电子导航地图则是2015年前后出现的大数据时代的设备,满足的是大数据、物联网、云计算等提升工作效率的需求。

图3-7 满足司机师傅不同需求的设备

2. 大数据与营销调查

小数据时代,人们对事物发展趋势的认识基于经验,但这种经验式的预测往往精准度较低,所谓的“千金难买早知道”和“事后诸葛亮”就是这个意思。在信息不完全的情况下,人类社会的行为一直被认为与布朗运动相类似,缺乏规则,难以预测。而大数据通过分析来源于各类数据库、网站、主流媒体、社交论坛、移动终端的有关生产、市场和社会需求的海量的、整体的、实时的、多样化的、半结构化和非结构化的数据,从而能相对准确地认识到事物的发展趋势,实现从“事后诸葛”到“事前预测”的转变。全球复杂网络学家巴拉巴西在其著作《爆发：大数据时代预见未来的新思维》中认为,人类93%的行为都是可以预测的。这种更加准确的预测可以为公共管理、经济金融等各种行业提供有力的工具。

企业通过大数据分析进行预测,实现了精准营销。最经典的例子,就是沃尔玛超市把尿不湿与啤酒放在一起销售的案例。还有Target超市通过分析女性客户购买记录,挖掘出25项与怀孕高度相关的商品,制作“怀孕预测”指数,“猜出”哪些女顾客是孕妇,对可能是孕妇的女顾客有针对性地推送广告。

又如,在淘宝上购物、在豆瓣上选电影、在音乐软件上选歌曲、在新闻App浏览新闻时,大家经常会遇到推荐功能,遇到“喜欢这部电影的也喜欢”“喜欢这首歌曲的也喜欢”,这些其实是各大平台基于对平台大数据的调查,通过相关计算形成的“内容定制+悦读体验+预测性报道”具有精准营销特征的新传媒形式。大数据传媒的重要特点就是在于其个性化和精准性。既能基于读者所在地、需求、兴趣甚至情绪的差异来实现个性化的传媒推荐和定制，又能通过对一个时间段内的大众媒体喜好，进行整体性时事判断与舆情分析。

另一个例子是美剧《纸牌屋》。2013 年，Netflix 的工程师们发现，喜欢 BBC 剧、导演大卫・芬奇(David Fincher)和老戏骨凯文・史派西(Kevin Spacey)的用户存在交集，一部影片如果同时能满足这几个要素，就可能大卖。于是，他们花 1 亿美元，几乎是美国一般电视剧的两倍价钱，买下了一部早在 1990 年就播出的 BBC 电视剧《纸牌屋》的版权，并请来大卫・芬奇担任导演，凯文・史派西担当男主角。随后的结果，美剧迷们应该都知道，《纸牌屋》成为 Netflix 网站上有史以来观看量最高的剧集，并在美国及四十多个国家大热。至此，大数据开启了对影视产业的全面渗透。

3. 大数据与商业和公共管理

在商业领域，数据具有极大的价值，其催生了很多新的商业模式。比如共享经济，Airbnb、Uber、滴滴打车、小猪短租等企业本身并没有汽车、房屋，但却通过供需双方数据的匹配获得收益。供需双方匹配的过程，本身就是对社会资源的优化配置。“货车帮”平均每天的货运信息超过 500 万条，通过供需匹配，每天可减少的货车空驶高达 1 000 万公里，极大减少了中国公路物流的资源浪费。

大数据让人类几乎可以对任何事物进行数字化，从而洞察其各维度各部分的特征，并可以与其他事物进行组合，分析其之间的关系。因此，大数据对事物本身以及与其他事物之间关系的全新洞察，促使新发现与新创意的出现。

在公共领域，大数据可以通过对海量数据的科学分析与协同，排除人为因素的生理局限与主观意识，大幅降低成本，提升政府效率与决策质量。著名咨询公司麦肯锡的研究报告显示，有效应用大数据可使政府部门在提升生产力和工作效能的同时降低管理成本。美国医疗管理部门曾经测算，大数据每年可节省超过 8%的医疗卫生开支，获得 3 000 多亿美元的潜在价值。通过对家庭用电数据的分析，美国不用逐家逐户排查就能找出在家违法种植大麻的家庭。大数据也可能使欧盟每年的行政开支减少达到 15%—20%，创造 1 500 亿—3 000 亿欧元新价值。大数据还可以在城市规划与治理过程中实现群体智慧型治理，并有效识别公众的个性化需求，推动政府治理的精细化。此外，大数据的信息产生更加扁平和开放，能够通过公众监督，使政府在决策过程更加透明，提升政府公信力。

在中国，咸阳市政府通过市民卡对应手机应用 App，记录市民使用医疗服务的所有信息，通过分析市民去医院购药频率、购药数量与药品种类间相关度等信息，识别异常信息，比如某个人去医院频次很高，每次购买大量药品，药品之间的相关度较小，那么这个人买药可能不是自用，而是贩卖。通过该系统，咸阳市发现重复参保人员 2 633 人，骗保行为 57 例，一年为政府节省了 3 000 万元。此外，在安全、扶贫等领域，大数据也有很大的用武之地。

4. 大数据杀熟与锁定效应

大数据就像一把双刃剑，给人们生活带来便利，创造最大商业价值的同时，也带来了很多弊端和挑战。

第一，虽然大数据本身是客观的和科学的，并且相较于小数据而言，其信度和效度都较高，但在大数据操作过程中，也不可避免地存在主观成分，一定程度上会影响大数据的精准性。

第二，大数据杀熟现象。2017 年 12 月，一名网友通过微博讲述了自己在某旅行网站上预订酒店的遭遇，该事件引起了人们对“大数据杀熟”的广泛讨论，大家发现在共享打车软件，或者机票订购、旅游、购物等多个平台上都存在着杀熟的现象。这种“大数据杀熟”的价格歧视现象背后是算法根据数据分析，对熟客进行特殊定价，目的是通过阶梯价格获取最大利益，本质上与向特定用户推送优惠券有相似之处。

第三，路径依赖与锁定效应。路径依赖指人类社会中的技术演进或制度变迁均有类似于物理学中的惯性，即一旦进入某一路径，无论是“好”还是“坏”，都可能对这种路径产生依赖。大数据对消费者的精准广告推送，会对其需求进行纠偏或限制。消费者偶然的一次搜索，导致精准广告反复推送，甚至强化成一种终身的消费习惯。

第四，信息泄露危险。人们在享受便利的服务的同时，伴随着信息被泄露的风险。根据哈佛大学近期发布的一项研究报告，只要有一个人的年龄、性别和邮编，就能从公开的数据当中搜索到这个人约 87%的个人信息。在大数据全面接管人们生活的年代，大数据、算法与人工智能可能早已让你“一丝不挂”。时代铸就经典，而时代铸就的经典，总有局限性。

第五，版权保护与数据窃取问题。大数据意味着开放，但这种开放也需要版权的限定。网络具有易扩散传播特性，监管难度很大，伴随着自媒体的出现，新闻、信息的生产领域存在严重的窃取数据、偷载内容的侵权行为。比如大家熟知的“今日头条”事件，作为移动新闻客户端中的领跑者，它本身并不生产新闻，而是通过对其他新闻媒体的爬取收集、分解重组，并通过对受众社交网站数据和阅读习惯以及偏好的分析，对受众进行有针对性的推送。2014 年 6 月，《广州日报》《新京报》等传统媒体针对“今日头条”的新闻来源开展版权之争，国家版权局也对此进行立案调查。

第六，伴随数据窃取问题出现的还有数据污染问题。开放的环境、信息产生的扁平化、数据信息的迅速传递，造成大量数据污染情况，即在数据生产和应用过程中包含了虚假、有害、无用无效的数据。数据污染包括数据失真、数据造假、数据超载。数据污染可能存在于数据生产和传播中的任一链条，其副作用是滋生大量的垃圾数据、虚假数据、错误数据，在占据大量储存资源的同时，也影响了调查的信度和效度，对受众的接受理解形成干扰或导致误判。

此外，大数据还存在对社会资源分配的影响、文化隐忧等，都是人们难以忽视的问题。

本章小结

本章重点介绍了五种常见的市场调查方法：文案调查法、观察调查法、访问调查法、实验调查法和网络调查，同时对大数据时代出现的新市场调查方法进行了介绍，翔实分析了每一种调查方法的概念、优缺点、实施程序和常用的技术方法等。文案调查法可以通过文献资料检索、报刊和网络新闻资料分析、情报联络网构建和网络搜索实现。观察调查法既可以通过人种志调研、神秘购物法和单向镜观察法的人员观察法实现，也可以通过神经营销学、脸部动作编码、性别和年龄识别系统、店内跟踪和在线跟踪的机器观察法实现。访问调查法包括直接访问法(焦点小组座谈法、深度访谈法、入户面访和拦截式面访)和电话访问法。实验调查法的实现方式包括无控制组的前后对比实验、有控制组的前后对比实验、实验组与控制组对比实验、完全随机对比实验和分组随机对比实验。网络调查作为市场调查工作的互联网化，包括网上观察法、网上讨论法、在线问卷法、网上实验法、众包网上调研、网上二手资料收集。随着大数据技术的不断成熟，大数据在生活调查、营销调查、商业和公共管理等多个领域都有深入应用。

关键词

文案调查法、观察调查法、访问调查法、实验调查法、网络调查、大数据技术

思考题

1. 文案调查法的适用范围是什么？
2. 获取文案资料的来源途径包括哪些？
3. 焦点小组访谈和深度访谈的区别体现在何处？各自的适用范围是什么？
4. 控制组设置在实验调查法中的作用是什么？什么类型的问题研究需要设置控制组？
5. 网络调查的优势和劣势体现在哪里？
6. 如何有效招募网上实验的参与者？
7. 众包网上调查的适用范围及其注意事项包括哪些？
8. 大数据时代的到来对市场调查工作的主要影响是什么？
9. 依托大数据技术开展市场调查工作有哪些需要注意的伦理问题？
10. 大数据时代如何规避数据冗余的问题？

案例分析

大数据时代下吴门书画的教学实践

苏州工业园区星汇学校结合地域特色，以吴门书画为实践主题，开展大数据时代下的学生兴趣特长培育项目。该校秉持分层教学理念，根据学生身心发展阶段设计教学重点、教材内容和教学活动，同时采用线上线下、课内课外相结合的混合式书画教学模式，丰富教学活动形式，拓宽教育数据采集渠道。基于各类教育教学活动中产生的数据，学生、教师、学校都能做出相应调整和决策，确保书画教育得到有效开展。自项目实施以来，该校学生的书画水平得到显著提升，学校走出了特色化办学之路。从项目的整体开展情况看，该校的兴趣特长

培育实践表现出了分层而教、多元评价和数据驱动的特点。

分层而教：星汇学校充分认识到不同认知发展阶段的学生对于书画学习的需求存在差异，故以年级为依据，将全校学生划分为小学低年级（一、二年级）、中年级（三、四年级）、高年级（五、六年级）与初中年级四个培养阶段。其中，小学低年级以培养亲切感为重点，开展启蒙教育；小学中年级以提升感受力为重点，开展认知教育；小学高年级和初中年级以增进理解力为重点，主要提高学生对吴门书画的认同度。根据各培养阶段的重点和课程内容的差异，星汇学校编写了《吴门书画校本教材》（分为小学低年级版、小学中年级版、小学高年级版、初中版四个版本），并设计、开发在线教学资源包，推出线上、线下相结合的信息化教材，使各培养阶段的学生在课外环节还能有选择地学习自己感兴趣的内容，并自主建构吴门书画知识体系。

多元评价：星汇学校充分利用互联网、大数据等技术采集学生的学习过程数据，多元评价其书画技能水平。在课前和课中环节，教师借助线上平台进行混合式教学，通过采集、分析学生的在线学习过程数据（包括课程学习参与度、平均学习进度、答题得分率、作业完成度、同伴交流讨论情况等），对学生的课堂学习态度和综合知识运用能力进行学业评价。在课后环节，教师组织阶段性成果展示，让学生通过自评和互评的方式，对各自的书画作品进行星级评定。此外，星汇学校还组建研究小组开展课堂观察和问卷调查，观察学生的课堂学习状态，收集学生的兴趣特长发展情况、学习满意度等数据，综合评定学生的兴趣特长培育效果。

数据驱动：基于采集的多元评价数据，星汇学校发挥数据的驱动作用，助力学生、教师和学校做出相应调整和决策。在课堂教学方面，星汇学校购置了具有数据分析和可视化功能的在线教学平台、课堂互动系统、书法系统。通过使用这些平台或系统，学生可以明晰自身的不足，教师也能即时了解学生的书画学习进度、学习状态和学习需求，从而对学生进行个性化辅导，同时反思自身存在的教学问题，从而有针对性地调整教学思路和策略。在项目推进方面，学校组建的研究小组基于课堂观察和问卷调查的结果分析，可从整体上把握项目的实施效果和可能存在的问题，从而对课程结构、教材内容和教学方式做出调整，保证项目能切实促进学生书画特长的发展。

资料来源：张瑶，杨现民，冯亭亭，狄璇，张宇驰．大数据何以支撑学生的兴趣特长培育？[J]．现代教育技术，2022，32(05)：24-31.

问题：星汇学校分析学生学习行为的调查方法包括哪些？大数据技术在其中发挥的作用体现在哪些方面？

第4章 抽样理论与实践

学习目标

- ◆ 了解抽样程序
- ◆ 理解调查总体、样本单位、抽样框等概念
- ◆ 掌握概率抽样的方法
- ◆ 掌握非概率抽样的方法
- ◆ 掌握确定样本大小的方法

导入案例

如何抓住消费痛点？2021年消费者抽样问卷调查报告来了

随着中美贸易争端的不断发展，和国家对双循环新发展格局的推进，国内消费市场越来越被大家所看重。特别是纺织服装行业，在劳动力成本增加等因素的影响下，外向型发展愈发困难，而内需市场进一步成为未来发展的重点。为了解中国纺织品服装终端市场的实际需求状况和消费趋势，中国纺织工业联合会上海办事处和东华大学联合进行了终端消费情况抽样调查。

调查对象为中国大陆地区的普通消费者，调查方法为通过网络线上发放调查问卷和线下实地访问个人消费者。调查内容包括一年来个人的消费状况、消费习惯、疫情的影响和对后市的看法等。希望通过这次调查，为判断下半年纺织服装行业的经营环境提供参考依据。此次调查共采集到1 422份样本，其中线上832份，线下590份。被调查对象是覆盖国内除西藏、宁夏、澳门以外的所有地区的普通消费者，年龄分布从15—81岁，且大部分集中于25—50岁消费活跃的年龄阶段。此次调查问卷主要分三个部分：一是被调查者基本情况，二是对被调查者消费情况的调查，三是对疫情影响的调查。

一、被调查者基本情况

从被调查者的基本情况来看，样本中有2/3左右是女性；学历方面，本科以上学历占62.45%；年龄上，25—50岁占58.51%。因此，被调查的样本大都为主要消费群体，能客观反映目前终端消费者的实际情况。

从被调查者的收入情况来看，大部分人的家庭收入在5 000—25 000元，占74.05%。通过对消费者近一年的收入情况调查发现，有16.88%的人表示今年的收入是下降的，这个比例比2020年的调查数据下降了18.14个百分点。这主要是因为去年受到疫情影响的直接冲击，停工停产的现象严重，收入受到较大影响。今年在国家有力管控疫情的情况下，经济有较好的恢复。另外，有33.69%的受访者表示收入有所增加。这些数据都明显好于去年，但和2019年以前的调查数据相比较，仍然有不足。由此可见，在国家大力管控疫情和刺激经济的措施下，通过一年的恢复，大家的收入情况有所改善，但疫情的影响仍然存在，还没有恢复到疫情前的水平。

二、消费情况调查

对消费情况的调查主要从三个方面进行。一是消费渠道，二是消费能力，三是消费习惯。从统计数据来看，可以获得以下10个方面的信息。

第一，从消费渠道来看，网购已经成为消费者最主要的购物渠道，在2021年的调查中48.95%的受访者表示他们最主要的购买服装的渠道是通过网购。虽然这一比例比2020年下降了1.89个百分点，但考虑到疫情影响，大家出行不便的因素，大家选择网购的趋势已经越来越明显。而且，今年的调查发现，在高收入群体中，选择网购的比例也首次超过了服装品牌专卖店。另外，老年人选择网购的比例也在逐年增加。大家选择的购物渠道第二多的是百货商场，占比达到25.32%，这一比例与往年相比仍在逐年缓慢下降。大家选择的另一渠道是服装品牌专卖店，选择这种购物渠道的人的比例相对较为稳定，2021年的比例为19.20%。从分年龄和收入的不同阶层消费者的情况看，低收入的和年轻的人群更倾向于网购，年龄大于50岁的人群则倾向于去百货商场购买服装。而高收入人群则倾向于去服装品牌专卖店。

第二，针对服装定制这种消费模式，目前虽然还不是很多，但随着生活条件的提高，越来越被大家所接受。在此次调查中，有8.16%的受访者表示过去一年中有过定制服装。而从定制服装的类别来看，最主要的是西装，其次是旗袍。几乎都没有涉及时装等其他类别。

第三，从消费者购买服装的频率和所购服装的价格来看和往年没有多大变化，购买频率大多为每月一次，这一比例占到38.33%。大部分人每月在服装上面的花费为

300—1 000 元，这部分人群的比例为 41.98%。从购买的服装单品价格上来看，大多数人购买的服装的价格在 100—300 元/件，这一比例占到 48.31%，其次为 300—1 000 元/件，这一比例为 34.60%。

第四，在对消费者用在服装上的总体花费的调查中看到，有 34.32%的受访者表示 2021 年在服装上的花费是减少的，这一比例比 2020 年下降了 16.88 个百分点。另外表示花费同比增加的比例有 16.1%，这比 2020 年增加了 8.18 个百分点。这说明 2021 年的消费情况比 2020 年是有所改善的，但是这些数据与 2019 年以前的数据相比，却仍然处于不景气的地位。进一步探究消费者花费增减的原因，除了消费者的消费习惯和喜好等因素外，最主要的原因还是收入和物价等因素占主导。

第五，调查中，了解了消费者在网购上的花费，从数据看，有 23.7%的受访者表示 2021 年网购上的花费减少了。有 28.97%的受访者表示 2021 年网购上的花费是增加的。结合消费者总体花费的情况和往年的数据，也进一步证明网购在消费者服装消费渠道中的比重越来越重。

第六，在针对影响购买服装的首要因素的调查中，有 53.38%的人认为，服装的款式是影响其购买服装的首要因素。其次有 32.28%的人认为价格是影响的首要因素。有 11.18%的人认为品牌是首要因素。与往年的数据相比，价格因素越来越受到重视。

第七，网络直播带货这种模式近年来的发展非常迅速，正在受到人们的关注。在此次调查中，有 95.99%的人表示知道或了解这种购物模式，其中有 19.97%的人表示对此很关注，这一比例比去年调查时增加了 5.57 个百分点。更有 15.75%的人表示已经通过网络直播带货的方式进行消费了，而在 2020 年调查时，这一比例还仅为 8.8%。

第八，针对目前服装设计、生产及销售上存在的问题的调查中，反馈的结果与往年相比没有太大的变化。最受消费者诟病的还是服装价格高和服装设计个性定位不够鲜明这两个问题，所占的比例分别有 40.79%和 44.94%。

第九，在对品牌的认可度上，国内品牌进一步得到了大部分消费者的认可，有 77.64%的受访者表示对国内品牌的认可。而国内品牌最大的优势还是价格优势，在调查中有 69.69%的受访者是这么认为的。

第十，对于下半年在服装方面的预算，有 26.79%的人表示预算在减少，这一比例比 2020 年下降了 10.81 个百分点。有 12.73%的人表示预算会增加，这一比例比 2020 年增加了 2.24 个百分点。而更多的受访者表示预算和 2020 年差不多，这一比例为 60.48%。

三、新冠疫情的影响

2020 年初突发的新冠疫情对于消费者的收入、消费行为、消费心理等方面都造成了一定的负面影响。经过一年多的管控，国内疫情基本得到控制，社会秩序和经济活力得到一定恢复。

在收入方面，大部分人都认为影响不大或没有影响。有31.15%的受访者表示疫情对他们的收入没有影响，这比2020年的调查数据增加了2.79个百分点。仅有4.29%的受访者表示影响较大，而这一数据比2020年也下降了1.84个百分点。

针对疫情期间消费愿望的调查显示，有52.11%的人表示消费减少甚至根本没有消费欲望，但这个数据和2020年的调查相比已经下降了10.29个百分点。表示正常消费的受访者达到了43.39%，比2020年增加了7.57个百分点。表示消费增加的受访者有4.5%，比2020年增加了2.72个百分点。

在对于疫情过后会否在服装上有报复性消费的问题上，大家相对还是比较理性。仅有13.22%的人表示会，而有78.06%的人明确表示不会。

对于疫情过后大家对国内经济形势走势的观点，大部分人表示乐观或很乐观，其中表示乐观的受访者达到53.31%，比2020年增加了7个百分点，表示很乐观的受访者占到15.96%，比2020年增加了7.34个百分点。

总结：

2021年，纺织品服装的内需市场正在恢复中，消费者的收入、消费欲望与2020年疫情时期相比已经有了较大的改善。但是疫情对经济的影响还远远没有结束，从消费者的反馈来看，虽然情况在好转，但是还没有恢复到疫情前的状态。

在疫情的推动下，人们的消费习惯正在加速变化，网购因为其便捷、低成本、非接触消费等优势而越来越受到青睐，再加上现在物流业的高度发展带来的退换货的便利性，进一步推动了服装消费的网络化。网购模式也已经成为老年人和高收入人群的主要购物手段。

目前消费模式正在呈多元化发展，直播带货模式异军突起，正在吸引广大消费者的目光，而且有加速发展的趋势，这对企业经营模式的转变带来了考验。另外，消费者越来越追求个性化的消费，对品牌的追求欲望不如以往强烈，而个性化的款式、高性价比的产品才是人们青睐的目标。

在国家防疫措施得力、经济复苏良好的大环境下，大家对经济形势抱有乐观的态度，大家的消费能力和消费欲望也都在加强，这对于企业经营来说是利好消息，但怎样抓住消费者的痛点、怎样吸引消费者的目光才是问题的关键。

资料来源：http://www.taweekly.com/qwfb/sjfxzk/202108/t20210809_4172561.html.

4.1 抽样调查的概述

4.1.1 抽样调查的定义及特点

抽样调查是按照一定的规则从总体中抽取一部分个体单位作为样本，通过对样本的调查研究所获得的信息资料，来推断总体的信息资料的方法。作为一种非全面调查，抽样调查的目的是取得反映总体情况的信息资料，从而起到全面调查的作用。抽样调查的数据之所以能用来代表和推算总体，主要是因为抽样调查本身具有其他非全面调查所不具备的特点。

(1) 以抽取的全部样本单位作为一个“代表团”，用整个“代表团”来代表总体，而不是用随意挑选的个别单位代表总体，代表性强。

(2) 所抽选的调查样本数量可以根据调查误差的要求，经过科学的计算确定，在调查样本的数量上有可靠的保证。

(3) 抽样调查的误差，是在调查前就可以根据调查样本数量和总体中各单位之间的差异程度进行计算，并控制在允许范围以内，调查结果的准确程度较高。

基于以上特点，抽样调查被公认为是非全面调查方法中用来推算和代表总体的最完善、最有科学根据的调查方法。

4.1.2 抽样调查的程序

第一步，界定总体及样本单位。为了满足调研目的，应该详细说明和描述提供信息或与所需信息有关的个体或实体所具有的特征，确定调查范围及总体单位。调查总体是指市场调查对象的全体。它可以是一群人、一个企业、一个组织、一种情形或一项活动等。样本单位是对总体划分成的互不相交的各个部分，也就是说，总体中的每一个个体应该属于而且只属于一个单位。

调查总体通常可以从以下几个方面进行描述：地域特征、人口统计学特征、产品或服务使用情况、对产品或服务的认知度。

第二步，确定抽样框。理想状态下的完整抽样框是很难获得的，往往需要其他的事物代替，如果无可代替事物，可由调查员自行编制。

第三步，选择抽样方法。抽样方法的选择取决于调查研究的目的、调查问题的性质以及调研经费和允许花费的时间等客观条件。调研人员应该掌握各种类型和各种具体抽样方法，只有这样才能在各种环境特征和具体条件下及时选择最为合适的抽样方法，以确定每一个具体的调查对象。有多种抽样方法可供选择。可以在放回抽样和无放回抽样中选择，也可以在非随机抽样和随机抽样中选择。

第四步，确定样本容量。样本容量确定的原则是控制在必要的最低限度，但要能够尽可能准确和有效地推断总体特征，获得调研信息。对于一个特定的抽样调查，当样本容量达到一定数量后，即使再有增加，对提高调查的统计准确度也起不到多大的作用，而现场调研的费用却成倍地增加。因此，在选择好抽样方法以后，就要确定合适的样本容量。

对于随机抽样，可以在允许误差的目标水平、置信水平和研究对象数量特征波动水平下计算样本容量。对于非随机抽样，通常依靠预算、抽样原则、样本的大致构成等来主观地决定样本容量。总之，样本容量确定的原则是控制在必要的最低限度，但要能够尽可能准确和有效地推断总体特征，获得调研信息。

第五步，确定操作程序。在实施抽样计划前，应先对其进行充分的研究。在调查现场，要完全熟悉抽样背景、抽样区域，然后再进行抽样。为保证抽样资料的可靠性，必须在具体操作过程中对调查者的行为进行规范，所以只有制定一个明确的操作程序，才能保证抽样调查结果的可信度。对于随机抽样，这一程序显得尤为重要。

4.1.3　抽样调查中的常用概念

1. 总体

总体是指根据调研计划的目的所要研究的全部个体的集合，是所要认识的调查对象的全体，是由所研究范围内具有某种共同性质的全体单位所组成的集合体。组成总体的每一个元素称作个体，如在由多个企业构成的总体中，每一个企业就是一个个体；由多个居民户构成的总体中，每一个居民户就是一个个体；由多个人构成的总体中，每一个人就是一个个体。

2. 样本

样本是能代表整体的总体的子集，是总体的一个部分，是从总体中按照一定的原则或者程序抽出的部分个体所组成的。样本也是一个集合，每个被抽中进入样本的单位称为入样单位。样本包含的入样单位的个数称作样本容量。如果从 3 000 名学生中抽选出 300 名学生，用 300 名学生的平均月消费来推断 3 000 名学生的月消费水平，那 300 名学生就是样本，而抽中的每一个学生就是入样单位，样本容量则为 300。

为了确保所选取的样本能够反映总体的特征，在选取样本时应注意以下三点：所选取的样本必须具有代表性；所选取的样本的容量应该足够大；样本要避免遗漏某一个群体。

3. 抽样框

抽样框是能够用于抽样的全部抽样单元的名单，是抽样总体的具体表现。具体形式：包括总体全部单位的名册、登记表、电话号码簿、地图、企业名录、编码表、数据库、人员名册等。设计出了抽样框后，便可采用抽签的方式或按照随机数表来抽选必要的单位数。

抽样框决定了调查的范围，必须保证抽样框内元素信息的准确，这样才能代表总体特征。因此在选择抽样框时必须注意以下几点：避免抽样框老化，老化的抽样框不具备代表性；抽样框的选择要具有可及性，避免增加抽样成本；避免抽样框超限或重叠。

4. 总体参数

总体参数又称总体真值，是描述总体特性的指标值。它是未知常数，是根据总体中所有单位的数值计算出来的，是通过调查想要了解的结果，不受样本的抽选结果影响。常用的总体参数有总体均值、总体比例、总体方差等。

5. 样本统计量

样本统计量是根据样本各单位的数值计算的，是对总体参数的估计，也是估计量。它是一个随机变量，取决于样本设计和正好被选入样本的单元特定组合。常用的样本估计量有样本均值、样本比例、样本方差等。

4.2 概率抽样

抽样调查是一种非全面调查，根据抽选样本的方法，抽样调查可以分为概率抽样和非概率抽样两类。概率抽样是按照概率论和数理统计的原理从调查研究的总体中，根据随机原则来抽选样本，并从数量上对总体的某些特征作出估计推断，对推断出可能出现的误差可以从概率意义上加以控制。习惯上将概率抽样称为抽样调查。

概率抽样有五种形式：常用的随机抽样方法包括简单随机抽样、等距抽样、分层抽样、整群抽样和多阶段抽样等。这些方法在市场调查研究中应用较广泛。其中，简单随机抽样是概率抽样中最简单的，也是最基础的，在另外的几种概率抽样方法中都会用到，而最综合的是多阶段抽样方法，可能会用到其他四种方法的各种组合。

4.2.1 简单随机抽样

简单随机抽样也称为单纯随机抽样，是随机抽样中最简单的一种方法，是指调查者以纯粹偶然的方法从总体 N 个单位中任意抽取 n 个单位作为样本，使每个可能的样本被抽中的概率相等的一种抽样方式。

简单随机抽样包含有放回简单随机抽样（重复抽样）和无放回简单随机抽样（不重复抽样）两种方法。有放回简单随机抽样是指每次抽中的单位仍放回总体，样本中的单位被抽中的概率可能不止一次。无放回简单随机抽样是指抽中的单位不再放回总体，样本中的单位只能抽中一次，在对商品（产品）有破坏性的市场调查（检验）中一般采用此种方法。

简单随机抽样的方法的具体形式有三种。

一是直接抽取法，从总体中直接随机抽取样本，如从货架商品中随机抽取若干商品进行检验，抽取的样本数量不仅取决于产品批量，还取决于欲检产品的质量特性分布均匀程度。产品质量特性分布越均匀，需要的样本数越少；反之，需要的样本数越多，这类情况简单随机抽样的方式也不合适，可能需要采取其他的抽样方法。二是抽签法，将调查总体的每个个体编上号码，然后将号码写在卡片上搅拌均匀，任意从中选取，抽到一个号码，就对上一个个体，直到抽足预先规定的样本数目为止。三是随机数表法，将总体所有单位编号，然后从随机数字表中一个随机起点（任一排或一列），开始从左向右或从右向左、向上或向下抽取，直到达到所需的样本容量为止。

简单随机抽样方法简便易行，每次抽选中都能保证总体中每个单位有相等的中选机会。

但当总体差异性较大时，这种方法会带来较大的误差；样本的分布十分分散，会增加调查过程中的费用和时间。因此简单随机抽样方法适用于以下情形：抽样框中没有更多可以利用的信息，只有人名或者编号；总体小且分布均匀；调查对象分布的范围不广阔。

4.2.2　等距抽样

等距抽样又称系统抽样，是按某一标志先对调查对象中所有单位按一定顺序进行排列并编号，然后按照抽取比例随机地选择一个起点，最后按相同间隔抽取样本。具体步骤如下：

(1) 将总体 N 个单位按直线排列，依次编号为 1—N；

(2) 要抽 n 个单元为样本，先计算抽样间隔 L=N/n；

(3) 在 1 到 L 之间抽取一个随机起点 r，则被抽中单元的顺序位置是：r，r+L，r+2L……

例如：从 5 000 名学生中随机抽取 100 名进行调查，抽取过程如下：

(1) 先将 5 000 名学生按一定顺序(如学号、姓氏笔画等)排列，然后编上号码 1—5 000；

(2) 计算抽样距离 L，L=5 000/100=50；

(3) 随机确定样本抽样起点。在第一间隔 50 人(编号为 1—50)中用简单随机抽样方法抽出 1 人，假设其编号为 8 号；

(4) 进行等距抽样，即以 8 号为起点，以后每隔 50 人抽取 1 人，一次抽出第 58 号，第 108 号，第 158 号……直到抽取 100 名为止。

等距抽样这种方法操作简单，当对总体结构有一定了解时，充分利用已有信息对总体单位进行排队后再抽样，可以提高抽样效率。但如果总体层次差异显著时，容易产生偏差。因此，等距抽样适用于总体层次差异小、分布均匀的情形。

4.2.3　分层抽样

分层抽样又称类型抽样或分类抽样。它是从一个可以分成不同子总体(或称为层)的总体中，按规定的比例从不同层中随机抽取个体的方法。实际上是将分组法与随机抽样法结合起来而形成的抽样方法。具体程序是：

(1) 把总体各单位分成两个或两个以上的相互独立的完全的组(层)；

(2) 从两个或两个以上的组(层)中简单随机抽样，样本相互独立。

分层抽样有分层比例抽样和分层最佳抽样两种形式。分层比例抽样是指分层后，按随机原则根据各层中单位数量占总体单位数量的比例抽取各层的样本数量。

各层抽取的样本数计算公式：

$$n_i = \frac{N_i}{N} n \tag{4-1}$$

其中，N 为总体单位数目；N_i 为第 i 层单位数目；n 为样本总数；n_i 为第 i 层样本数目。

分层最佳抽样又称不等比例分层抽样，其不仅按各层中单位数占总体单位数的比例分配各层样本数，而且还根据各层的标准差的大小来调整各层样本数目的抽样方法。

各层抽取的样本数计算公式：

$$n_i = \frac{N_i S_i}{\sum N_i S_i} \times n \tag{4-2}$$

其中，N_i 为第 i 层单位数目；n 为样本总数；n_i 为第 i 层样本数目；S_i 为各层的标准差。

这种方法的优点在于每层都要抽取一定的样本单位，样本在总体中分布比较均匀，样本代表性比较好，可以降低抽样的误差；不仅可以估计总体参数，同时也可以估算各层参数；分层后可以按照各层特点采用不同的抽样方法，便于抽样工作的组织。缺点在于形式上较简单随机抽样要繁杂一些。定量调查中的分层抽样是一种卓越的概率抽样方式，尤其适用于分布不均匀且层次分明的总体，按“层内方差尽量小，层间方差尽量大”的原则进行分层(类)，然后在每层中独立地、随机地抽取足量样本进行调查。分层抽样方法在市场调查中使用十分广泛，在时间和经费保证的条件下，应尽可能用此方法进行市场调查。

4.2.4 整群抽样

整群抽样是先将总体按照一定的原则划分成若干互不重叠的子总体(或称群)，然后随机地从中抽取若干群，并对被抽中的群进行全面调查，没有抽中的群则不进行调查。这里的群是指个体归集在一起的集合，可以是企业、家庭或者居委会等。例如，检验某种零件的质量时，不是逐个抽取零件，而是随机抽若干盒（每盒装有若干个零件)，对所抽各盒零件进行全面检验。

整群抽样过程可分为以下四个步骤：(1) 确定分群的标注；(2) 总体(N)分成若干个互不重叠的部分，每个部分为一群；(3) 根据各样本量，确定应该抽取的群数；(4) 采用简单随机抽样或系统抽样方法，从 i 群中抽取确定的群数。

整群抽样方法的优点在于：实施调查方便，可以节省费用和时间；抽样框编制得以简化，抽样时只需要群的抽样框。缺点在于，如果群内各单位之间存在相似性，差异比较小，而群与群之间的差别比较大，使得整群抽样的抽样误差比较大。因此，当某个总体是由若干个有着自然界限和区分的子群(或类别、层次)所组成，同时，不同子群之间差别不大而每个子群内部的异质性比较大时，则特别适合于采用整群抽样的方法；反之，不同子群相互之间差异很大且每个子群内部的差异不大时，则适合于分层抽样的方法。

4.2.5 多阶段抽样

在大规模抽样调查中，一次抽取到最终样本单位很难实现，往往需要经过两个或两个以上阶段才能抽到最终样本单位，这就是多阶段抽样方法。多阶段抽样也称多级抽样或分段抽样，是指将抽样过程分阶段进行，每个阶段使用的抽样方法往往不同，即将各种抽样方法结合使用,其在大型流行病学调查中常用。

多阶段抽样方法的具体过程:(1) 先从总体中抽取范围较大的单元,称为一级抽样单元(可以用分层抽样或等距抽样);(2) 再从每个抽得的一级单元中抽取范围更小的二级单元(可用整群抽样或简单随机抽样);(3) 最后抽取其中范围更小的单元作为调查单位。

在市场研究中,当总体的规模特别大,或者总体分布的范围特别广时,研究者一般采取多阶段抽样的方法来抽取样本。比如,为了调查某县人口的抽样,可以分为三段进行:首先以乡为抽样框,抽取一部分乡;然后在抽中的乡里面,以村为单位进行抽样,即抽出若干个村;最后,再在抽取的村里面抽取一定的人口。

在大范围的抽样调查中,采用多阶段抽样是必要的。首先,多阶段抽样是分阶段进行的,抽样框也可以分级进行准备;其次,因为多阶段抽样是在中选单位中的再抽选,这样就使样本的分布相对集中,从而可以节省调查的人力和财力。但是,多阶段抽样的设计比较复杂,其抽样误差计算也比较复杂。

4.3 非概率抽样

非概率抽样是指调查者根据自己的方便或主观判断抽取样本的方法。非概率抽样不是严格按随机抽样原则来抽取样本,所以失去了大数定律的存在基础,也就无法确定抽样误差,无法正确地说明样本的统计值在多大程度上适合于总体。虽然根据样本调查的结果也可在一定程度上说明总体的性质、特征,但不能从数量上推断总体。

非概率抽样常常适用于以下情形:受客观条件的限制,无法进行严格的随机抽样;为了快速得到调查的结果;调查对象不确定或其总体规模无法确定;调查人员比较熟悉调查对象,且有较丰富的经验。

常见的非概率抽样方法有方便抽样、判断抽样、配额抽样、滚雪球抽样等。

4.3.1 方便抽样

方便抽样又称随意抽样、偶遇抽样,是根据调查者的方便与否(随意性原则)去选择样本的抽样方式,来抽取样本的一种抽样方法。其理论依据是,认为被调查总体的每个个体都是相同的,因此无论选择谁进行调查,其结果都是一样的。

街头拦人法和空间抽样法是方便抽样两种最常见的方法。(1) 街头拦人法是在街上或路口任意找某个行人,将其作为被调查者进行调查。街头拦人法在调查的时间、地点和被调查者的属性上有一定的限定,违背了随机的原则,因此不是随机抽样。(2) 空间抽样法是对某一聚集的人群,从空间的不同方向和方位对他们进行抽样调查。空间抽样法是指对非静止的暂时性的空间相邻的群体的抽样方法。例如,游行与集会没有确定的总体,参加者从一地到另一地,一些人离去,又有一些人进来,但这些事件是在一定范围内进行的。具体做法是:若干调查员间隔均匀的距离,从某一方向开始,访问离他最近的人,然后每隔一定步数抽取一人为调查对象。

方便抽样法简单易行，调查条件低，难度小；访问成功率较高，能及时取得所需要的信息资料，省时、省力、节约经费。但是由于没有概率论作为理论基础，所以无法推断总体，且代表性差、偶然性强、抽样偏差较大，一般用于非正式的探测性调查，只有在调查总体各单位之间的差异不大时，抽取的样本才具有较高的代表性。

4.3.2 判断抽样

判断抽样又称为目的抽样，主要是凭借调查者的主观意愿、经验和知识，从总体中选取具有代表性的个体样本作为调查对象的抽样方法。这种抽样方法要求调查者对总体的有关特征有相当程度的了解，可获取代表性较高的样本。

判断抽样有两种：典型调查与重点调查。(1) 典型调查。选择最能代表普遍情况的调查对象，比如选择很好(高)的或很差(低)的典型单位为样本，目的是分析研究造成这种异常的原因。常以平均型和多数型为标准，如对福建省旅游市场状况进行调查，有关部门选择厦门、武夷山、泰宁金湖等旅游风景区作为样本调查，这就是典型的判断抽样。(2) 重点调查，指对那些在被调查总体内较重要的个体进行抽取调查。

判断抽样法广泛应用于商业市场调查中，尤其是总体小而内部差异大的情况，以及总体边界无法确定或研究者的时间有限，并且人力、物力也有限时采用。这种方法方便快捷、成本低，只是需要调查者拥有较丰富的知识、经验和判断力，但是结果的可靠性不易控制，受研究人员的倾向性影响较大，一旦主观判断存在偏差，则更易引起抽样偏差，且不能直接对调查总体进行推断。

4.3.3 配额抽样

配额抽样又称定额抽样，是指调查人员将调查总体样本按一定标志分类或分层，确定各类(层)单位的样本数额，在配额内任意抽选样本的抽样方式。配额抽样和分层抽样既有相似之处，也有很大区别。相似之处在于两种方法都事先对总体中所有单位按其属性、特征分类，这些属性、特征被称为控制特性。例如，在市场调查中消费者的性别、年龄、收入、职业、文化程度等。按各个控制特性分配样本数额。区别在于分层抽样是按随机原则在层内抽选样本，而配额抽样则是由调查人员在配额内主观判断选定样本。

配额抽样的实施方法有两种：独立控制配额抽样和交叉控制配额抽样。(1) 独立控制配额抽样是指根据调查总体的特性不同，对具有某个特性调查样本分别规定单独分配额，如在消费者需求调查中，按年龄特征，分别规定不同年龄段的样本数目，就属于独立控制配额抽样。(2) 交叉控制配额抽样是指对调查对象的各个特性的样本数额交叉分配，也就是任何一个配额者会受到两个以上的控制特性的影响，从而提高了样本的代表性，如女性 35 岁以下老师的亚健康状态。

配额抽样法适用于调查者对总体的有关特征具有一定的了解且样本数较多的情况下，实际上，配额抽样是先分层(事先确定每层的样本量)、再判断(在每层中以判断抽样的方法选取抽样个体)。这种方法的优点在于可以以相对较低的成本来获取有代表性的样本,且调查者可根据每一配额方便地选择个体,但存在因选择偏见问题而不能对抽样误差进行估计的缺点。

4.3.4　滚雪球抽样

滚雪球抽样是指先找到一个符合条件的受访者,在对其进行访问后,再请其推荐或介绍其他符合条件的受访者。滚雪球抽样充分利用同一类人通常有着某种联系这个因素,快速且有针对性地找到足够的样本进行调查,大大降低了调查成本。滚雪球抽样最大的缺点在于,调查的对象局限于特点相近的一群人,会造成代表性严重不足的问题。因为通过彼此引荐,调查者往往会找出一群看法相似的人,这群人往往只是研究者想要研究的团体中的一个小圈子而已,而且这些人受访的动机往往来自人情压力,这些都可能是造成选择性偏误的原因。若初始受访者不愿意进行推荐,那么这种方法就会受阻。

4.4　抽样误差

调查结果(样本估计值)和真实值(总体参数值)之间存在的差异称为误差。抽样调查中,一项非常重要的任务就是研究抽样调查中的误差。在抽样调查误差理论中可以将误差分为抽样误差和非抽样误差。

抽样误差是由抽样的随机性导致的,它存在于所有取样的过程中,无法避免,但可以运用数学公式计算,可以通过良好的抽样设计控制在有限的范围之内,因此抽样误差也称为可控制的误差。通常所计算的抽样误差就是这部分随机误差。非抽样误差是由非随机性因素造成的,与抽样的方法无关,主要受主观因素的影响,如调查者的能力、计算错误等。

4.4.1　抽样误差的来源

抽样误差的来源大致可以归纳为四种类型。

1. 总体标志的变异程度

在其他条件不变的情况下,总体标志的变异程度越小,抽样误差越小。总体标志的变异程度越大,抽样误差越大。抽样误差和总体标志的变异程度成正比变化。这是因为总体的变异程度小,表示总体各单位标志值之间的差异小,则样本指标与总体指标之间的差异也可能小;如果总体各单位标志值相等,则标志变动度为零,样本指标等于总体指标,此时不存在抽样误差。

2. 抽样单位的数目

在其他条件不变的情况下,抽样单位的数目越多,抽样误差越小;抽样单位数目越少,抽样误差越大。这是因为随着样本数目的增多,样本结构越接近总体,抽样调查也就越接近全面调查。当样本扩大到总体时,则为全面调查,也就不存在抽样误差了。

3. 抽样方法的选择

重复抽样和不重复抽样的抽样误差的大小不同。采用不重复抽样比采用重复抽样的抽样误差小。

4. 抽样的不同组织方式

采用不同的组织方式,会有不同的抽样误差,这是因为不同的抽样组织所抽中的样本,对于总体的代表性也不同。

4.4.2 非抽样误差

引起非抽样误差的原因很多,比如抽样框不齐全、调查人员工作经验有限、被访者不配合访问而给以虚假的回答、问卷设计本身存在缺陷,等等。根据非抽样误差产生的方式和出现的阶段不同,可以对非抽样误差进行分类。

1. 按其产生的方式不同,可以分为登记性误差和系统性误差

登记性误差是指在调查过程中,由于工作出现失误而造成的误差。系统性误差是指在抽取样本单位时,由于加入主观意愿,破坏了随机抽样原则,使样本不足以代表总体而造成的误差。

2. 按其产生的环节不同,可以分为设计误差、调查误差和汇总误差

设计误差是指在抽样设计阶段产生的误差。产生设计误差的主要原因是采用了有缺陷的抽样框或者是调查问卷设计不科学。例如某市对个体商业实施抽样调查,以了解个体商业的零售额情况,选择用工商局签发的营业执照作为个体商业的抽样框。有些商户无照经营;有些有照却不经营,或者转行不经商;有些可能是只有一个摊点,却有多个营业执照,那么这些情况说明将营业执照作为抽样框可能造成估计结果失真,或者存在误差。

调查误差是指在调查过程中产生的误差。这种误差从其产生的人员来划分主要包括调查人员误差和被调查人员误差两种。例如,被调查者拒绝回答,调查人员没能从被调查者那边得到结果,或者受访者故意隐瞒或者提供虚假数据。

汇总误差是指在调查数据汇总、整理和数据传输过程中产生的误差。这种误差主要是由统计数据处理技术落后或汇总人员的失误所致。

因此,为了提高调查的精度,一方面,在抽样之前,对抽样组织形式进行分类或者排列,选择最合适的抽样组织形式来进行抽样,或者选择恰当的抽样方法,抑或控制样本的数量,减少抽样误差;另一方面,提高调查数据的准确性,减少数据误差,提高调查人员的能力,减少非随机误差。

4.5 确定样本大小的方法

在抽样调查中,抽取多大的样本对调查结果有直接影响。若是样本容量过小,则样本对总体缺乏足够的代表性,从而难以保证推算结果的精确度和可靠性;若是样本容量过大,会

增加调查工作量，造成人力、物力、财力、时间的浪费。因此，科学合理地确定样本容量有着非常重要的意义。一方面，可以在既定的调查费用下，使抽样误差尽可能小，以保证推算的精确度和可靠性；另一方面，可以在既定的精确度和可靠性下，尽可能降低调查费用，保证抽样推算的最大效果。

对于样本容量的确定比较复杂，受到很多因素的影响，如决策重要性、调查的性质、变量个数、数据分析的性质、同类研究中所使用的样本量、资源限制、研究对象的变化程度、所要求或允许的误差大小（即精度要求）、要求推断的置信程度等因素。也就是说，决策越重要，样本量要求越大；探索性研究所需样本量小，而结论性研究所需样本量大；变量个数多，样本量要求就要大一些；对数据分析越复杂，样本量要求越大；资源充足，样本量可以大一些；所研究的现象越复杂，差异越大时，样本量要求越大；当要求的精确度越高，可推断性要求越高时，样本量要求越大。

4.5.1　主观判断

通过主观经验或者直觉对所需样本的数量进行判断，这种方法没有数理概念。既没有考虑到调查结果的精确度，也没有考虑取样的成本问题。

4.5.2　统计方法

通过统计学的方法制定样本大小，不同的抽样方式对应不同的公式。样本量的大小不取决于总体的多少，而取决于研究对象之间的差异程度、所要求或者允许的误差，以及要求推断的置信程度。当研究现象越复杂，差异越大，样本量要求越大；当要求的精确度越高，可推断的置信程度越高，样本需求量越大。具体计算公式如下：

$$n=\frac{t^2\times s^2}{e^2} \tag{4-3}$$

其中，n 为样本容量，t 代表所需要的置信度（置信度所对应的临界值）；s 为总体的标准差；e 为所允许的抽样误差。

4.5.3　贝叶斯决策方法

根据从样本中获取的期望价值和采用这一样本的费用为依据决定样本的大小。该方法要计算不同样本大小能得到的不同的期望收益，并且进行比较，最后选取最大收益的样本大小，这个方法不是很常用。

4.5.4　成本限定

根据成本来确定样本的大小，调查项目都要进行成本预算，首先要从可计算的预算中除去非抽样成本，比如，设计调查、调查数据、分析数据、撰写报告等固定成本，然后余下的作为调查的估计成本。这种方法只关注成本因素而忽略了其他因素，比如精确度。

4.5.5 经验标准

从调查经验中总结出来的不同主题或者不同总体规模的市场调查中的一个共识的数据标准，见表 4-1 和表 4-2。通常非随机抽样以这个方法来确定样本大小，尤其是在定额样本中，每组样本的被调查者人数不少于 50 人。

表 4-1 在不同的营销调查中样本大小的经验数值

调查项目	最小样本数量	典型样本数量
市场研究	500	1 000—1 500
战略研究	200	400—500
试验市场深度研究	200	300—500
观念/产品测试	200	200—300
名称测试	100	200—300
包装测试	100	200—300
电视商品测试	150	200—300
广播测试	150	200—300
印刷品广告测试	150	200—300

资料来源：于磊，元明顺，叶明海. 市场调查与预测[M]. 同济大学出版社，2014.

表 4-2 经验确定样本规模的范围表

总体规模	样本占总体比重
100 人以下	50%以上
100—1 000 人	20%—50%
1 001—5 000 人	10%—30%
5 001—10 000 人	3%—15%
10 001—100 000 人	1%—5%
10 万人以上	1%以下

资料来源：袁方. 社会研究方法教程[M]. 北京大学出版社，1997.

本章小结

在现实市场调查中，由于理论上的非必要性和实际上的资源局限性，调查研究往往采用非全面的调查方式。其中，抽样调查被公认为是非全面调查方法中用来推算和代表总体的最完善、最有科学根据的调查方法，因此，本章系统介绍了抽样调查的相关内容。

首先，本章介绍了抽样调查的定义、特点、程序和常用的概念。其具有代表性强，在调查样本的数量上有可靠的保证，抽样调查的误差可控等优点。抽样调查的程序包括：界定总体及样本单位，确定抽样框，选择抽样方法，确定样本容量，确定操作程序。在抽样调查中，需要准确掌握总体、样本、抽样框、总体参数和样本统计量等常用概念。

其次，本章介绍了概率抽样和非概率抽样两大类抽样调查方法，概率抽样中的简单随机抽样、等距抽样、分层抽样、整群抽样和多阶段抽样和非概率抽样中的方便抽样、判断抽样、配额抽样和滚雪球抽样方式。在抽样调查中对误差的控制也是一个重要的内容，因此本章讨论了抽样中误差的相关问题，包括抽样误差和非抽样误差产生的原因和控制方法。

最后，本章介绍了抽样调查中确定样本大小的方法，包括主观判断、统计方法、贝叶斯决策方法、成本限定、经验标准等。

关键词

全面调查、重点调查、典型调查、抽样调查、总体、样本、抽样框、总体参数、样本统计量、概率抽样、非概率抽样、简单随机抽样、等距抽样、分层抽样、整群抽样、多阶段抽样、方便抽样、判断抽样、配额抽样、滚雪球抽样、样本误差、样本容量

思考题

1. 什么是抽样调查？其具有何特点？
2. 抽样调查的程序如何？
3. 概率抽样与非概率抽样的区别是什么？各自优缺点是什么？
4. 简述分层抽样和整群抽样的异同点。
5. 简述简单随机抽样和方便抽样的区别。
6. 影响抽样误差的因素有哪些？
7. 非抽样误差的来源有哪些？
8. 确定样本容量的方法有哪些？

案例分析

在线课程情况调查

2022 年，受到全球疫情的整体影响，国内外很多高校选择在线上开展课程讲授，根据需要现准备调查上海 1 000 名高校大学生在疫情期间整体学习情况。该样本将代表所有在上

海的大学生的读书学生总体。研究内容包括：大学生在这个特殊时期的愿望和烦恼、他们的家庭和学校有什么针对在线学习的具体要求，以及大学生在疫情期间生活学习等方面发生的具体变化等方面观点。

问题：请根据需要设计抽样调查方案，说明为何采用该种抽样调查方法，具体有哪些优缺点。

第5章 市场调查问卷设计

学习目标

- 理解问卷设计的含义
- 明确问卷调查的目标
- 了解问卷设计的程序
- 理解和掌握问卷设计的技术
- 理解问卷的信度和效度

导入案例

如何做“正确的市场调研”——从一次失败的电影行业草根调研说起

2016年初，中国电影市场可谓“烈火烹油，鲜花着锦”。2015年票房收入增长49%，2016年第一季度票房收入又同比增长51%。《港囧》《夏洛特烦恼》《美人鱼》……国产大片不停创造着票房神话，上市公司和土豪争相投资电影。彼时彼刻，全世界投资者对中国电影市场的兴趣极端高涨，某家外资金融机构决定开展一次针对中国电影行业的大规模草根调研可谓恰逢其时。“亚洲草根调研团队”于2016年2月(春节后)开始执行，但却拖延至7月底，数据收集和整理花费时间远超预期。因此，草根调研陷入了尴尬的困境。2016年2月，中国电影市场还春风得意，屡创新高；7月，却是哀鸿遍野，狼狈不堪。票房收入的季度增速，从51%骤然降低至负数！票补降低了，假票房收敛了，观众口味变化了，进口电影也进入了下行周期，现在大家最关心的不是“中国电影市场何时超越美国”，而是“中国电影市场会不会崩溃”。而在拟定调查问卷时，所有问题都是围绕2016年2月以前的情况设置的，完全无法对最新情况进行反映。

除时间拖延的尴尬之外，调研数据也令人难以置信，违背设想。如在网络售票平台中，最受欢迎的是“淘宝电影”（后来改名“淘票票”），市场份额高达70%！猫眼、微票、格瓦拉、百度糯米……加起来还比不上淘票票的一半。这个诡异的答案，给整个草根调研的公信力判了死刑。之后核实才发现，问卷上列出的购票渠道为“淘宝电影”而非“淘票票”，因为问卷是2016年初拟定的，当时刚刚改名“淘票票”，很多观众还没习惯，所以沿用了旧名。但对于大部分消费者而言，电影售票App不是刚性需求，打开、安装率比较低，品牌知名度有限。所以，他们对猫眼、微票可能认知有限，但是肯定都知道淘宝。看到问卷上有“淘宝电影”这个选项，他们就“无脑”选了。此外，大部分异常都可以用受访者的漫不经心以及问卷设计的不合理来解释：一般人不会清晰地记得自己去过多少次电影院。在问卷上，“你平均多久去一次电影院”有四个选项：A. 一个月多次；B. 一个月一次；C. 3—6个月一次；D. 一年一次或更少。一二线城市居民，每年一般会去不止一次电影院；但是，每月一般也不会去很多次。所以，他们会在B和C之间选一个，漫不经心地就选了B。这里涉及一个常见的心理错觉：我们的记忆靠不住，往往会夸大自己做某些事情的频率。例如，你印象中“经常去”的餐馆，事实上可能一年就去了三次；印象中“经常玩”的游戏，可能总共也就玩过十几小时。在缺乏日常记录的情况下，消费者很容易把“一年去四次电影院”记忆成“一年去十二次电影院”。

通过这次的问卷调研失败可以总结出：首先，用户的“直观印象”往往是靠不住的。在大范围问卷调查时，最好不要问“泛泛的印象问题”。其次，任何数据分析都离不开定性分析和历史经验。从任何渠道收集的数据都可能出错，经验丰富的人可以一眼看出哪里有错，然后进行有针对性的修正。另外，对数据的前因后果的分析也离不开定性经验。再次，真正可靠的草根调研不是问卷调查，而是与“人”的直接接触。当接触个体时，我们可以看到他的眼神，观察他的肢体语言，必要的时候可以追问。与其花费巨资去散发和回收几万张调查问卷，不如拜访几个影院经理、几个发行人、几个主创、几个影迷和几个“路人甲”。最后，在改造世界的过程中，我们必须带着充分的理想和情怀；但是，在认识世界的过程中，我们应该保持客观中立，不能因为自己的美好愿望或偏爱，就忽视事实。

资料来源：https://mp.weixin.qq.com/s/1FGAkZrwEQ6tSD9lf_2HpQ.

问卷调查最早起源于古代中国和埃及以课税和征兵为目的所进行的调查研究，近代问卷调查始于1784年瑞典进行的全国规模的人口普查，现代问卷调查始于20世纪30年代美国数学家乔治·盖洛普组织进行的美国总统选举预测调查。至此，问卷调查开始在多个领域得到广泛应用，无论是在政治领域的总统竞选预测，还是在经济领域的企业产品和服务调查，问卷调查都扮演着重要的角色。

5.1 问卷设计的概述

5.1.1 问卷设计的含义

1. 问卷的含义

所谓市场调查问卷，又称调查表，是调查者根据一定的调查目的和要求，按照一定的理论假设设计出来的，由一系列问题、调查项目、备选答案及说明所组成的，向被调查者收集资料的一种工具，如消费者购买偏好调查问卷、消费者满意度调查问卷、消费者购买动机调查问卷，这些问卷能从不同角度了解到消费者的个人态度，亦可以衡量产品和服务的可行性。

2. 问卷的类型

问卷的类型，可以从不同角度进行划分。

（1）按照问卷答案类型分，调查问卷可分为结构式、开放式、半结构式三种基本类型。

结构式调查问卷通常也称为封闭式、闭口式或者标准化、控制式调查问卷。这种问卷的特点是问题的提问方式和答案都是固定的，被调查者只要从给定的选项中进行选择即可。这种调查问卷的优点在于答案标准化，便于归类整理；可事先编码，有利于信息处理；被调查者只需选择给定的答案，可以节省答卷时间。但是，结构式调查问卷由于答案是限定的，因此不能得到被调查者更深层次的想法和意见。同时，不同的被调查者对同一问题的理解存在差异，甚至会产生相反的理解，因而对问题的不正确理解难以识别。

开放式调查问卷也称为开口式调查问卷，这种问卷只提出问题，不设置任何备选答案，由被调查者根据自己对题目的理解进行自由回答。其优点在于回答者可以充分发表自己的看法和意见，可以获得丰富的调查资料，对某些答案过多或者不确定的问题尤其适宜。但开放式调查问卷得到的答案多种多样，不规范，资料分散，难以量化与归类，编码困难，且若设置难以回答的或者敏感问题，回答者要用较多的时间去思考，容易引起回答者的不快或拒绝回答。此外，这种问卷要求回答者要具有一定的写作技巧和语言表达能力。

半结构式调查问卷是结构式调查问卷和开放式调查问卷相结合的问卷。问题的答案既有固定的、标准的，也有让回答者自由发挥的，吸取了两者的长处，如在一个问题中，除给出一定的标准答案外，还列出“其他”等开放式答案以备被调查者自由作答。或者在整个调查问卷中，一部分问题是结构性的，另一部分问题是开放性的。

（2）按调查方式分，问卷可分为自填问卷和访问问卷两种类型。

自填问卷是由被调查者自己填答的问卷。访问问卷是访问员通过采访被调查者，由访问员填答的问卷。自填问卷由于发送的方式不同而又分为发送问卷和邮寄问卷两类。发送问卷是由调查员直接将问卷送到被调查者手中，并由调查员直接回收的调查形式。而邮寄问卷是由调查单位直接邮寄给被访者，被访者自己填答后，再邮寄回调查单位的调查形式。

这几种调查形式的特点是：访问问卷的回收率最高，填答的结果也最可靠，但是成本高，费时长，这种问卷的回收率一般要求在90%以上。邮寄问卷，回收率低，调查过程不能进行控制，因此可信性与有效性都较低。而且由于回收率低，会导致样本出现偏差，影响样本对总体的推断。一般来讲，邮寄问卷的回收率在50%左右就可以了。发送问卷的优缺点介于上述两者之间，回收率要求在70%以上。

(3) 按照问卷用途来分，可以分为甄别问卷、调查问卷和回访问卷(复核问卷)三种类型。

① 甄别问卷。

甄别问卷是指在对被访者做一份正式的完整的问卷调查之前，首先对被访者是否属于符合自己问卷调查的人群做出一个筛选。它是一个成功的问卷调查中十分重要的一步。如果没有经过甄别而直接开始问卷调查的话，很有可能得出的结果是毫无意义的。它一般包括对个体自然状态的排除、对产品适用性的排除、对产品使用频率的排除、对产品评价有特殊影响状态的排除和对调查拒绝的排除五个方面。

第一，对个体自然状态的排除。对个体自然状态的排除主要是为了甄别被访者的自然状态是否符合产品的目标市场。主要的自然状态变量包括年龄、性别、文化程度、收入等。

【示例】 对性别甄别。假设某一产品为女性所专用甄别问题的设计为：

您的性别是：

A. 男(终止访问)　B. 女(继续)

第二，对产品适用性的排除。

【示例】 假设这种化妆品只适用于油性和混合性皮肤，那么其对产品适用性的甄别问题的设计为：

您的皮肤是：

A. 油性(继续)　B. 混合性(继续)　C. 中性(终止访问)

第三，对产品使用频率的排除。若使用频率过低，就不可能成为调查产品的目标消费群体。

【示例】 您平时多长时间使用一次化妆品：

A. 几乎不用(终止访问)　B. 每月一次以下(终止访问)　C. 每月一次或以上(继续)

第四，对产品评价有特殊影响状态的排除。这种排除主要是排斥职业习惯可能对调查结果的影响。人们对产品评价有特殊影响状态甄别问题的设计一般有固定的设计格式。

【示例】 您和您的家人是否有在以下单位工作的：

A. 市场调查公司或广告公司(终止访问)

B. 社情民意调查机构、咨询公司(终止访问)

C. 电台、电视台、报社、杂志社(终止访问)
D. 化妆品生产或经销单位(终止访问)
E. 以上都没有(继续)

第五,对调查拒绝的排除。

对拒绝调查的甄别问题的设计如下。

【示例】 您是否愿意帮助我完成这次访问:
A. 是(继续)　B. 否(谢谢被访问者,终止访问)

② 调查问卷。

调查问卷是问卷调查最基本的方面,也是研究的主体形式。任何调查,可以没有甄别问卷,也可以没有复核问卷,但是必须有调查问卷,它是分析的基础。

③ 回访问卷。

回访问卷,又称复核问卷,是指为了检查调查员是否按照访问要求进行调查而设计的一种监督形式问卷。它由卷首语、甄别问卷的所有问题和调查问卷中一些关键性问题所组成。具体实例见甄别问卷。

通过问卷进行调查可以进一步明确调查主题,能使调查内容具体化、条理化、规范化,有利于在调查中简明地填写记录所需的数据或资料,也有利于调查后对这些数据或资料进行分类、汇总、整理和分析。问卷的设计是否科学完善,直接影响调查的质量与效果,它是执行市场调查的重要环节。

5.1.2　问卷的基本结构

一份完整的调查问卷需要具备以下组成部分。

1. 开头

在开头部分,包含问卷的标题、说明信和填表说明。

首先,标题要与市场调查项目的主题一致,要简明扼要、一目了然,同时还要能够激发被调查者的兴趣等。一个明确的调查问卷名称能够使被调查对象在一开始就能了解填答问卷的重要性。

其次,说明信,又称说明词,是调查者向被调查者写的一封简短信。说明信在问卷调查的过程中有着非常重要的作用,因为在调查最初很多的被调查者都会有一些疑虑,如为什么要对他们进行调查,而说明信就是对问卷内容的简单介绍,能够让被调查者消除疑虑,接受调查并认真填写问卷。在说明信中必须阐明问卷调查的目的,表明调查单位或调查者的身份、调查对象的选取方法和对结果保密的措施,以及致谢等主要方面。一般包括以下八点:

(1) 我是谁——表明调查单位或调查者的身份;

(2) 我们要调查什么——说明调查的大致内容;

(3) 我们为什么要调查你——说明被调查者的重要性;

(4) 我们为什么进行这项调查——说明调查的目的和意义;

(5) 我们如何找到你做调查——说明被调查者的选取方式;

(6) 我们的调查会不会损害被调查者的利益——说明保密的措施和匿名的方式,承诺保护被调查者的隐私;

(7) 感谢语——请求被调查者合作;

(8) 反馈方式——如果被调查者想要知道调查的结果,可以如何获取。

【示例】 关于全家便利店就餐服务调查

尊敬的朋友:

您好!

我们是某大学2019级工商管理学院市场营销系的学生,非常感谢您配合我们完成此调查。为了了解顾客对全家便利店早午晚餐服务的意见建议,改进全家便利店的服务,为越来越多的便利店就餐人群提供更加优质的服务,我们利用本次机会对在全家便利店进行就餐的顾客进行抽样调查。您的回答没有正确与错误之分,都将得到高度的重视和充分的尊重。您的资料仅供研究绝不公开。在完成访问后,我们将赠予您一份纪念品以示感谢。

再次感谢您的配合与对此调查的支持!

调查者身份:某大学2019级工商管理学院市场营销系的学生。

调查内容:了解顾客对全家便利店早午晚餐服务的意见建议。

调查目的:改进全家便利店的服务,为越来越多的便利店就餐人群提供更加优质的服务。

调查对象的选取方法:抽样调查。

对资料的保密的承诺和措施:资料仅供研究绝不公开。

致谢:感谢语和小礼物。

最后,填表说明,也称指导语,是用来指导被调查者填答问题的各种解释和说明。在问卷开头的填表说明又称为卷头指导语,是对整个问卷的回答方式的一个总体的介绍。例如:

作答过程中请仔细阅读题目并根据实际情况作答,在符合您情况的项目旁"□"内打"√"。

请在每一个问题后适合您自己情况的答案序号上画圈,或在"____"处填上适当的内容。

若遇到有难以理解或者表达不准确的题目,请记录下题号并在问卷最后的两道填空题中进行反馈。

2. 主体内容

主体内容是调查问卷的最主要的部分，也是问卷设计的主要内容，包括问卷问题、答案以及一些具体的说明。

一般把问卷的问题分为两部分，一是被调查者的背景资料，即关于个人的性别、年龄、婚姻状况、收入等问题；另一部分就是调查的基本问题。很多问卷为了降低被调查者的敏感性，将背景资料的问题放在基本问题的后面，也就是问卷的末端。

对于回答问题方法也要说明清楚，在问卷中的填写说明又称卷中指导语，主要达到以下目的：第一，限定回答的范围，如单选、多选或不定项选择题；第二，指导回答的方法，如根据喜爱程度由高到低排列，请在适合您情况的答案后的方框中打"√"；第三，指导回答过程，经常有些题目并不需要回答者全部进行回答，如相倚问题——如若不是，请跳至第 10 题；第四，规定或解释概念和问题的含义，对于一些容易引起歧义的概念和问题进行界定，消除被调查者的疑虑，如计算个人收入的时候，请按照个人税前收入进行填写。

问卷问题的设计准则和问题类型将在下一节中具体介绍。

3. 结束语及问卷附注

结束语及问卷附注等相关资料包含感谢语、问卷编号，以及一些优惠券、购物券等。最后我们需要对被调查者的配合再次给予感谢，还可以记录调查的一些基本信息，如调查员的姓名、调查时间和地点、被调查者的联系方式等，同时还可以描述问卷调查的过程，征询一下被调查者填写问卷的感受和看法，以及是否愿意接受回访，记录被调查者的联系方式等。

5.1.3　问卷设计的程序

问卷设计的目的就是通过设计与调查主题一致的问卷，从而收集充足和准确的资料，以确保市场调查工作能够顺利地完成。因此对于问卷设计要符合一定的要求与逻辑。

1. 问卷准备阶段

(1) 确定调查的目标。

在明确调查的目标的基础上，研究者或者调查人员才能对研究假设变量、研究类型、样本特征、问卷类型、问卷内容设置、问卷使用方式等一系列问题做到心中有数。

问卷的目标主要可以分为两种，一是通过问卷调查定量呈现消费者基本特征或客观事实的数据，比如消费者的实际消费情况、消费者对产品的满意度、消费者的购买意愿、主要消费群体的特征等；二是需要调查和分析事物之间的因果关系，比如分析影响消费者满意度的主要因素，造成产品销量下滑的原因，影响消费者购买的主要产品功能，不同特征消费者对不同产品偏好差异等。

(2) 确定需要收集的信息。

在确定调查的目标的基础上，进一步确定需要收集的信息。收集的信息必须是与调查的目标一致的，且还要考虑到被调查者对于调查的内容的熟悉程度，以及采用的市场调查方式。

① 问卷调查的目标。

对于不同的调查目标，问卷收集的信息不同。在前期准备阶段确定需要收集的信息是一个难点，问卷设计者必须根据研究的目的，明确到底要通过问卷收集哪些数据，或者进一步明确问卷中应该设计哪些具体的问题。这个时候就需要设计者把想要调查的目标转化为常见的问卷的问题。这就类似在整体市场调研过程的开端，研究人员需要将企业管理者决策者所关心的管理问题转化为市场研究的问题，并进一步转化为可以用数据和观察来检测的测量问题。

问卷问题的转化并不是一个简单的过程，有时可能无法直接向被调查者询问需要调查的目标。比如，"我想要了解自己设想的产品或服务的市场需求有多大"，但在问卷中无法直接向被调查者提出这个问题，因为他们无法回答，但这个问题可以通过问卷具体问题的转化来实现，也就是进行目标与问题之间的转换，如在评估产品和服务的可行性的过程中，需要了解市场需求的大小时，可以通过问卷去调查消费者对当前市场中的同类产品的喜好、认可程度、实际购买情况和对现有产品的满意度，以及偏好这类产品的人群特征，购买新产品的可能性，对新产品功能的改善建议等。针对这些信息的要求，设计相应的问卷问题，从而判断产品和服务的市场前景。

② 调查对象的类型。

不同的调查对象的特点不同，对问卷设计的要求不同，设计问卷时要考虑到被调查者的社会背景、心理反应、主观意愿、客观能力等多种因素，尽可能使问卷适合被调查者，从而保证问卷设计的合理性。因此在问卷设计之前，要明确调查的对象是个人还是企业，是生产商还是经销商，是现实消费者还是潜在消费者等。此外还要考虑调查对象对调查的内容的熟悉程度，如果调查对象对调查内容非常熟悉且兴趣度较高，那么问题的设计可以更直接、详细和深入，题量相应可以更多一些；如果被调查者对调查内容不熟悉，或者调查的内容比较枯燥或敏感，那么问题要设计得简单浅显，题目的数量也要少一些。

③ 问卷的分析方式。

不同的资料分析方式对问卷的设计的要求也不同，如果对调查所得资料主要采用定性分析的方式，那么可以在问卷中多设计一些开放式的问题；如果对调查资料主要采用定量分析的方式，那么问卷中的问题题型应该多为封闭式问题。

④ 问卷的调查方式。

不同的问卷调查方式对问卷设计的要求也不同，应确定问卷的发放方式是拦截访问、邮寄、电话还是网络问卷调查，是自填式还是访问式，是集体发放方式还是个别发放方式。因此在设计具体问卷之前应该要先明确调查形式，然后再根据调查形式来设计问卷。

就问卷指导语而言，自填问卷与访问问卷的设计有所不同。自填问卷的指导语针对被调查者，而访问问卷的指导语则更多地针对调查者。同为自填问卷，问卷发送回收方法不同，指导语设计要求也有所不同。如果问卷集中分发，当场填写，当场回收，那么指导语就可以设计得简单，因为调查者可以在分发问卷之前给予被调查者统一的说明和指导，但是如果问卷用于邮寄调查，那么指导语应能够合理明确地阐明调查的原因，并能消除被调查者不必要的疑虑。

就问卷问题来说，在面访调查中，问卷中题量要求很严格，但是由于调查人员和被调查者是面对面交流，因此设计的问题可以相对复杂一些，题型可以相对丰富一些。在电话访问中，问题数量也不宜过多，且问题不宜太复杂，不然容易让被调查者失去耐心，拒绝回答，此外对电话访问员的语言表达能力有一定的要求，访问员要用丰富的词汇来描述概念，及时对调查问题进行解释和补充，让被调查者及时了解和理解正在讨论的问题。在邮件或网络调查中，问卷的问题可以稍多一些，但是最好不要超过 30 道题，问卷问题必须非常明确和简单，还可以借助图片、音频、视频等多媒体手段对问题进行辅助呈现，更有利于填答者的理解和参与。

(3) 探索性调查。

为了使问卷设计的问题更加合理和准确，在正式的设计问卷之前还可以开展探索性调查，对各种问题的语言表达和答案的设置有个初步感性的认识。探索性调查有两种形式。

一是通过收集和整理前人设计的相关问卷，进行补充和修缮，再进行应用。因为很多问卷中的问题或者量表经过反复地使用和检验，一般来讲，其信度和效度都已经得到了验证，我们只需要根据自己的调研主题对已有问卷中的问题进行修改，使其符合当下调研的主题。

二是问卷设计者通过非结构式访问，围绕市场调查的主题与各类调查对象进行交谈，获取被调查者对相关问题的语言表达习惯，从而去设计相应的问题，还可以获得填答者对问题的大致回答，从而用于问卷答案选项的设置，使选项更加符合实际情况。对于封闭式问卷的设计，这种探索性调查形式尤为适用。

2. 设计问卷初稿

在准备工作基础上，设计者根据初步调查得到的资料，按照问卷设计的原则，设计问卷初稿，确定问卷的结构，编排问卷的问题。对问卷的问题编排一般采用两种方法：一种是自下而上的卡片法；另一种是自上而下的框图法。

卡片法是先尽可能详尽地列出各种问题，然后对问题进行检查和归类，形成不同的部分，最后按照一定的逻辑结构将不同类别的问题进行排序，汇编成一份完整的问卷。框图法是从总体结构开始，先按照所需资料和逻辑结构设计出问卷的各个组成部分与顺序，然后写出各个部分的具体问题和答案，并按照逻辑对问题排序，之后对全部问题的形式、前后顺序等从总体上进行修订和调整，最后汇编成问卷的初稿。

这两种方法各有优缺点，在实际设计问卷的过程中，可以结合使用这两种方法，综合考虑问卷的设计，取长补短。无论使用何种方法编制初稿，都需要考虑问卷问题的数量和顺序，或需要向调查对象说明目的、要求、基本事项等，这些都是在设计问卷调查时的重要工作，必须仔细推敲，不断完善。

3. 问卷测试与修改

一般来说，设计出来的问卷初稿都会存在着一些问题，需要进行小范围的测试，从而发现问题，及时修正。问卷的测试主要有两种方法，一种方法是主观评价法，邀请具有市场调查和行业经验的专家，从各个角度提出问卷中的不足或错误，并给出相应的改进建议，然后再发给下一类的测试对象，即利用非随机抽样的方法从调查对象中选取不同学历背景的典型对象，小范围地进行实验性调查，了解他们对问卷的问题是否愿意回答，是否能够准确理解，是否能够全部回答，回答时间是否过长等，对发现的问题进行修改，完善问卷。这也是第二种测试方法，客观检验法。

4. 问卷的发放与回收

当问卷定稿之后，按照调查工作的需要，考虑大规模发放问卷，问卷可以通过拦截、邮件或网络等渠道来发放。网络发放的问卷，通常有两种方式：一是有偿发放，委托给专门的问卷调查网站或数据调查公司，通过在其数据库中筛选符合条件的对象来进行问卷发放，付费获取被调查者的填答资料，这种方法速度快，成本相对较低；二是免费发放，将问卷发布在免费的网站上，如各类网络社交平台，这种方法速度快，但是填答者多为亲戚朋友或网络的活跃用户，样本的代表性比较差，可以结合线下的拦截调查，弥补不足。

5.2 问卷的设计技术

5.2.1 问卷问题的形式

根据问卷问题是否给出回答的选项，调查问题一般可以分为三种形式：封闭式问题、开放式问题和混合式问题。

1. 封闭式问题

所谓封闭式问题，就是被调查者从给定的备选答案中选择其认为最恰当的一个或者几个答案的提问形式，或者给定"事实性"空格，要求如实填写。封闭式问题可以采取的形式较多，如两项选择题、多项选择题、填入式问题、顺位式问题、比较式问题以及矩阵式问题等。

采用封闭式问题进行调查的优点在于简单明了，便于被调查者作答，减少调查时可能产生的分歧，在进行大规模的调查中，研究者经常采用封闭式的问题为主的问卷，将所得调查结果转换成数字，以便录入计算机进行处理和定量分析。若问题的选项不能完全包含被调查者可能的、相关的回答，那么很多信息就容易被忽视，产生大量的测量误差。因此，在设计封闭式问题时，要对问题有全面的把握，考虑所有可能会出现的答案，从而使调查更为有效。

封闭式问题的形式如下：

(1) 两项选择题。

两项选择题，也称是非题，是多项选择题的一个特例，一般只设两个选项，如"是"与"否"，"有"与"无"等，是类似性别分类的一种定类测量尺度。

【示例】 "您是否购买过格力品牌的家用电器?"
"您是否打算在近五年内购买汽车?"

(2) 多项选择题。

多项选择题是调查者设计多个备选答案，由被调查者从中择一或择几。这是各种调查问卷中采用最多的一种问题类型，但是数量不宜过多，一般设置 5—7 个。由于所设答案不一定能表达出填表人所有的看法，所以在问题的最后通常可设"其他"项目，便于被调查者表达自己的看法，同时还可以检验选项范围设置的合理性与全面性。

【示例】 在购买手机时候最先考虑哪些因素？请在答案选项的括号内打上"√"：
品牌（　）　价格（　）　款式（　）　性能（　）　口碑（　）
安全性（　）　流行趋势（　）　售后服务（　）　其他（　）

（3）填入式问题。

填入式问题一般针对答案固定且唯一的问题，不同的被调查者的回答不同，注意区别开放式问题中的句子完成法和词语联想法。

【示例】 您的工作年限是____。
您的年龄是____。

（4）顺位式问题。

顺位式问题，又称序列式问题，是给出若干选项或者答案，要求被调查者按一定原则进行排列先后顺序。顺位方法主要有两种：一种是对全部答案排序；另一种是只对其中的某些答案排序。

【示例】 您选购电冰箱的主要条件是：（请按照重要程度对答案进行排序）
A. 价格　B. 外形　C. 维修保养　D. 品牌知名度　E. 耐用性　F. 制冷效果
G. 噪声低　H. 其他

对于顺位式问题选项的设计，数目不宜过多，一般不超过 10 个。

（5）态度评比测量题。

态度评比测量题是将被调查者的态度分为多个层次进行测量，一般会设计一个中间层次，左右两端的层次数目相等，是一种定序尺度的测量，但若是将层次赋予相同间隔的数字，则是定距尺度测量，可以采用连续型变量的统计指标，如中位数、平均数等。这种题型对于深入研究消费者的心理活动，判断消费者的心理差异具有重要的意义。在使用这种题型时，若获得的结果多数为中间选项，如无所谓、不知道，则最好将封闭式问题改为开放式问题进行继续提问，以便获取更多详细的结果。

【示例】 我认为某品牌很好地兑现了它的服务承诺。
很不同意　1 □
不同意　2 □
无所谓　3 □
同意　4 □
非常同意　5 □

(6) 矩阵式问题。

矩阵式问题，是将若干同类问题及几组答案集中在一起排列成一个矩阵，由被调查者按照题目要求选择答案。李克特量表是使用得较为频繁的矩阵式问题。

矩阵式问题可以采取表格式矩阵(如表5-1)，也可以采取非表格式矩阵形式。

矩阵式问题由于将同类问题进行集中排列，大大节省了问卷的篇幅，且回答方式相同，也节约了被调查者的阅读和填写时间，但是这种集中排列的方式，容易使被调查者在情绪上产生厌烦。

表5-1　直播间购买意愿

观　点	非常不同意	不同意	无所谓	同　意	非常同意
我可能会购买直播间推荐的产品					
我可能会向别人推荐直播间分享的产品					
我认为直播间推荐的产品值得购买					

(7) 比较式问题。

比较式问题是将若干可比较的项目排列成两两对比的形式，由被调查者进行比较后选择。

比较式问题一般适用于评价类似产品的质量、效用和服务等。由于需要对选项两两进行对比，因此工作量较大，如有10个产品，则至少需要比较45次。且在应用这种方法之前，必须要确保被调查者对问题选项较为熟悉，不然可能会产生空项目。

【示例】 请比较下列不同品牌的奶茶，哪种更好喝？请在各项您认为好喝的牌子括号(　　)中打“√”。

一点点(　　)　coco(　　)　喜茶(　　)　快乐柠檬(　　)

(8) 相倚式问题。

在问卷中，有些问题只适用于样本中的一部分被调查对象，而某个被调查者是否需要回答这一问题是由其对前面的某一问题的回答结果决定的，这样的问题称为相倚式问题，而前面的某一问题称为“过滤性问题”。

【示例】

1. 您经常参加社团活动吗？

经常(跳到第11题)　　偶尔　　从不

……

9. 您较少参加社团活动的最主要原因是:
没时间　　自己本身不感兴趣　　活动不吸引人　　其他(请注明)____
……
11. 您认为您所在社团目前收取的会费水平是否合理?
合理　　不合理　　不知道

2. 开放式问题

开放式问题又称自由回答题,调查者事先拟定好题目,但是对于答案不做任何限制,被调查者依据自己的想法进行回答。开放式问题的设计方式很多,主要有自由回答法、词语联想法、句子完成法、文章完成法、卡通测试法和角色扮演法等。

开放式问题的优点在于:不限制选项,被调查者可以充分表达自己的真实观点和想法,得到的结果往往更深入和丰富;提问的方式灵活,可以借助产品实体、图片等形式,有利于提高被调查者的兴趣。其缺点在于回答的时候花费的时间较长,精力较多,容易遭到拒答;被调查者的参照标准不统一,回答差异性大;被调查者对题目的理解产生偏差,无法理解题目的含义,得到的结果误差较大或者直接出现空项;开放式问题对被调查者的表达能力有较高的要求,若被调查者无法准确表达自己的想法,可能会造成代表性误差。因此,开放式问题适合答案复杂且数量较少或者答案不明确的问题,一般放在问卷的最后面,数量以2—3题为宜。有时候开放式问题还作为封闭式问题答案的补充,如在封闭式问题答案的最后添加“其他”选项。

【示例】 您对我们餐厅还有其他意见或者建议吗?欢迎反馈!
____

(1) 自由回答法。

自由回答法是被调查者根据问题要求,用文字的形式进行自由表述。

【示例】 你对这款产品的改进有什么意见?

(2) 词语联想法。

词语联想法是调研人员给被调查者一个有许多意义的词或词表,要求其立即回答最先想到的词。在立即反应下,可以获得与“刺激词汇”相对应的联想词汇。在使用该方法时,调研人员逐一记录被调查者的反应词,并对反应时间进行控制。

【示例】 当你听到下列汽车品牌时,你脑海中涌现的第一个词是什么?
大众____　　沃尔沃____　　奔驰____

(3) 句子完成法。

句子完成法是指由调研者给出一些不完整的语句,要求被调查者按照自己的意见和想法，进行补充完成。相较于词语联想法，句子完成法不对被调查者的反应时间进行控制，且得到的结果是完整的句子，更有利于分析。因此常用于调查消费者对某种事物或者某一特定现象的潜在心理态度或感受。

在使用句子完成法时，需要注意以下几点：刺激的语句不宜过短，否则回答范围过大，结果越多样化越难分析；在句子中，混合使用第一人称与第三人称，有利于消除被调查者的心理防线；避免出现诱导性的刺激语句；尽可能避免采用否定式或者肯定式的语句。

【示例】 当我选择购买一辆汽车时，在我的决定中最重要的考虑因素是____。

(4) 文章完成法。

文章完成法是指由调研人员向被调查者提供缺少开头或者结尾的文章，由被调查者按自己的意愿进行补充，使之成为完整的一篇文章。这种方法常用于分析被调查者的隐秘动机。

【示例】 前天，我在逛商场时，看到一款新的手机，我发现该手机外形特别漂亮，质感也很好，这使我产生了下列感想____。

(5) 卡通测试法。

卡通测试法是指根据调研的主题设计出两个人物的对话卡通图片，提供一个人的话，由被调查者按照自己的理解，以第三者的身份完成图片中虚构的对话。这种方法可以提高被调查者的兴趣，而且以第三人称的角度进行回答，可以突破被调查者的心理防线，获得更真实的回答。尤其当一些现象无法用文字或者语言表达时，可以借助卡通或者图片的形式进行表示。

在使用这一方法时，为了使被调查者易于作答，卡通图片内容的设计尽量不要有诱导性，设计的人物形象和表情要中立、客观。

(6) 角色扮演法。

角色扮演法是指要求被调查者扮演一个特定的角色来观察别人的表现和态度，从而间接地获取被调查者的真实动机和态度。

3. 混合式问题

混合式问题，又称半开放半封闭式问题，是一种介于开放式问题和封闭式问题之间的一种问题设计方式，即在一个问题中，只给出一部分答案，被调查者可从中挑选，另一部分答案则不给出，要求被调查者根据自身实际情况自由作答。

5.2.2 问卷问题的措辞

1. 表述简单明了

无论是问题的定义还是选项的设计，都要简单明了，通俗易懂，对调查者和不同背景的被调查者来说理解要一致，从而可以避免由于理解错误而产生的回答偏差。

【示例】 比较一下以下两种对在天猫购物次数的提问。

① 你在天猫购物的频繁程度(请选择)。

A. 从不 B. 偶尔 C. 经常 D. 定期

② 一般来说,你每月在天猫购物的频率是____。

A. 不多于一次 B. 1—2 次 C. 3—4 次 D. 4 次以上

可以发现①的提问不明确,没有指明购物的时间是每天、每周还是每月,且选项为程度副词,对于不同的被调查者来说,含义存在差别,因此这个问题的结果是无法对不同被调查者进行比较分析的,而②中的题目明确,且选项给出了明确的数字,反映了被调查者的实际购物频次,其结果具有市场价值。

无论是问题还是答案都要尽可能使用简单明了、通俗易懂的语言,而不要使用太抽象的语言,如"核心家庭"。

【示例】 请问您家属于下列哪一类家庭?

A. 核心家庭 B. 主干家庭 C. 单身家庭 D. 联合家庭

上例中的选项,核心家庭、主干家庭、单身家庭、联合家庭都是比较抽象的语言表达,不够简单通俗,增加了被调查者的理解难度。

2. 避免不具体的问题

问卷中的问题用词必须明确、清晰,具有唯一性,避免使用不明确和含糊不清的词句。

【示例】 请问您是哪里人?

对于"哪里人",不同的被调查者理解可能不一样,如出生地、籍贯、居住地、户籍所在地、国籍等,都可能成为答案,因此提问必须十分具体,如"请问您的籍贯是哪里?""请问您的现居住地是哪里?"

3. 避免不清晰的假设

问题的提问没有给出具体的背景或者给出的假设不够清楚。

【示例】 您赞成在我国采取高收入的政策吗?

这个问题其实隐含了"工资和物价同步增长"的意思,但若假设不明晰,绝大多数人都会选择"赞成"。因此,更合理的提问为"如果工资和物价同步增长,您赞成在我国采取高收入的政策吗?"

4. 避免引导性问题

问卷的问题应该是客观的、中立的,不应该带有任何的暗示和诱导。如果问题中暗含了调查者的观点或者看法,将会对被调查者的回答产生引导,无法客观地表达自己的意见和想法，产生顺从的心理，不假思索地同意问题中暗示的结论，对结果造成偏差。

【示例】 科学家认为，钙是人体生理不可缺少的元素。您认为您的孩子需要补钙吗？

该问题用科学家观点作为前缀陈述进行引导，而科学家的观点在绝大多数人的心中具有较高的权威性，因此被调查者回答这一问题的时候会直接选择接受科学家的观点。在引导性的提问下，也许有些被调查者持有不同的观点，但是从众的心理会让他们不敢表达真实的想法，会得出与事实相反的结论，因此引导性提问是问题设计中的大忌。

【示例】 在使用该产品后，你觉得其存在哪些不足的地方？

该问题中，直接要求被调查者给出产品的不足之处。在使用后，被调查者觉得产品并没有不足，但在问题中并没有给出被调查者其他回答的选项，因此更好的提问方式可以是“使用后，您觉得产品是否存在不足？”然后根据回答情况进行下一步提问。

5. 避免概括、估计或推算的问题

问卷中的问题，不仅要具体明确，且要能够让被调查者快速地说出答案。对于被调查者来说，需要概括、估计和推算的问题会增加作答的难度，可能会逃避回答，或者直接给出错误的答案。因此，在设计调查问题的时候要进行两个假设：一是假设被调查者是“愚蠢的”；二是假设被调查者是“懒惰的”。这种假设没有任何歧视的含义，而是提醒问卷设计者将问题设计得简单明确，不要给被调查者带来理解上的歧义和作答上的困难。

【示例】 过去一年来，您家庭的生活费用是多少？

这样的问题，要求被调查者对每一笔家庭支出进行详细记录，且还需要对每笔支出进行汇总计算，否则很难进行作答。这种提问方式显然违背了问题设计的两个前提假设，对于被调查者来说都是困难的问题。

6. 避免双重含义

一个问题中只询问一个观点，避免出现两个或者两个以上的观点，否则，不仅被调查者不知如何作答，而且调查者在统计分析时也会存在疑惑。

【示例】 电商网红的知名度会使你产生购买想法和购买行为吗？

7. 敏感问题的处理

对于个人隐私，一些被调查者往往不愿意回答或者不愿意真实作答，比如年龄、收入、资产等，这些都是敏感问题，直接提问往往会遭到拒绝，因此可以采用非直接的提问，如第三人称法、关联提问法、反偏差陈述和数值归档法等。

对于年龄、收入、资产等这些比较敏感的信息，往往采用数值归档法的方式进行提问，比如询问收入，可以设置1 000元以下、1 000—1 999元、2 000—2 999元、3 000元以上。以区间的方式进行询问，在心理上被调查者认为其隐私没有完全被暴露，更容易接受。

8. 避免否定式的提问

在日常生活中，人们通常比较习惯于肯定形式的提问，而不习惯于否定形式的提问。否定式的提问有加强语句的作用，会影响被调查者的思考，也不符合人们的思维习惯。

【示例】 你是否赞成物价不进行改革？

A. 赞成　　B. 不赞成

人们在回答这种否定式的问题时，受思维习惯的影响，可能直接选择"赞成"，但是可能选择的答案和真实想法是相悖的。

9. 问题与答案一致

在设计问题的时候，问题和答案要保持一致，相互对应。

【示例】 您平时最喜欢看哪类报刊？

	经 常 看	有 时 看	很 少 看	从来不看
时事政治				
科普常识				
体育新闻				
娱乐新闻				

在上述问题中，问题题目问的是喜欢的报刊的类型，而选项是对每类报刊的阅读频次，文不对题。

10. 问题答案要互斥穷尽

在问卷中，要求每个问题的可选择的答案要穷尽所有可能性，不能存在重叠，要相互排斥。

【示例】 您每个月在校的生活费是多少？

A. 500元以下　B. 500—1 000元　C. 1 000—2 000元　D. 2 000元以上

对于上述问题的选项，可以发现对于生活费刚好是500元、1 000元和2 000元的学生来说都有两种选择。因此，这里可以将B和C选项改为500—999元和1 000—1 999元。

5.2.3 问卷问题的顺序

在问卷设计构成中，安排问题的前后顺序是一项很重要的工作，问题顺序一般依据如下的原则。

1. 先简单后复杂

根据预热效应，把容易回答的问题放在前面，把复杂难答的问题或者具有很强针对性的问题放在后面。若在一开始被调查者回答时就遇到障碍，其回答的积极性将受到影响，从而影响回答的效率和答案的准确性。

2. 先轻松后敏感

根据激励效应，把轻松有趣的问题设置在前面，开始的问题要能够吸引被调查者的注意力，引起他们对问卷的兴趣，而一些敏感的问题放在后面。这样回答者可能已经逐渐习惯了回答各种问题，从而能顺利地进行回答，即使被调查者拒绝回答一些敏感的问题，也不至于会影响调查结果。

3. 先封闭后开放

由于开放式问题的回答，往往需要思考，花费较长时间，若将其放在开头或者中间，会影响被调查者的信心和情绪，因此开放式问题都放置在问卷结尾处，而且一般来讲，开放式问题的数量不要超过两个，否则被调查者会产生厌答情绪，甚至不回答。

4. 先一般后专业

当被调查者对调查主题有一定了解后，调查问卷经常采用漏斗形的问题设置形式，也就是先设置一般性、普通的问题，之后才是一些专业性、比较严格的问题，这种方法避免了前后问题可能产生的分歧。

5. 先客观后主观

把涉及行为方面的问题放在前面，因为行为方面的问题属于客观问题，如购买频率等，容易回答，而态度看法方面的问题则属于主观问题，应该放在后面。个人背景资料可以放在结尾或开头，背景资料一般是指性别、年龄、文化程度、婚姻状况、职业这样的一些客观资料，但是这些也属于私密性的敏感性的内容，容易引起被调查者的警惕性，怀疑个人资料能否得到保密，因此有时放在结尾。但无论是放在开头还是结尾，个人背景资料对于问卷调查来说都是必不可少的，因为这些资料是市场调查中最常使用的变量，比如经常对不同性别、不同年龄、不同收入水平、不同受教育水平的人进行比较。因此，如果调查内容涉及比较敏感的问题，可在封面中较好地进行说明和解释，这一部分背景资料也可以放在问卷的开头。

6. 先总后分

关于某购物平台的顾客满意度调查，往往会同时调查对平台的总体满意度和对平台各个功能的满意度，如平台产品价格和质量、平台物流、平台售后服务等具体满意度。这时候就要先问总体满意度，后问具体满意度。如果最后提问总体满意度，那么总体满意度会受到最靠近的某类具体满意度的答案影响。假设消费者对产品的功能和价格很满意，但对物流不满意，而问卷正好是按照价格、功能、售后服务、物流服务和总体满意度的顺序开展调查，那么，总体满意度的评价，会因为物流服务满意度不高而被拉低。

7. 同类问题集中安排

按照一定的逻辑，将问题进行分类，同类问题放在一起，避免不断转换话题让被调查者感到迷惑。应尽量将答题方式相同的问题集中安排，比如单选或者多选，最好分类提出，减少对被调查者回答的影响。

5.2.4　问卷的编码

问卷收集到的数据是分散的、不系统的，为了便于计算机进行统计分析，可以对问卷进行编码，从而将所得信息整理为有组织的、统一的数据库。

所谓问卷编码，其实就是给问卷进行赋值，使得问卷资料信息量化、结构化和数量化，即给问卷中的每一个问题和问题答案赋予计算机可识别的数字、字符、字母符号，从而便于计算机识别和分析。编码的内容包含问卷的代码、变量的定义和取值的范围等。编码表就是以表格的形式来表现编码内容，见表 5-2。在进行编码表制定时需要注意所有的信息都必须转化为数值，对问卷进行编号，对于无信息的回答需要赋予相应代码，一般采用“8”表示“不知道”，“9”表示“无回答”。

表 5-2　编码表格式

变量序号	变量名	变量类型	变量所占字节	取值范围	取值对应的含义	备注	对应题号	对应问题
18	V12	数值型	1	1—4 或 9	1＝大一，2＝大二，3＝大三，4＝大四，9 表示无回答		12	您的年级是?

按照不同的标准，编码可以进行不同分类。根据设计的时间，可以分为事前编码和事后编码。

所谓事前编码，是指在设计问卷的同时，就对问题和答案设计好编码。事前编码适用于封闭式的问题，给予每一个变量和可能答案一个符号或数字代码。事前编码的优点在于简化编码过程和手续，同时也方便了被调查者的回答，其在回答问题时只需要填写一个数码。

所谓事后编码，是指在完成问卷调查之后，针对问卷问题和回答进行编码。事后编码适用于开放性的问题，因为事先无法准确获知被调查者会如何作答且答案的类型也无法预估。在进行事后编码时，编码人员首先应尽可能地将开放性问题的答案列出。如果答案的总量较少，则应该列出所有答案；如果答案体量较大，也要确保一定数量的样本答案。其次，对答案进行合并处理，根据问题答案的性质，将相似或者相近的答案合并为一类，编码到一个变数上。

根据问卷问题的类型，可以分为单选题、多选题、排序题和开放型填空题编码。

1. 问卷编号

无论哪种形式的问卷，首先应该对问卷进行编号，一般可以采用数字 1、2、3、4、5 的形式，也可以采用字母加数字的形式，例如 a1、a2、a3、a4、a5，问卷编号的编码形式取决于问卷编写者的个人习惯。对问卷进行编号，可以保证问卷不会被重复录入，而且在发现某个数据存在问题时，可以通过问题数据所在的问卷编码找到原始问卷进行核对。

2. 单选题

单选题答案只有一个选项,因此只需要定义一个变量。

【示例】 Q1 请问您的性别是(　　)。
A. 男　B. 女

上题的变量名可定义为 V1,变量类型为数值型,变量的取值范围为 1、2 或者 9,其中 1 表示男,2 表示女,9 表示该题目无回答。

很多时候,单选题的选项不止两个,甚至选项之间还在数量或程度上存在差异,则需要对每个选项分别编码或赋值。

【示例】 Q3 您的最高学历是(　　)。
A. 高中/中专及以下　B. 大专　C. 本科生　D. 研究生及以上

上题的变量名可定义为 V3,变量类型为数值型,变量的取值范围为 1、2、3、4 或者 9, 1、2、3、4 分别代表 A、B、C、D 四个选项,9 表示该题目无回答。需要注意的是,在对选项进行赋值时要根据实际的需要,例如有时可以把 A、B、C、D 分别定义为 4、3、2、1。

3. 多选题

多选题答案可以有多个选项,对变量与取值的定义有两种方法。一是二分法,将所有题项都设置为 0—1 指示变量;二是多重分类法,适用于选项数目限定的题型。

方法一,运用二分法来处理不限定选项的多选题。

【示例】 Q11 您平时购买哪些牛奶品牌?
A. 蒙牛　B. 伊利　C. 光明　D. 三元　E. 雀巢　F. 其他

对上题的编码见表 5-3。

表 5-3　Q11 问题的编码(方法一)

变量序号	变量名	变量类型	变量所占字节	取值范围	取值对应含义	备　注	对应题号	对应问题
21	V111	数值型	1	0 或 1	0=未选,1=选择	全部为 0 表示该题无答案	11	您平时购买哪些牛奶品牌?
22	V112	数值型	1	0 或 1				
23	V113	数值型	1	0 或 1				
24	V114	数值型	1	0 或 1				
25	V115	数值型	1	0 或 1				
26	V116	数值型	1	0 或 1				

若被调查者甲对该题的填写答案为 BCDE,针对这 6 个选项,变量的排序为 0、1、1、1、1、0。

方法二,运用多重分类法处理选项数目限定的多选题,将变量定义为所选题号,变量值为选项号。同样以上题为例,假设题目规定最多选三项,则该题目的编码如表 5-4 所示。

表 5-4　Q11 问题的编码(方法二)

变量序号	变量名	变量类型	变量所占字节	取值范围	取值对应含义(i=1,2,3,4,5,6)	备　注	对应题号	对应问题
21	V111	数值型	1	0—6	取值为 i 表示第 i 个选项,为 0 表示题目选项都不是	全部为 0 表示该题无答案	11	您平时购买哪些牛奶品牌?
22	V112	数值型	1	0—6				
23	V113	数值型	1	0—6				

若被调查者的填写答案为 BCF,则变量排序为 2、3、6。

4. 排序题

排序题是对选项重要性进行排序。与多选题类似,需要对多个变量进行定义,变量个数等于选项个数。

【示例】 Q15 您购买商品时,对商品的① 价格、② 质量、③ 外观、④ 实用、⑤ 品牌、⑥ 流行六个因素的关注程度的先后顺序为第一位、第二位、第三位、第四位、第五位、第六位。

对上题的编码见表 5-5。

表 5-5　Q15 问题的编码

变量序号	变量名	变量类型	变量所占字节	取值范围	取值对应含义(i=1,2,3,4,5,6)	备　注	对应题号	对应问题
33	V151	数值型	1	0—6	取值为 i 表示该选项排位为 i,为 0 表示选项排名缺失	全部为 0 表示该题无答案	15	您购买商品时,对商品的① 价格、② 质量、③ 外观、④ 实用、⑤ 品牌、⑥ 流行六个因素的关注程度的先后顺序为第一位、第二位、第三位、第四位、第五位、第六位。
34	V152	数值型	1	0—6				
35	V153	数值型	1	0—6				
36	V154	数值型	1	0—6				
37	V155	数值型	1	0—6				
38	V156	数值型	1	0—6				

上例定义了六个变量,分别可以代表第一位至第六位,若被调查者认为最关注价格,其

他因素的关注程度依次为质量、品牌、实用、外观和流行，则变量排序为1、2、5、4、3、6。

5. 开放型填空题

相对于封闭式问题的编码，开放型填空题的编码过程更为复杂，一般采用事后编码。开放型填空题分为两类：一类为开放性数值题，另一类为开放性文字题。对于开放性数值题，被调查者只需直接填入数值或打分，例：你的年龄是（　　）。此类填空题在设计编码时变量名字可以定义为NL，所占字节为2（被调查者的年龄往往要求在20—70岁），变量取值可以不做定义，直接输入相应的年龄，取值范围为20—70岁或者99（99表示此题无回答）。

对于开放型文字题，编码一般需要两个步骤：(1) 列出所有答案。阅读所有被调查者对该问题的回答，列举出所有的答案类型，尽可能地包含所有的、互不重叠的信息。这种方法适用于总体量较小的情况，若总体数量较多，可以按照一定的原则抽取出部分样本，记录样本的答案即可。(2) 归纳答案类别。根据问题回答的性质和调查研究的目的，将答案进行合并处理，对于无法归类或者无须分类的答案可以都定义为"其他"项，做定性的研究。

在问卷回答过程中，可能还存在被调查者不回答或者回答错误的情况，因此还须进行无回答或无效编码。所谓无回答或者无效编码，就是对问卷中那些没有答案的问题的编码。在收集问卷的过程中，由于被调查者无法准确理解问卷问题，或者不想透露真实想法，或者不认真回答等，会使得问卷中的某些问题答案出现空项或者无效，对于这类问题的答案的编码，最常用的数字是0，但其实只要能够区别与有效回答的数字，都可以用于编码数字，如00、9、99等。

问卷编码有助于数据录入员将问卷调查得到的数据进行录入。录入形式一般有两种：一种是以数据库的形式录入，另一种是采用专门的统计分析软件（如EXCEL、SPSS、STATA）进行数据录入。对于网络调查或者计算机辅助电话调查（CATI），无须单独进行数据录入操作，可以在数据收集的同时进行数据录入。

5.2.5 提高问卷回答率方法

为了降低调查过程中的拒答率，在问卷设计阶段，问卷设计者可以采用一定的技巧有效地提高回答率。

1. 精减题目数量，缩短调查表长度

虽然有研究表明调查表的长度和回答率之间存在较弱的相关性，但是如果一份问卷的题量过大，内容太多，需要思考，需要回忆，回答的时间过长，容易使回答者产生为难和厌烦情绪。

2. 尽可能消除阻碍问卷调查的主客观因素

主观上的障碍多来自被调查者在思想上和心理上的各种不良反应，比如，如果问卷问题涉及个人隐私等敏感问题，使得被调查者产生警惕的心理；如果问卷的问题无法引起被调查者的兴趣，会使被调查者在回答的时候比较懈怠。客观上的障碍来自被调查者自身的受教育程度等条件的限制，如阅读能力、理解能力、计算能力、记忆能力的欠缺。因此在设计问卷的时候，要设身处地为被调查者考虑，他们是学生、大学老师，还是白领、公务员，亦或是特殊群体。针对不同特征的人群，问卷设计要有差异，受教育程度较低的人群的调查问卷的语言设计应该通俗易懂和口语化，问题简单，而受教育程度较高的人群的问卷，语言设计可以更书面化，问题相对复杂，数量多一些，这样问卷的回答质量会得以提升。

3. 支付报酬或馈赠礼品

一般来说，在填写问卷之前支付报酬和馈赠礼品，可以有效增强被调查者回答的积极性，回答率提升的效果比事后回馈更好，但是这种方式会提升调研的成本，有时候可能支付的报酬会高于获得的信息价值。

4. 联系权威机构或主管部门

把调查表填写作为应有的工作任务，必须完成的工作，由权威机构或者主管部门下发，回答率也会得到提高。

5.3 测量与测量尺度

5.3.1 测量

在市场调查中，根据一定的法则，对所确定的研究对象（如一个人、一个机构或一件事物）的某种属性或者特征进行有效的观测和度量，并将这些属性或者特征用一定的测量方法数量化和类型化，即为测量。测量的最终结果是对研究对象给定一个数值或者符号来反映其所具有的某种属性或者特征的量值。这些值对于分析和解释研究对象的特征具有非常重要的作用。

测量包含四个要素，即测量的客体、内容、法则和工具。测量的客体即测量的对象，如一个人、一个机构或者一件事情。测量内容即测量的客体的某种属性或特征，如消费者的年龄、性别、收入、对品牌的满意度或者其他特征。测量法则是用数字和符号表达事物各种属性或特征的操作规则，比如测年平均收入，我们可以用12个月工资的平均值来表示测量的规则。测量工具即用数字或符号表示测量结果，如测量人们的满意程度，用“非常不满意”“比较不满意”“一般满意”和“非常满意”来代表测量的结果，用2 000元表示消费水平的测量结果。在测量中用数字代表某种特性不仅便于统计分析，而且还可以使类似对于态度的测量活动本身变得容易、清晰和明确。

有效的测量必须具备三个有效条件，即测量的准确性、互斥性和完备性。所谓测量的准确性是指测量分配的数字或者符号能够真实可靠有效地反映测量对象在特征或者属性上的差异；测量的互斥性是指每一个测量对象的特征或者属性只能用一个符号或者数字来表示，也就是这个属性只能归于一个类别，而不能属于多个类别；测量的完备性是指测量规则要包含测量对象的各种存在状态。

5.3.2 测量尺度

测量尺度是指赋予测量对象的一系列结构化的符号或数字的含义，从而允许其进行数学的运算。由于市场调查研究中所涉及的现象具有各种不同的性质和特征，也就具有不同的层次和标准，因此形成了不同测量水平的测量尺度（又可以称为测量量表）。

史蒂文斯于1951年创立了测量层次(Levels of Measurement)分类法,其将测量层次划分为定类测量、定序测量、定距测量和定比测量,分别对应四种测量尺度,即定类尺度、定序尺度、定距尺度和定比尺度,而这些不同层次的测量方法所对应的测量对象则分别称作定类变量、定序变量、定距变量和定比变量。其中,定类尺度和定序尺度是定性的,而定距尺度和定比尺度是定量的,因此定类尺度和定序尺度测量得到的数据是离散变量,而定距尺度和定比尺度测量得到的数据是连续型变量。

1. 定类尺度

定类尺度,也称为类别尺度或命名量表,主要是采用文字、数字代码和其他符号对事物进行简单的分类,其中的数字仅作为识别不同对象或者事物的标记。定类量表是测量尺度中最低的一种,也是其他测量层次的基础。

【示例】 请问您的性别是?

□男 □女

请问你有过网购的经历吗?

□有 □没有

在营销研究中,定类尺度经常用于测量被调查者的物理属性,如性别、职业、婚姻状况等,可以用数学符号"=""≠"或"是""否"表示,测量给出的数字仅用作识别调查对象标签或编码,不具备任何数学特性,也不能说明其本质特征,因此定类尺度测量得到的数字不能进行大小的比较,也不能进行加减乘除的运算,只能计算发生的频率以及和频率相关的一些统计量,如百分比、众数、卡方检验、二次检验。

2. 定序尺度

定序尺度又称顺序量表、次序量表,除了具有类别量表用数字代表特征的特点外,还增加了对数据进行排序的能力。定序量表是对对象进行排序,分配给对象的数字表示对象具有某种特征的相对程度,如文化程度的高低、产品质量的优劣等。

【示例】 您的受教育程度为( )。

□高中及以下 □高职高专 □本科 □研究生及以上

其中的排列顺序并不是人们的主观意愿和随心所欲,而是由测量对象本身固有的特征所决定的。测量的变量必须包括被测定对象的所有可能性,也就是说测量也必须满足穷尽性和互斥性的特点。测量尺度不仅能鉴别类别,而且反映出事物现象在高低大小先后强弱的序列上的差异,其数学特征比定类测量高一个层次,也就是说,除了可以用"=""≠"来表示,还可以用">"或"<"来表示。如在划分教育程度时分为高中及以下、高职高专、本科、研究生及以上,也可以用1、2、3、4来表示,4的教育程度高于3,但是究竟程度上高多少,是难以确定的,因此不能进行加减运算,但可以计算百分位数、中位数等。

在市场调查中,定序尺度常应用于收入水平、教育程度、员工职称等级、产品的质量等级、消费者对爱用品牌的排名、雇员对理想雇主的排序,以及消费者对商品购买主要考虑因素等的排序。

3. 定距尺度

定距尺度也称为定距测量或区间测量,其不仅能够将现象或事物区分为不同的类别、不同的等级,而且可以确定它们相互之间的间隔距离和数量差别,如温度、智商、态度和偏好等常用定距尺度。定距尺度相邻数值之间的差距是相等的,如 1 和 2 之间的差距等于 2 和 3 之间的差距。由于有了相等的度量单位,就引入了数量变化的概念,测量开始真正显示事物在数量方面的差异,在数学特征上可以进行加减的运算。但是在定距测量中的零并不是绝对的无,并不是数学意义上的零,而是以某种人为的标准来设置的一个标志,零摄氏度并不代表没有温度,而是指冰点,即结冰的温度,智商为 0 并不代表没有智商,而是代表智力水平极其低下,由于 0 是具有人为设置的某一个标准,这决定了定距测量只能进行加减的运算,而不能进行乘除的运算,即不能说数字为 4 的事物特征两倍于 2 的事物特征。

4. 定比尺度

定比尺度也称为等比测量或比例测量,是测量层次最高的一种,除了具有定类尺度、定序尺度和定距尺度的特征外,还具有绝对的零点,是一种能够测量事物间比例、倍数关系的测量方法。例如,在市场营销研究中的销售额、生产成本、市场份额、消费者数量等,应答者的物理特性如年龄、体重、身高、收入等都是常用的定比尺度测量的变量。用定比尺度测量的收入,其零点就是表示没有收入,是收入的起点,因此 2 000 元的工资收入就是 1 000 元收入的两倍。

定比尺度测量和定距尺度测量的本质区别就在于是否具有绝对的零点,定比测量要求有一个绝对的自然的零点,例如 0 重量、0 高度、0 收入,代表一无所有,是数学意义上的 0,因此定比尺度的测量可以进行加减运算,也可以进行乘除的运算。

等比尺度测量的变量在进行数据分析时,一般将其作为连续变量,在数据分析上具有很多的优势,除了加减乘除外,还可以计算几何平均值、调和平均值和变动系数等,但市场研究中能够用这种尺度进行测量的变量是相对较稀缺的。

表 5-6　四种测量尺度及其特征

测量尺度	允许的运算	允许的计算	应 用 举 例
定类尺度	=、≠	百分比、众数、卡方检验、二次检验	性别、产品种类、品牌等
定序尺度	=、≠、>、<	中位数、百分位数	受教育程度、对产品的态度、喜好程度等
定距尺度	+、−	算术平均数、平均差、标准差、t 检验、F 检验	利用五等级法、七等级法测量对产品或者服务的意见或者态度等
定比尺度	+、−、×、÷	几何平均值、调和平均值、变动系数	收入、年龄、生产成本、销售额等

从定类到定序到定距到定比测量，层次依次上升，趋向复杂，水平也不断提高，每一个高层次的测量都包含着低层次测量尺度的全部特征。高层次的测量具有低层次测量的所有功能，其既可以测量低层次测量的所有的内容，也可以测量低层次测量所无法测量的内容，层次比较高的变量可以转换为测量层次比较低的变量。例如，当测量年龄这一变量时，可以采用定类测量区分出生在 2000 年前后的人，只能用等于或者不等于表示，这是一种测量精度很低的测量方式；或者用定序测量根据年龄的大小将人群分为老年人、中年人、青年人，测量精度较低，在计算方法上，除了用等于、不等于，还可以用大于和小于来表示，所包含的信息数量是不同人出生在不同的年代，老年人的年龄比中年人和青年人年龄大；抑或可以用定距尺度测量出生的年份，这种测量的精度相对较高，在计算方法上可以进行加减的运算，也就是说通过测量不仅可以知道不同人出生在不同时代，还可计算年龄的差距值；最后一种测量，可以用定比测量得到年龄的精确数字，甲 40 岁，乙 20 岁，这是测量精度最高的一种测量方式，除了可以进行加减的运算，还可以进行乘除的运算，甲和乙出生的年代不同，也可以说甲的年龄比乙大 20 岁，或甲的年龄是乙的年龄的 2 倍。

由此可以看出，定比测量可以转换为定距测量、定序测量甚至是定类测量，但测量层次较低的变量，不能转换成测量层次较高的变量(见表 5-6)。最高等级的测量并不是必须的，如果测量不要求定序等级以上的测量，可以只问人们所属的年龄层，如 20—35 岁等，但如果研究目的不很清晰时，应该尽可能获得高测量层次的资料，这是因为测量层次比较高的变量所包含的信息更多，而且可以转换为层次较低的测量变量，较低层次的测量却不能转化为高层次的测量。

5.3.3 测量量表

测量量表是由若干问题或自我评分指标组成的标准化测定表格，用于测量研究对象的某种状态、行为或态度等。一份问卷里面会涵盖多种测量量表，或者说包含一些标准化的测量技术。在营销调研中，测量量表可以分为两大类：比较量表和非比较量表。比较量表指调查问题要求直接对两个调查的对象进行比较。例如被调查者可能被问及他们更喜欢京东还是天猫。这是对两个对象进行比较，当然也可以进行多对象的比较。比较量表的数据必须以相对的关系来解释，其结果一定要用具有顺序特性的数值来加以说明，因此结果是定序性质，即 1 或者 2 你更偏好谁，但是不显示偏好程度。比较量表包含配对比较量表、等级顺序量表、常量和量表和 Q 分类量表。

非比较量表又称单独量表，每个物体独立于其他被调查的物体而被评估，这是市场调查中使用最广泛的测量量表。所产生的数据通常被假定为定距或定比性质。通过定距或者定比尺度测量得到的数据，通常认为是连续性的。非比较量表可以是连续评分量表或者分项评分量表，其中后者较常见的是李克特量表和语义差别量表。

1. 比较量表

(1) 配对比较量表。

配对比较量表指被调查者被要求对一系列对象两两进行比较，根据某个标准(如质量、品牌知名度等)在两个被比较中的对象中做出选择。比较的次数取决于要比较的目标数,如对 n 种品牌进行配对比较,比较次数为[n(n−1) /2] 次,是关于 n 的一个几何级数。当有 k 种标准时,就有 k[n(n−1) /2] 次比较。因此,被测量的对象的个数不宜太多,以免使受测者产生厌烦而影响应答的质量。在可传递的假设下,可以将配对比较数据转换为一个等级顺序,比如 A 品牌比 B 品牌好,B 品牌比 C 品牌好,按照可传递的原则,那么 A 应该比 C 好。因此,配对比较量表测量得到的数据在性质上是定序的。

例如,对 A、B、C、D、E 五个品牌进行两两配对比较,有 100 位应答者进行了回答,每一位应答者两两比较品牌,更喜欢哪个品牌就在品牌的频数上增加 1,最后根据五个品牌频数统计的结果对五个品牌的消费者偏好进行排序,B 频数最多,排名第一(见表 5-7)。

表 5-7　偏爱每个品牌的应答者数目

	A	**B**	**C**	**D**	**E**
A	—	81	68	26	37
B	19	—	28	8	14
C	32	72	—	15	26
D	74	92	85	—	57
E	63	86	74	43	—
总数	188	331	255	92	134
排列	3	1	2	5	4

(2) 等级顺序量表。

等级顺序量表是将许多研究对象同时展示给被调查者,并要求他们根据某个标准(重要或者喜好程度)对这些对象进行排序或分成等级。等级顺序量表的数据是定序数据,也就是只是得到了优先顺序,不能够测量差距,也不能够得到绝对的评价。

> **【示例】** 根据对品牌的喜爱程度进行排序,分别给予 1 到 7 个等级(其中 1 表示你最喜欢,7 表示你最不喜欢)。
>
> 苹果(　　) 三星(　　) 华为(　　) 小米(　　) 诺基亚(　　)
>
> VIVO(　　) OPPO(　　)

相对于配对比较量表,等级顺序量表比配对比较量表形式更简单,且只须做(n − 1) 次决定,因此应用得更为广泛一些。

在配对比较量表或者等级顺序量表中,被调查者在给定的对象中按照一定的原则进行排序,但是排名第一的品牌未必是其最喜欢的,最后一名也未必是其讨厌的。因此,如果被选项中没有包含应答者的选择项，那么结果就会产生误导，或者要测量的某些因素可能完全超出了个人的选择范围，产生毫无意义的数据。

（3）常量和量表。

常量和量表又被称为固定总和量表，指调查人员按调查对象的特征列举出若干答案，由被调查者根据自己的认识程度给每个答案评分，不管分数如何分配，各答案分数的总和必须是一个固定数值（如 100 分）的一种态度测量表。一般属性认知程度越高，分配的数值就越多，反之分值就越低。常量和量表常用于不同品牌产品的比较，以调查消费者对品牌的偏好，也可用于对同一问题的不同因素之间重要性的比较。

【示例】 在选择电商平台进行购物时，您认为以下因素的重要程度如何？请按照您认为的重要程度将 100 分分配给 A、B、C 三个因素。

A. 物流快（　　） B. 价格优惠（　　） C. 售后服务好（　　）

应用常量和量表，便于汇总计算对比。而且，按分数高低排列，也可以形成一个顺序列表。如调查 3 个人对 A、B、C 三个因素的态度，3 个人对 A、B、C 的数值分配如下所示。

被调查者	A	B	C
1	60	30	10
2	50	30	20
3	10	45	45
汇　总	120	105	75

经统计汇总，A 的数值平均分配为 40(120÷3)，B 为 35(105÷3)，C 为 25(75÷3)。通过计算，大致能够反映出被调查者对调查对象的态度的差别程度。

（4）Q 分类法。

Q 分类法是等级量表的一种复杂形式。人们根据事先规定的具体评价类别，将一组客体通过口头陈述、语句、产品特点、潜在的顾客服务等进行分组。经过 Q 分类法处理后，被调查者的各种态度可以被分成少数几类。而大多数情况下，因为调研人员在事先或调研中对被调查者的经济能力、社会背景等都有所了解，因此，可以对每一类调查者联系其背景资料进行分析，以更好地了解这一类被调查者的特点和要求。

Q 分类法具体步骤如下：

① 拟订 60—90 句有价值判断的语句，由有利态度到不利态度顺序排列（如从“最同意的”到“最不同意的”）。

② 制定一个奇数的同意量表，可以是 5 分制或 7 分制。

③ 每个分数位置上分配不同数量的语句，且语句数目分配应该是正态分布的。

【示例】 某次调研共拟订 50 条语句,其语句分配及 100 名被调查者的选择情况统计如下:

语　句	被调查者						
	1	2	3	4	5	……	100
1. 我最喜欢甲品牌	+2	−1	+2	−1	−1	……	−1
2. 我总是买甲品牌	+1	−2	+1	−2	−2	……	−1
3. 甲品牌品质良好	+2	−1	+2	−2	−1	……	−2
……	……	……	……	……	……	……	……
48. 我不喜欢甲品牌	−2	+2	−1	−2	+2	……	−1
49. 甲品牌品质很差	−1	+1	−1	−1	+2	……	−2
50. 我不常用甲品牌	−2	+2	−2	−1	+2	……	−1

根据各被调查者经 Q 分类法处理后的态度的资料,被调查者可分为三类:有良好印象的;持中性态度的;有不良印象的。

2. 非比较量表

(1) 连续评分量表。

连续评分量表又称图示评分量表,是由调查人员事先将各种可能的选择标示在一条直线上,被调查者在直线上做标记来为物体评分,这条直线包含了从某个标准的一个极端到另一个极端的各种可能性。连续评分量表形式多样,除了在直线上标记分数,还可以在直线的下方给出评分数值,也可以用百分比量表进行评价,这两种量表并无本质区别,只是存在采用的数值形式上的差异。当然量表形式既可以是水平直线,也可以是垂直直线。这个量表在现实中的使用比较广泛,而且这个量表测量的结果,往往可以当作连续型变量来处理。

【示例】 你如何对华为儿童手表 4Pro 评分?

形式 1:

可能最好 − − − − − − − − − − − − − − 可能最差

形式 2:

可能最好 − − − − − − − − − − − − − − 可能最差

0　10　20　30　40　50　60　70　80　90　100

形式三:百分比量表

不可能买(%) − − − − − − − − − − − − 肯定买(%)

0　10　20　30　40　50　60　70　80　90　100

同时对多个变量，或者一个变量的多个维度进行评分。

(2) 分项评分量表。

分项评分量表是指量表中的每个类别都有一个数字或与每一类别相关的简要描述，也就是将变量的不同维度，或者不同的变量分别来进行测量。分项评分量表在市场调研中应用最广泛，而且都是应用多题项的分项评分量表，如李克特量表、语义差别量表等。

① 李克特量表。

李克特量表(Likert scale)是问卷涉及应用十分广泛的一种量表，由美国社会心理学家李克特(Rensis R. Likert)于1932年提出，由一系列能够表达对所研究的概念是肯定或否定的态度陈述构成。

李克特量表是给应答者一系列陈述并请应答者在他/她自己感觉的基础上评价每一个陈述：答案分成“非常同意”“同意”“无所谓”“不同意”“非常不同意”五类。通过答案类型增多，可以更好地测量人们态度。每个被调查者的态度总分就是他/她对各道题的回答所得分数的加总，这一总分可说明他/她的态度强弱或其在这一量表上的不同状态。

【示例】 对某一超市的评价测量表如下所示。

	很不同意 1	不同意 2	同意 3	很同意 4	非常同意 5
(1) A超市信誉很好	□	□	□	□	□
(2) A超市销售的商品质量很差	□	□	□	□	□
(3) A超市服务人员态度很好	□	□	□	□	□
(4) A超市购物环境很差	□	□	□	□	□

在此量表中，题目表述具有两种方向，即正向与反向。题1与题3是描述超市的正面表现，而题2和题4则是描述超市的负面表现，如果这个测量的目的是获得人们对超市的正面态度，那么题1与题3属于正向题，而题2和题4则属于反向题。设计不同方向的陈述句是为了避免被调查者不认真回答问题，全部选择“同意”或者“不同意”，当然也并不是所有的李克特量表都必须设置反向问题。在统计计算时，要注意对于反向题的统计方法。如果被调查者在反向题上选择的是“非常同意”，那么此时应该计1分；如果选择的是“很不同意”，则计5分。也就是说反向题一定要反向计分。

李克特量表不仅改进了常量和量表的形式，更重要的是它还提供了一种可以帮助研究者从量表中消除有问题的题目的方法。所谓有问题的题目是指分辨率低的题目，这类题目不能有效区分人们不同的态度。如一个题目绝大部分的被调查者都选择了相同的答案，这就说明这个题目不能很好地区分出人们在态度上的差异，这就是分辨率低的题目，这种题目应该将其删除。

李克特量表制作步骤如下：

a. 收集大量(50—100)与测量的概念相关的陈述语句。

b. 一般情况下，根据测量概念将测量的项目分为有利或者不利两类。如上"A 超市信誉很好"为有利项目，"A 超市销售的产品质量很差"为不利项目。

c. 选择部分被测试者对全部项目进行预先测试，指出每个项目是有利的还是不利的，并且在强度描述语中进行选择，一般采用五分量表：很同意、同意、无所谓、不同意、很不同意。

d. 对每个回答给一个分数，从"很同意"到"很不同意"的有利项目分别为 5、4、3、2、1，对于不利的项目分数就是 1、2、3、4、5。

e. 计算各个被测试者的各项目总和，并且根据总分将被测试者分为高分组和低分组。

f. 选出若干条在高分组和低分组之间有较大区分能力的项目，构成一个李克特量表，如计算每个项目在高分组和低分组中的平均得分，再通过计算两者之差判断每道题目的分辨力系数，删除分辨力系数较低的题项。

在实际情况中，人们往往会借助一些成熟的量表来进行调查，或者根据实际调查情况来调整成熟的量表，这样的结果可能更具有可比性。

② 语义差别量表。

语义差别量表又称语义分化量表，主要用来测量人们对周围环境或事物的态度、看法、印象等。语义差别量表是由若干反应对象与对象行为的两极化的陈述或形容词构成的一份评价量表，如好与坏、慢与快、多与少、喜欢与不喜欢等，这种以形容词语义为基础而建立的量表就称为语义差别量表。

语义差别量表是评价态度的最常用方法之一，典型的过程包含 5—10 个与评估范围相关的两极化形容词。被调查者对每个项目进行回答，每个项目回答的得分从 1—7，或从 +3 到 −3，或可以用文字来描述。被调查者在每个项目上的总分和所有项目上的平均分作为其态度的得分指标。

【示例】 人们对 A 品牌女装店的语义差别量表

1　2　3　4　5　6　7

选择少————————————选择多

便宜————————————昂贵

保守————————————时髦

服务差————————————服务好

5.4 信度和效度评价

一份理想的调查问卷要能准确反映出所要研究事物的特征或者被调查者的真实态度，

但是现实情况下，这很难实现，问卷测量得到的结果与真实情况之间会存在着误差。误差的来源有很多，如被调查者特性上的真实差异，回答问题时的状态，访问时的环境，调查访问的方式方法等。人们希望能够在一定的条件下将误差控制到最小，尽可能得到真实的、准确的信息。因此，我们需要对问卷所得的信息进行检验，可以通过信度和效度来评价信息质量。

信度检验的是结果的可靠程度，而不涉及测量所得结果能否达到测量的目的。效度检验的是结果的有效程度或者准确程度，考察测量结果是否达到测量目的。信度和效度是一个好的问卷所必备的两项重要条件。可以用这样一句话对信度和效度之间的关系进行概括：信度是效度的必要条件而非充分条件。这就是说，有的问卷测量结果是可信的，但是不一定有效，但若要问卷有效度就必须要有信度。

5.4.1 信度评价

信度指测验结果的一致性、稳定性及可靠性，一般多以内部一致性来表示信度的高低。信度系数愈高即表示该测验的结果愈一致、稳定与可靠。信度指标多以相关系数表示，大致可分为三类：稳定系数(跨时间的一致性)、等值系数(跨形式的一致性)和内在一致性系数(跨项目的一致性)。

对于随机误差 E，一般假定其期望值(平均值)为 0，且与真实值相独立，在此假定下，有 $E(X)=E(T)$。由于 T 与 E 相互独立，所以有下式：

$$\mathrm{Var}(X)=\mathrm{Var}(T)+\mathrm{Var}(E)$$

Var(E)与 Var(X)的相对大小，即$\frac{\mathrm{Var}(E)}{\mathrm{Var}(X)}$可用于描述调查结果的可信度，该值越大说明测量的随机误差越大，测量的可信度越低。我们用信度系数 R 来表示信度的大小。R 定义为真实值的方差 Var(T)在测量值方差 Var(X)的比重，即

$$R=\frac{\mathrm{Var}(T)}{\mathrm{Var}(X)}=1-\frac{\mathrm{Var}(E)}{\mathrm{Var}(X)}$$

R 值越大，表明问卷调查的可信程度越大。

信度分析的方法主要有以下四种：重复检验法、折半法、复本信度法、α 信度系数法。

1. 重复检验法

重复检验法又称稳定性系数法，即使用同一份问卷对同一群被调查者，在不同的时间点前后测量两次，然后再根据两次测量的结果计算相关系数。重复检验法特别适用于事实式问卷，如性别、出生年月等无论在何时测量都不会产生差异，大多数被调查者的兴趣、爱好、习惯等在短时间内也不会有十分明显的变化。被调查者对事物或现象的态度和意见，除非受突发事件的影响，在前后两次测量中也应该维持一致，因此这种方法同样适用于态度、意见式问卷。这种方法是间隔一定的时间进行两次测量，因此容易受到记忆效应和练习效应的影响，且间隔的时间长短也有一定的限制，一般来讲，相隔时间越长稳定性系数就越低，因

此在现实中很难实现。

用 SPSS 进行重复检验法评估信度时，具体操作如下：

当变量是数值型变量或者顺序变量时，依次选择“分析”“度量”“可靠性分析”，将变量选入“项目”框，点击“统计量”按钮，勾选“类内相关系数”，点击“继续”，最后点击“确定”按钮。

当变量是分类变量时，依次选择“分析”“描述统计”“交叉表”，将两次的变量分别选入“行”框和“列”框，点击“统计量”按钮，勾选“类内相关系数”，点击“Kappa”，点击“继续”，最后点击“确定”按钮。

2. 折半法

折半法就是根据随机的原则将一份调查问卷中的问题分成两半(一般要求这两部分问题的数目相等)，然后再计算两半得分的相关系数，根据相关系数确定测量信度的高低。若是结果高度相关，调查问卷便是可信的，否则便是不可信的。这种信度被称为折半信度。把问卷分成两部分的方式有很多种，最常用的就是将奇数题与偶数题分开。折半信度属于内在一致性系数，测量的是两半题项得分间的一致性。这种方法一般不适用于事实式问卷(如年龄与性别无法相比)，常用于态度、意见式问卷的信度分析。

用 SPSS 进行折半法评估信度时，具体操作如下：依次选择“分析”“度量”“可靠性分析”，将变量选入“项目”框，在“模型”下拉菜单中选择“半分”，最后点击“确定”按钮。

3. 复本信度法

复本信度法，又称交错法，是指调查者设计两份等值问卷，每份问卷使用的问题不同，但测量的属性相同，对同一群被调查者同时使用这两份问卷进行测量，然后根据两份问卷测量结果的相关系数来计算问卷的信度，该种信度被称为复本信度。复本信度属于等值系数。

复本信度法要求两份问卷，在内容、格式、题量、难度和对应题项的提问方向等方面要完全一致，而在实际调查中，很难使调查问卷达到这种要求，因此采用这种方法者较少。

用 SPSS 进行复本信度法评估信度时，具体操作如下：依次选择“分析”“相关”“双变量”，将变量选入“变量”框，再勾选相应的相关系数选项。若是连续型变量，则勾选“Pearson”相关系数，若是分类型变量，则勾选“Spearman”等级相关系数，最后点击“确定”按钮。

4. α 信度系数法

Cronbach's α 信度系数是最常用的信度系数，它的一般公式为

$$\alpha = \frac{k}{k-1}\left(1 - \frac{\sum \sigma_i^2}{\sigma_y^2}\right)$$

其中，k 为量表中题项的总数，σ_i^2 指第 i 题得分的题内方差，每一个方差所包含的信息都是以单一题目为基础的，而并非共有的；σ_y^2 指全部题项总得分的方差。从公式中可以看出，α 系数评价的是量表中各题项得分间的一致性，属于内在一致性系数。这种方法适用于态度、意见式问卷(量表)的信度分析。

用 SPSS 进行 α 信度系数法内部一致性评估时，具体操作如下：依次选择“分析”“度量”“可靠性分析”，将变量选入“项目”框，点击“模型”下拉菜单中的“α”，最后点击“确定”按钮。

用 SPSS 提高问卷内部一致性时，具体操作如下：依次选择“分析”“度量”“可靠性分析”，将变量选入“项目”框，点击“模型”下拉菜单中的“α”，点击“统计量”按钮，勾选“如果项已删除则进行度量”，点击“继续”，最后点击“确定”按钮。结果将给出删除当前变量(问题)后问卷相应指标的改变情况。这一选项可用于对问卷中的题目进行逐一分析，以达到提高问卷内部一致性、改良问卷的目的。

通常来讲，信度的判别标准[①]见表 5-8。

表 5-8　信度评价标准

0.9<信度	非常可信
0.7<信度≤0.9	很可信
0.5<信度≤0.7	可信(最常见的信度范围)
0.4<信度≤0.5	比较可信
0.3<信度≤0.4	勉强可信
信度≤0.3	不可信

5.4.2　效度评价

效度即有效性，是检测结果的有效性和准确性，即考察问卷准确测量所需测量的变量的程度或者说准确真实地度量事物属性的程度。测量结果与要考察的内容越吻合，则效度越高；反之，则效度越低。效度分为四种类型：表面效度、内容效度、准则效度、建构效度，它们分别从不同的方面反映测量的准确程度。测验效度通常用相关系数表示，取值+1 到−1，它只有程度上的不同，而没有“全有”或“全无”的区别。

我们可以通过以下两个层面来进一步理解效度的定义，一是指测量指标与所要测量的变量之间的相关与吻合程度，如果问卷所设计的测量指标与想要测量的变量之间具有高度的相关性，那么说明问卷测到了想要测量的内容，测量的结果在一定程度上是有效度的；二是指是否接近该变量的真实值，也就是说问卷的测量结果是否是比较准确地反映了测量变量的真实水平，这也在很大程度上表示了问卷效度的高低。

考察效度的方法有很多种，但由于每种方法侧重的问题有差异，因此名称也就随之不同，对于问卷设计，效度的度量可以从表面效度、内容效度、准则效度以及建构效度这四个角度来看。

1. 表面效度

表面效度，指的是测量内容或测量指标与测量目标之间的一致性和逻辑相符性，也就是说测量所选择的题目从表面上看起来是否符合测量目的和要求，或者更通俗地说，就是从每

① 简明等. 市场调查方法与技术[M]. 中国人民大学出版社，2004.

一个题目的文字内容上来判断，该题目是否能够反映测量概念的基本特征。如测量员工的工作责任心设计了如下题目“不论领导是否在场均认真负责地履行工作职责”，显然这个题目从文字的表述上来看，确实是在衡量一个人是否具有工作责任心，具有表面效度。

2. 内容效度

内容效度又称逻辑效度，是指题项对调查的内容或行为范围取样的适当程度，即测量内容的适当性和相符性，考察问卷内容是否涵盖或者体现调查问题的所有或者主要特征，实现调查目的的程度。问卷内容与事先所要调查内容的一致性越高，就说明调查问卷的内容效度越高，调查结果也就越有效。一项调查内容或者一个测量概念往往包含多个维度，如态度，可以将整个概念分解为多项重要的测量方面，而测量工具要能够测到整个概念的所有或者主要的方面，那么这就是一个具有内容效度的测量工具。

表面效度和内容效度经常采用专家判断法来进行检验，但是两者是有区别的，表面效度是从表面的文字叙述判断一种测量工具测量的有效性，其是对题目逐个进行检查，检查每一道题目是否符合要反映的测量概念的内涵，是否具有逻辑的一致性，而内容效度则是需要把全部题目作为一个整体进行检验，检验题目是否涵盖了测量概念的所有重要方面。

3. 准则效度

准则效度是指用几种不同的测量方式或者不同的测量指标对同一个事物或者变量进行测量时的一致性程度。用其中的一种方式或者指标作为准则，其他的方式或者指标与这个准则相比较，如果不同的测量方式或者不同的测量指标的调查结果相关度较高，则说明具有准则效度。当某调查问卷 A 具有内容效度时，另外一种调查问卷 B 的准则效度则由调查问卷 A 决定；若是通过对某样本的调查，显示 A 和 B 高度相关，即说明 B 准则效度高。但是，关键在于作为准则的测量方式或者测量指标一定是有效的，否则效果将比较差。

用 SPSS 进行准则效度分析时，具体操作如下：依次选择“分析”“相关”“双变量”，将变量选入“变量”框。若是连续型变量，则勾选“Pearson”相关系数，若是分类型变量，则勾选“Kendall”或“Spearman”等级相关系数，最后点击“确定”按钮。

4. 建构效度

建构效度又称结构效度或构思效度，是指问卷能够测量到理论上的构想或者特质的程度。若问卷调查结果与理论预期一致，则认为有建构效度。简而言之，建构效度就是指调查结果与所要调查属性间的同构程度。理论中假设两个概念 x 和 y 之间的关系，那么在经验层次上对 x 和 y 的测量也应当是相关的。一个概念是可以使用多个指标，x 和 y 的多个指标来测量两个概念之间的关系，如果不同指标的测量都反映出理论所假设的关系，那么这些测量就具有建构效度。假设博物馆内部要素与游客的情绪之间存在正相关的关系，把博物馆内部要素设为 X，游客情绪设为 Y，在内部要素上，选择三个指标，分别是藏品数、举办教育活动的次数、技术感知率，经验分析发现，这三个指标和游客情绪都是正相关的关系，则说明这个测量工具具有建构效度，反之则称这个测量工具不具有建构效度。

用 SPSS 进行建构效度分析时，具体操作如下：依次选择“分析”“降维”“因子分析”，将变量选入“变量”框，点击“抽取”按钮，在“方法”下拉菜单中选择“主成分”，点击“继续”，点击

“旋转按钮”，选择“最大方差法”，点击“继续”，最后点击“确定”按钮。

有效的评价应当能够真实反映评价的问题在特性下的差异，并以评价的形式表示出来。有的评价方法是可信的，但是不一定是有效的。

本章小结

调查问卷是市场调查活动中应用非常广泛的工具，问卷质量的好坏直接影响调查的质量。本章主要介绍了问卷的含义、基本结构、设计原则、设计程序、设计技术、问题类型、问题措辞、问题顺序、问卷编码和提高回答率的方法。

不同的调查目的、调查方式对调查问卷要求不同，但一般问卷包含开头、主体内容和结束语及附注三大部分。在遵循目的性、逻辑性、简明性、易处理和可维护的原则下，问卷设计的流程为：从问卷准备阶段，到探索性调查，到设计问卷初稿，到问卷前测，最后再到问卷发放与回收。

问卷的问题主要有三种类型：开放式问题、封闭式问题和混合式问题。为了提高问卷的质量和问卷应答率，本章介绍了一些技巧。当然，问卷的设计没有统一的标准和模板，需要通过不断的实践才能提升问卷设计的技能。

在市场调查中，为了对研究对象的属性或者特征进行有效的测量，从而允许其进行数学的运算，本章介绍了四种测量尺度和两大类测量量表。

最后，本章介绍了信度与效度的评价方法，用于检测问卷的设计质量。信度是检测问卷结果的可靠程度。效度是检测结果的有效性和准确性，即考察问卷准确测量所需测量的变量的程度或者说准确真实地度量事物属性的程度。

关键词

问卷调查、问卷设计、问卷编码、开放式问题、封闭式问题、测量尺度、定类测量、定序尺度、定距尺度、定比尺度、测量量表、比较量表、非比较量表、李克特量表、语义差异量表、信度、效度

思考题

1. 问卷设计的概念是什么？其在市场调查中有何作用？
2. 问卷的特点及类型有哪些？
3. 问卷基本结构由哪些部分组成？
4. 问卷设计的基本程序是什么？
5. 封闭式问题和开放式问题各有何优缺点？
6. 问卷设计时的注意事项有哪些？

7. 被调查者之间的差异会给问卷调查带来哪些难题？
8. 问卷效度与信度的评价方法有哪些？
9. 如何提高问卷的回答率？
10. 测量尺度的类型有几种？分别具有什么特征？

案例分析

新冠疫情对线上会展的影响调查问卷

您好！首先感谢您在百忙之中抽出时间完成这份问卷。这是一份研究新冠疫情对线上会展业的影响的无记名调查问卷，调查数据只用于学术研究，问题的选项无对错之分，仅需要选择您认为最符合的答案即可。我们承诺严格保密，请您放心如实填写。您的意见很重要，感谢您的协助以及对本研究的支持。

1. 您对线上会展的了解？

A. 不了解　B. 了解很少　C. 有较多了解　D. 很了解

2. 因新冠疫情，广交会改为线上举行，您的态度是怎样的？

A. 会很大程度上推进线上会展的发展（为发展提供经验）

B. 不看好（大多相关配套还不完善）

C. 持观望态度，看后期效果

D. 其他

3. 您觉得线上会展和线下会展的关系是怎样的？

A. 相互补充和促进、融合

B. 部分替代关系

C. 将来是彻底的替代关系

D. 各自平行发展

4. 您认为理想中的线上展览：

A. 可以是纯线上展示，没有互动、即时洽谈

B. 可以是线上展示，但应该有即时视频互动、询盘

C. 必须是线上展示＋互动洽谈＋交易达成

5. 从组织方来讲，举办线上会展的主要困难是（多选）________。

A. 无法商业化、无法盈利

B. 缺乏资金

C. 没有头绪，不知道该怎么做（缺乏经验）

D. 内部员工不具备这方面的能力

E. 不了解能提供专业技术服务的供应商

F. 其他（　　）

6. 线上会展的主要收入来源可能是(　　)。

A. 注册报名费

B. 赞助、广告、冠名

C. 同期的线上展览

D. 版权的出售(如观看回放)、转化为培训课程

E. 其他(　　)

7. 如果您了解到的线上展览效果不好,您认为主要是因为(　　)。

A. 没有专业观众、买家,主办方不懂如何引导专业观众买家参与

B. 展商和观众、买家之间无法即时真正互动、业务洽谈,达不成交易

C. 无法全面展示展品的性能、无法演示,无法感知展品

D. 不见面,因而无法建立信任感,达不成交易

E. 无法提供线下展览的情感交流,深度洽谈等独特体验

F. 难以同期举行有质量的线上会议/论坛

8. 疫情过后,人们仍然会像以前一样出差去开会、参展、观展吗?

A. 会跟以前一样去参加实体会展

B. 会,但倾向于选择就近,且参加规模较小的活动

C. 不会,传染病太可怕了

D. 不会,线上会展可以满足需求

9. 线上展览可以不依赖线下展览而独立盈利、自立门户吗?

A. 可以

B. 不可以

问题:

(1) 根据本问卷的内容,你认为本次调查的目的是什么?调查对象是哪些人群?

(2) 问卷中是否存在错误或不足之处?如果有,请予以更正或补充。

(3) 结合案例谈谈调查问卷应该包括哪些内容?

第 6 章 市场调查资料的整理与分析

学习目标

- ◆ 理解调查资料整理的意义和程序
- ◆ 掌握调查资料整理的方法
- ◆ 掌握数据分析的统计图表
- ◆ 了解基本统计量及其分布
- ◆ 掌握利用统计量进行检验的基本原理和方法
- ◆ 掌握描述统计分析和推断统计分析方法

导入案例

亚马逊的“信息公司”

如果问全球哪家公司从大数据发掘出了最大价值，截至目前，答案可能非亚马逊莫属。亚马逊要处理海量数据，这些交易数据的直接价值更大。

作为一家信息公司，亚马逊不仅从每个用户的购买行为中获得信息，还将每个用户在其网站上的所有行为都记录下来：页面停留时间、用户是否查看评论、每个搜索的关键词、浏览的商品等。这种对数据价值的高度敏感和重视，以及强大的挖掘能力，使得亚马逊早已远远超出了它的传统运营方式。

亚马逊 CTO Werner Vogels 在 CeBIT 上关于大数据的演讲，向与会者描述了亚马逊在大数据时代的商业蓝图。长期以来，亚马逊一直通过大数据分析，尝试定位客户和获取客户反馈。

“在此过程中，你会发现数据越大，结果越好。为什么有的企业在商业上不断犯错？那是因为他们没有足够的数据对运营和决策提供支持，"Vogels 说，"一旦进入大数据的世界，企业的手中将握有无限可能。"从支撑新兴技术企业的基础设施到消费内容的移动设备，亚马逊的触角已触及更为广阔的领域。

1. 亚马逊推荐

亚马逊的各个业务环节都离不开数据驱动的身影。在亚马逊上买过东西的朋友可能对它的推荐功能都很熟悉，"买过 X 商品的人，也同时买过 Y 商品"的推荐功能看上去很简单，却非常有效，同时这些精准推荐结果的得出过程也非常复杂。

2. 亚马逊预测

用户需求预测是通过历史数据来预测用户未来的需求。对于书、手机、家电这些在亚马逊内部叫硬需求的产品，你可以认为是"标品"，对其预测是比较准的，甚至可以预测到相关产品属性的需求。但是对于服装这样软需求产品，亚马逊干了十多年都没有办法预测得很好，因为这类东西受到的干扰因素太多了，比如：用户对颜色款式的喜好，穿上去合不合身，爱人朋友喜不喜欢……这类东西太易变，买得人多反而会卖不好，所以需要更为复杂的预测模型。

3. 亚马逊测试

你会认为亚马逊网站上的某段页面文字只是碰巧出现的吗？其实，亚马逊会在网站上持续不断地测试新的设计方案，从而找出转化率最高的方案。整个网站的布局、字体大小、颜色、按钮以及其他所有的设计，其实都是在多次审慎测试后的最优结果。

4. 亚马逊记录

亚马逊的移动应用让用户有一个流畅的无处不在的体验的同时，也通过收集手机上的数据深入地了解了每个用户的喜好信息。更值得一提的是 Kindle Fire，内嵌的 Silk 浏览器可以将用户的行为数据一一记录下来。

以数据为导向的方法并不仅限于以上领域，亚马逊的企业文化就是数据导向型文化。对于亚马逊来说，大数据意味着大销售量。数据显示出什么是有效的、什么是无效的，新的商业投资项目必须要有数据的支撑。对数据的长期专注让亚马逊能够以更低的售价提供更好的服务。

资料来源：https://blog.csdn.net/weixin_44099558/article/details/85782339.

6.1 市场调查资料的整理

数据资料收集工作完成后，调查人员往往会收到大量的、零散的、繁杂的资料。为了得到对于企业有价值的、系统的、简明的市场调查报告，需要根据调查研究的目的，运用科学的方法、适当的技术对市场调查所获得的文字资料和数字资料进行审查、分类、汇总等初步加工，使之成为进行统计分析的基本数据，为下一步资料分析做准备。

6.1.1　调查资料整理的意义

1. 调查资料整理有利于提高调查数据的质量

在市场调查活动中，根据项目类别的不同，调查手段的不同，调查途径的不同，从众多的市场调查单位获取的资料可能存在统计口径不一致，资料虚假、繁杂、缺失等现象，这些都大大降低了调查资料的质量，因此对资料进行整理，可以消除数据中的错、假、冗、缺等现象。

2. 调查资料整理是进行资料分析的前提

资料分析是用适当的、科学的方法对收集来的大量数据进行分析，提取有用信息和形成结论，从而为市场现状及趋势做出正确的判断，为企业管理部门和有关负责人提供决策依据。而这一切的前提是调查资料的准确、完整和统一。因此在将收集到的数据投入使用之前，需要对其进行审查、分类、汇总等初步处理，以保证数据分析得出正确的结果。

3. 调查资料整理有利于发现市场调查工作的不足

在市场调查的各个阶段，难免会出现考虑不周、计划有偏、工作有误的地方。比如：对市场调查的目的定义得不够准确，对市场调查过程的考虑不够全面，调查问卷的设计不够全面等。这些问题都会体现在收集到的资料上，因此通过对所得资料的检查和整理后，可以及时帮助调研人员进行纠偏，弥补调查工作中的不足。

6.1.2　调查资料整理的程序

市场研究所搜集的资料一般可分为一手资料和二手资料。无论是一手资料还是二手资料都包含两类资料：文字资料和数字资料。文字资料一般通过无结构的观察、访谈和文献资料获取，一般是少数典型或者个案的材料；数字资料一般通过结构化的调查问卷及访问表格、年鉴、统计报表等获得。这两类资料的整理过程大致相同，但整理方法不同。

1. 一手资料整理

一手资料的整理，是对通过一手调研方法获得的原始数据进行审核、分组和汇总，使资料系统化、综合化和条理化，符合统计分析的需求。对于一手资料的整理一般遵循以下程序。

(1) 资料审查。

审查调查资料可以帮助调研人员发现所获资料中是否存在明显的错误和缺失，从而及时进行纠正和弥补，以确保调查资料的准确和完整，从而得出准确的研究结果。对于一手资料主要从真实性、准确性和完整性三个方面进行审查。

真实性审查，主要是检查市场调查资料来源的真实性问题，也就是说资料是否真正由被调查者所提供，以防调查员伪造资料。对于真实性的问题，可以通过对被调查者进行回访的方法来进行检验。如果资料失真，就会得到错误的结论，严重影响调查的质量，这样的资料应该视为废料，丢弃处理。

准确性审查，主要是检查市场调查过程中获取的资料是否精准与正确。对于问卷准确性的审查有三种方法：判断审核、计算审核和逻辑审核。判断审核根据已知情况来判断调查所得到的数据是否与客观事实相符，如果调查得到的数据违背了客观事实，这时就应该质疑资料的准确性问题；计算审核是通过计算的方式来检验数据的准确性，例如一份调查问卷中调查了父母的年龄和子女的年龄，如果父母与子女的年龄差只有 10 岁，那么这个资料是有问题的；逻辑审核是从资料的逻辑关系来检验其是否是准确的，例如某一个解答者回答他的年龄是 15 岁，但是在婚姻状况却填写了已婚，抑或一位正在就读研究生的学生的年龄为 12 岁，一般情况下应该质疑这些资料的准确性。计算审核与逻辑审核可以通过计算机软件录入数据之后进行操作。

对于逻辑性错误和答非所问这种错误我们可以通过返回调查，对答案进行修正，或者按照“不详值”对待。对于搪塞回答错误，可以通过在问卷当中设置一些反向的方式，来检查被调查者是否有乱填的现象，若问题问卷占比较小，则直接剔除，若此类问题问卷集中出现，且达到一定数量，那么应该将这些问卷当成一个独立样本进行分析，反思问卷的设计。

完整性审查，主要是检查是否涵盖所有的调研单位，如是否所有问卷都得以收回，是否完整填写所有调查题项。在发放问卷之前，必须先明确调查样本，严格按照科学的抽样方案设计，找到被调查者，使得调查对象具有代表性，保证调查结果能够较完整地推断总体。其次通过回收率来检查调查资料的完整性，回收率是决定和影响调查样本代表性的重要因素之一，目前学术界对于问卷回收率尚无统一的标准，但如若要进行分析和报告，问卷回收率至少要达到 50%以上的回收率才会被视为是好的反馈，达到 70%可视为非常好。最后还要对问卷填写内容的完整性进行审核。不完整的问卷有三种情况：大面积无回答、个别问题无回答和同一问题多数问卷无回答。对于第一种情况，直接选择剔除；对于第二种，可以返还调查，通过电话或其他方式联系被调查者进行补充回答；对于第三种情况，调查者需要反向思考，是否问题的表述不清晰，或者涉及敏感的话题，抑或无法找到现成的答案进行回答。

初步审核方式有两种，包括实地审核与系统审核。

实地审核就是一边调查一边审核，是调查员在进行资料收集的同时就对资料进行审核。这种方法的优点在于能够及时发现问题，修正问题，但费时费力，对调查人员的要求也较高。

系统审核也称集中审核，资料全部收集回来，然后再集中时间进行资料的审核。这种方法便于统一组织安排和管理，审核的标准比较一致，检查的质量也相对更好一些，而且速度较快，但是由于这种方法是事后审核，即便发现问卷或者访谈资料中存在问题，也很难找到填答者进行核对修正或者补答，只能进行作废处理，以保证调查资料的真实性、准确性和完整性。

初步审核完成之后，为了检查和核实初步审核的质量，还会对调查资料进行复查，即完成调查人员在完成问卷调查并回收之后，对调查样本中的一部分个案进行二次调查。具体方法为研究者自己或者其重新选择新的调查人员，从原来调查过的样本中随机抽取 5%—15%的个案，使用同样的问卷重新来进行调查。通过这种方法，一方面可以核实原来的调查人员是否如实地对个案进行了调查；另一方面，可以通过两次调查结果的对比，检验第一次调查的质量，但是这需要在第一次调查的时候获取被调查者的联系方式，如电话、地址或者邮箱等信息，因此在实际的操作过程中存在着一定的困难。

（2）分组处理。

分组处理就是把调查的数据按照一定的分组标志划分为不同的组成部分。

① 数字资料分组处理。

分组的关键在于选择分组标志和划分各组界限。分组标志，就是将总体区分为不同组别的标准或依据，每一个总体单位都有组可归。确定分组界限的基本要求是把性质相同的单位放在一个组内，性质不同的单位放入不同的组，组与组之间在含义和口径上不能发生重叠，即每个单位都只能归入一个组内，不应出现某个单位既可放入这一组又可放入另一组的情况。分组还要求分组的结果尽量反映事物的本质特征，突出各组之间质的差异。因此，统计分组必须遵循穷尽性、互斥性和反映事物本质的原则。根据不同的标准，可以形成不同的分组方式。根据分组标志的特征分类，可以分为品质标志分组、数量标志分组、时间标志分组和空间标志分组。

品质标志分组是按事物的本质属性特征进行分组。例如，被调查者按照性别、职业、文化程度等标志分组，工业企业按经济类型、行业、地区等标志分组等。

数量标志分组是指按事物的数量特征分组。例如，被调查者按照年龄、收入、消费支出、家庭人口、就业人口等标志分组，商店按销售额分组等。根据变量的特点及总体单位数量可进一步分为以下两类：单项式分组和组距式分组。

单项式分组就是指直接按标志值的大小排列成组。标志值按大小排列后，每个数量标志值就是一个组，有多少个标志值就分成多少个组。单项式分组其标志值都是整数，如按产量分组、按技术级别、工龄等标志分组，但在整数之间允许间断。单项式分组法用于标志值变动范围小、又少的状况，如果标志值较多，而且变动范围又大，此时仍采用单项式分组，那必然会出现组数过多的现象，这样不利于反映社会经济现象的特征及其规律性，此时可以采用组距式分组法。

组距式分组是指按变量值的一定范围对事物总体所进行的分组。在事物总体的变动范围内，将其划分为若干个区间，各区间内的所有变量值作为一组，其性质相同，组与组之间的性质相异。此分组方法适用于变量值变动幅度大，个数较多的分组情况，如年龄、收入、消费支出等的分组处理。

时间标志分组是以调查问卷中的一些时间属性的调查项目（如购买时间、需求时间）作为分组标志，对被调查者的时间选项进行分组而形成的时间数列。

空间标志分组是以调查问卷中的某些具有空间属性的调查项目（如被调查者的居住区域、购买产品的场所等）作为分组标志，对被调查者的空间选项进行分组而形成的空间数列。

根据分组标志的特征分类方式又称单变量分组，是指对总体各单位或样本各单位只按一个标志或标准进行分组处理。如一份封闭型问卷有多少个问项，就有多少个分组设计。分组的结果只能进行一些基本的结构分析和集中趋势分析，而不能说明变量或问项之间的依存性、相关性、差异性等深层次的问题。因此，这种分组处理只能提供最基本的综合性资料。

根据采用分组标志的数量分类,可以分为简单分组、并列分组和复合分组。

简单分组是将事物总体按一个标志进行分组。简单分组只能说明研究事物的某一方面的总体特征,而不能反映其他方面的差异。例如,高校教师按职称分组为教授、副教授、讲师、助教,企业职工按照年龄、文化程度等标志进行分组。

并列分组是对同一总体按两个或两个以上的标志进行若干次简单分组,其所形成的分组体系,也可称为平行分组体系。并列分组能从不同的角度说明总体的特征。例如,将高校学生分别按学科、本科或专科、性别等进行分组(如图 6-1)。

复合分组是对同一总体按两个或两个以上的标志结合起来进行分组。复合分组形成复合分组体系。采用复合分组能更深刻地反映总体的内部结构,更细致地分析问题。例如,将高校学生首先按学科分组,然后在此基础上按本科或专科分组,再在第二次分组的基础上按性别进行分组,其分组体系如图 6-2 所示。

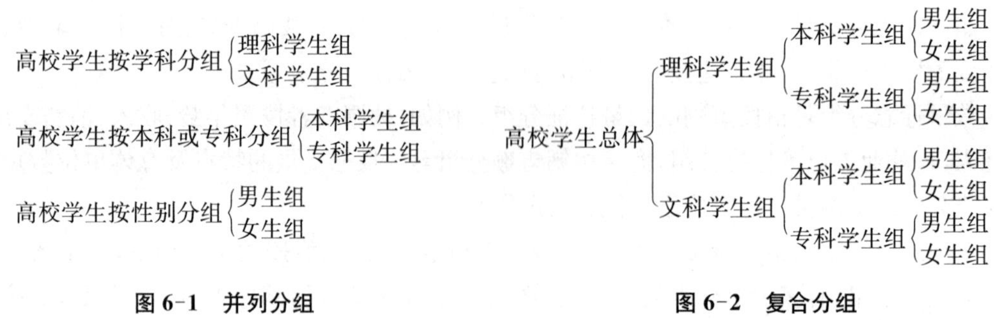

图 6-1　并列分组　　**图 6-2　复合分组**

与简单分组相比,平行分组和复合分组的结果不仅能够说明现象的类型和结构,而且能够分析和检验调查项目之间的相关性、差异性、联系性等深层次的问题,用以揭示调查现象的一些本质特征,从中挖掘出一些有价值的重要启示。

② 文字资料的分类归纳。

在市场调查中当采用开放式问题进行调查时,被调查的回答是非结构化的文字答案,这些答案往往是分散,对这类资料的分类处理有一定的难度。这类资料的整理不是机械作业,而必须对这些文字资料所反映出的被调查者的思想认识进行了解,才能进行分类归类。因此,对开放式问题的答案整理可遵循如下基本思路和程序:首先,集中所有同一个开放式问题的全部文字性答案,通过阅读、思考和分析,把握被调查者的思想认识;其次,将被调查者的全部文字性答案,按照其思想认识不同归纳为若干类型,并计算各种类型出现的频数,制成全部答案分布表;再次,对全部答案分布表中的答案进行挑选归并,确定可以接受的分组数,并为确定的分组,选择正式的描述词汇或短语;最后,根据分类归纳的结果,制成正式的答案分布表。

(3) 统计汇总。

汇总就是根据调查研究目的把分组后的数据汇集到有关表格中,并进行计算和加总,集中、系统地反映调查对象总体的数量特征。数据的汇总可分为机械汇总、计算机汇总、手工汇总。

机械汇总适用于当调研课题涉及的内容多，范围大，样本量大，如成千上万份问卷；同时，要求对数据从多个维度进行加工开发的情形。机械汇总一般采用计算机技术进行汇总处理。

计算机汇总应遵循以下程序：选择合适的数据处理软件；对数据进行编码，录入；逻辑检查；最后汇总制表。

手工汇总适用于某些问题的调研，所要求的样本量不是很大的情形。手工汇总技术主要有问卷分类法、折叠法、划记法、卡片法。

对数字资料进行汇总后，一般要通过表格或图形表现出来，最常见的方式就是统计表和统计图。有关统计表和统计图的相关内容，将在本章第二节中进行具体阐述。

(4) 再审核。

为保证调查研究的质量，在将整理过的资料实际用于分析研究之前，仍有必要对它们进行最后的检验。

2. 二手资料整理

二手资料是调查者按照一定的目的收集、整理的各种现成的资料，它与一手资料是相互依存、相互补充的。为了使二手资料适用于当前的调查研究，必须对其进行整理加工。与一手资料整理相比，二手资料在整理的时候除了审核完整性和准确性外，还应关注资料的适用性和时效性。二手资料是指那些并非为正在进行的研究而是为其他目的已经收集好的统计资料。因此对于调查人员来说，要确定这些资料是否适用于当前研究分析和解释的需求，从而确保收集资料的可靠性和准确度。此外还要审核数据的时效性，即检查有关资料的时间属性，以评价调查资料是否符合时效性的要求。市场千变万化，对于有些时效性较强的问题，应尽可能采集时间间隔较短的资料，使用计算机技术及时对资料进行加工处理，从而提高信息的使用程度和价值，最终达到研究的目的。

对于不能直接利用的二手资料需要进行加工处理，使之符合当前调研项目分析研究的需要。加工改造的方法主要有：(1) 调整法；(2) 推断法；(3) 再分组法。之后再对加工后的数据进行汇总整理。

3. 统计软件的应用

在一手资料的整理过程中，对于大样本调查所得的数据资料，一般借助计算机统计分析软件进行审核、分组和汇总处理。如对数据进行筛选、排序、发现缺失数据、剔除异常值等，从而为下一步数据分析工作提供准确的信息。数据的筛选可以从两个方面来进行：一是剔除不符合要求的数据或有明显错误的数据；二是按照某种规定的条件将所需数据筛选出来。数据排序是将数据按一定顺序进行排列，以发现一些明显的共性、特征或趋势，找到解决问题的线索；排序可以为数据的再归类和再分组提供依据，为数据检查纠错提供帮助。在某些市场调查中，数据排序本身就可能成为数据分析的目的之一。缺失数据和异常值数据则无法直接用于数据分析，需要进行相应处理，提高数据质量。

目前的统计分析软件种类很多，如 EXCEL、SPSS、SAS、STATA、EVIEWS、SmartPLS、DATA DESK 等。本节简单介绍在市场调查整理与分析中比较常用的四种统计分析软件：EXCEL、SPSS、STATA、SmartPLS。

(1) EXCEL。

EXCEL 也称 Microsoft Excel，是由 Microsoft 为使用 Windows 和 Apple Macintosh 操作系统的电脑编写的一款电子表格软件，是微软办公套装软件的一个重要的组成部分。

EXCEL 窗口主要由工具栏和纵横交互表格组成，界面简洁、清晰、美观，而且提供大量的公式函数，不仅可以满足直接感观需要，而且可以进行复杂的统计运算和数据分析。因此，它深受专业人士和办公人员的喜爱。

在市场调查中，相对于其他统计软件，EXCEL 因其易获取、易操作、易掌握的特点，成为使用最广泛、最基本的数据录入、处理和分析工具。其在市场调查中的应用主要体现在三个方面：一是简单数据操作，如数据的录入与导入、常规编辑、格式化等；二是图表制作，如标准图表、组合图表等；三是数据分析，如排序、筛选、列表等。

(2) SPSS。

SPSS 全称为社会科学统计软件包(Solutions Statistical Package for the Social Sciences)，与 SAS 和 BMPD 号称世界上最著名的三大统计分析软件。其因界面友好、操作简单、结果直观、易懂易学等优点，被广泛应用于医疗、保险、制造、商业、市场研究、科学研究等多个领域与行业中，尤其在市场调查中，SPSS 是数据处理与分析的重要工具。

SPSS 是将几乎所有的功能都以统一、规范的界面展现出来，使用 Windows 的窗口方式展示各种管理和分析数据方法的功能，使用对话框展示出各种功能选择项。SPSS for Windows 是一个组合式软件包，具有数据管理、统计分析、绘图功能等。数据管理，SPSS 有一个类似于 EXCEL 的界面友好的数据编辑器，可以用来输入和定义数据(缺失值、数值标签等)。统计分析，SPSS 能够进行大多数统计分析(回归分析、logistic 回归、生存分析、方差分析、因子分析、多变量分析)。在绘图功能方面，SPSS 绘图的交互界面非常简单，一旦绘出图形，可以根据需要通过点击来修改。这种图形质量极佳，还能粘贴到其他文件中(Word 文档或 Powerpoint 等)。

(3) STATA。

STATA 是 STATA 公司在 20 世纪 80 年代中后期开发的整合性商业统计软件包，以其简单易懂和功能强大受到初学者和高级用户的普遍欢迎。STATA 具有数据管理、统计分析、制图及程序设计等功能。

尽管 STATA 的数据管理能力没有 SAS 那么强大，它仍然有很多功能较强且简单的数据管理命令，能够让复杂的操作变得容易。统计分析功能方面，STATA 能够进行大多数统计分析，如回归分析、logistic 回归、方差分析、因子分析，以及一些多变量分析。此外，在调查数据分析领域，STATA 有着明显优势，能提供回归分析、logistic 回归、泊松回归、概率回归等。制图功能方面，STATA 的作图模块主要提供如下八种基本图形的制作：直方图、条形图、百分条图、百分圆图、散点图、散点图矩阵、星形图、分位数图。对这些图形的巧妙应用,可以满足绝大多数用户的统计作图要求。程序设计功能方面,用户可以很容易地下载别人已有的程序,也可以自己去编写,并使之与 STATA 紧密结合。

STATA 界面主要由四个常用的窗口构成：Stata Results；Review；Variables；Stata Command。Stata Results 界面中显示运行结果；Stata Command 窗口输入命令；Review 窗口记录使用过的命令；最后 Variables 窗口显示存在于当前数据库中的所有变量的名称。除了这四个默认打开的窗口外,在 STATA 中还有数据编辑窗口、程序文件编辑窗口、绘图窗口等,若需使用,可以用 Windows 或者 Help 菜单将其打开。其运行方式有两种：一种是选择窗口方式,即通过选择窗口菜单与对话框完成操作；另一种是程序运行方式,即在命令窗口直接运行编写好的程序。

(4) SmartPLS。

SmartPLS 软件是 SmartPLS GmbH 公司的核心产品,是目前管理学、市场营销、组织行为学、信息系统等领域应用广泛的结构方程模型软件,其原理是采用偏最小二乘法(Partial Least Square, PLS)进行统计分析。其优点是使用起来较为简单,适合初学者使用,且对样本量的要求比较小。在 SmartPLS 中,高级分析非常简单,该软件能够在短时间内很便利地执行非常强大的建模。此外,该软件能够很好地管理项目,可以自定义路径模型,在计算出路径系数后生成系统的数据报告。相较于 SPSS 而言,SmartPLS 更多地应用于验证性因子分析和结构模型分析,在多个自变量、多个中介变量和多个因变量组成的复杂结构模型分析方面具有较大的优势。

本书重点介绍 EXCEL 与 SPSS 统计软件在数据预处理中的应用。

4. 运用 EXCEL 清洗数据

排序和筛选是 EXCEL 的基本功能,可以按照属性将数据进行归类,按照分析要求对数据进行挑选,按照规定条件对数据进行过滤等。

(1) 数据排序。

一般来说,创建的数据文件中录入的原始数据前后顺序由录入时的先后顺序决定,是随机的,无法反映现象的本质与规律。为了方便分析,有时需要按照某一顺序来观察数据,因此要将其进行排序、分组,以使数据按要求排列,同时把性质相同的数据归为一组,让不同组数据之间的差异性显示出来。例如,对员工学历按由高到低的顺序进行排列,数据排序的基本步骤如下：

打开 EXCEL 文件,选中文件数据区域任一单元格,单击“数据”,选择下拉菜单中“排序”,然后在“主要关键字”下的列表框中选择要排序数据的字段名,在右侧选择“升序”或“降序”。如果要把相同的记录再排序,则可在“次要关键字”下的列表框中选择要排序数据的字段名,在右侧选择“升序”或“降序”。

(2) 数据筛选。

数据筛选可以从两个方面进行：一是文本分类；二是数值分组。文本分类是根据文本字段自身的筛选条件,如包含、不包含、开头是、结尾是等,将文本信息分成不同的类别。数值分组根据数值范围,如大于、等于、小于、介于、前 3 项、高于平均值、低于平均值等,将数值进行分组。

5. 运用SPSS清洗数据

除了EXCEL,SPSS也是对数据文件进行处理使用得较为广泛的软件之一。基本操作主要包括数据排序、数据拆分、对异常值的处理。

(1) 数据排序。

SPSS中的数据排序作用与EXCEL相同,其方法为将数据编辑窗口中的数据,按照指定的某一个或多个变量值,按照某一顺序进行排列,如升序或降序,所指定的变量称为排序变量。当排序变量只有一个时,为单值排序,则按照排序变量取值的大小次序对个案数据进行重新排列。当排序变量超过一个时,为多重排序。多重排序的第一个排序变量称为主排序变量,其他排序变量依次称为第二排序变量、第三排序变量等。在多重排序时,个案先按主排序变量值的大小排序,当主排序变量值一致时,再按第二排序变量值大小排序,以此类推。数据排序的主要操作方法如下:依次点击"数据""排序个案",选定"排序变量",设置排序方式,单击"确定"按钮。

(2) 数据拆分。

在同一个数据文件中往往记录了两个或者两个以上群体的数据,尤其是使用问卷进行调查的时候,同一份问卷对不同人群的数据进行采集,如不同性别的人群、不同收入阶层的人群、不同学历人群等。在数据分析的时候,需要对不同特征人群的特征进行对比分析,因此首先要对原始数据进行拆分。

在SPSS中,若要将一个数据集按照分类变量,如性别,拆分为两个或者多个数据集,可以通过删除"未选择的个案"或者"保留的个案"的形式进行数据拆分,但是在进行此操作以前需要先将原始数据进行备份。SPSS中操作过程如下:点击"数据"下拉菜单中的"选择个案",分别设置"选择条件"和"输出结果",点击"确定"。

(3) 对异常值的处理。

在进行数据收集时,由于人为或者系统的问题,会导致数据中出现异常情况,如缺失数据、错误的数据、小概率数据等,在进行数据分析之前需要对原始数据中的异常值进行处理,提高数据的准确性。缺失数据与错误数据的处理方法类似,当样本容量较大,如缺失或者错误数据仅占总体样本的1%,可以直接删除;当样本容量较小,可采用数据的平均值、中位数、众数等数值进行填充,用固定值进行替代,或者通过推算数据的增长率进行测算。小概率事件又称为稀有事件,如信用卡欺诈事件,这类数据与缺失数据与错误数据不同,不需要进行修正或删除,反而需要进行重点探索,从而探索事件的特殊性质。

SPSS对于缺失数据或错误的数据的识别方法有三种,包括数据排序、有效范围识别和逻辑识别。第一种排序的方式,这类数据往往会出现在数据列表的顶端或者末端,从而进行删除或者修正。第二种对数据的范围进行描述统计分析,进而识别问题数据。

【示例】 对某数据文件中的年龄数据进行频次统计,依次点击"分析""描述统计""频率",将性别变量选入对话框,点击"确定",分析结果如表6-1所示。

表 6-1 年龄频次统计结果一

		频 率	百 分 比	有效百分比	累积百分比
有效	0	1	0.55	0.55	0.55
	18 岁以下	3	1.66	1.66	2.21
	18—25 岁	176	97.24	97.24	99.45
	26—30 岁	1	0.55	0.55	100.00
	总 计	181	100.00	100.00	

在频次统计结果中出现了 0 这个异常数值。返回数据视图对话框，找到该列数据，按照升序方式进行排列，或者通过查找功能，找到数值 0，然后将其删除或者替换为 9 或者 99，相应地在变量视图中，设置该题的异常值设为 9 或者 99，然后再对该题进行频次统计，得到统计结果如表 6-2 所示。

表 6-2 年龄频次统计结果二

		频 率	百 分 比	有效百分比	累积百分比
有效	18 岁以下	3	1.66	1.67	1.67
	18—25 岁	176	97.24	97.78	99.45
	26—30 岁	1	0.55	0.55	100.00
	总 计	180	99.45	100.00	
缺失	9	1	0.55		
总 计		181	100.00		

第三种可以通过对问卷问题之间的某种逻辑联系来进行数据检查，如在问卷中调查了家庭中母亲的年龄和最大孩子的年龄，可以通过计算母亲与最大孩子之间的年龄差来识别是否存在问题数据，如表 6-3 所示。

表 6-3 母亲与长子/长女的年龄差

		次 数	百 分 比	有效百分比	累积百分比
有效	2	1	4.5	4.5	4.5
	5	1	4.5	4.5	9.1

续 表

		次　数	百 分 比	有效百分比	累积百分比
有效	20	1	4.5	4.5	13.6
	21	1	4.5	4.5	18.2
	24	1	4.5	4.5	22.7
	25	3	13.6	13.6	36.4
	27	1	4.5	4.5	40.9
	28	5	22.7	22.7	63.6
	30	3	13.6	13.6	77.3
	32	1	4.5	4.5	81.8
	40	1	4.5	4.5	86.4
	45	2	9.1	9.1	95.5
	95	1	4.5	4.5	100.0
	总计	22	100.0	100.0	

如表 6-3 所示，在母亲与最大孩子的年龄差中，有一个 2 岁、5 岁和 95 岁的年龄差，显然这些数字是不符合逻辑认知的，或者是在现实中不可能发生的情况。回到数据视图中，通过查找功能找到数据所在的问卷，通过问卷编号找到原始问卷进行核实，判断是录入错误还是问卷本身的问题，从而对数据进行相应处理。

6.2 市场调查资料的分析

市场调查数据整理完成即可进入市场调查资料分析阶段。所谓市场调查分析就是依据市场调查的目的，采用不同的分析方法，对调查获取的数据进行对比分析，反映不同数据之间的联系，从而得出相应的结论。市场调查资料分析大致可以将统计分析分为数据指标分析、统计图表分析、信息图标分析和概率统计分析四种类型。

6.2.1 数据指标分析

在对数据进行统计分析的时候，经常会借用一些分析指标，多角度对数据进行深度解读，下面是数据统计分析常用的指标。

1. 总量指标

总量指标是用来反映社会经济现象在一定条件下的总规模、总水平或工作总量的统计指标。总量指标是用一个绝对数来反映特定现象在一定时间上的总量状况，它是一种最基本的统计指标，如我国2017年统计公报发布全年国内生产总值827 122亿元，年末全国内地总人口139 008万人，说明了2017年全国国民经济和人口方面的总规模。总量指标还是计算相对指标和平均指标的基础。

2. 相对指标分析

若要对事物做深入的了解，总量指标是远远不够的，需要借助相对指标。相对指标是用两个或者两个以上有联系的指标进行对比得出比值，用以反映事物的结构特征、相关程度、普遍程度、发展程度或比例关系等。相对指标的结果是相对数，如性别比例、年龄构成、市场占有率、产品普及率、销售增长率等。

相对指标的类型主要分为结构相对指标、比较相对指标、比例相对指标、强度相对指标、计划完成相对指标五种。

(1) 结构相对指标。

结构相对指标是总体内某一部分数值与总体数值之比，即部分与全体之比。结构相对数通常用来反映总体的结构和分布状况等，如市场占有率、城市化率、工业增加值等，通常用百分数表示，其计算公式为

$$结构相对数=\frac{总体中某一部分的数值}{总体的全部数值}\times 100\%$$

【示例】 某高校男生数量占全校学生数量的55%。

(2) 比较相对指标。

比较相对指标是不同单位的两个同类现象数量之比，用以说明某一同类现象在同一时间内各单位发展的不平衡程度，其计算公式为

$$比较相对数=\frac{某地区(或单位)某一指标数值}{另一地区(或单位)同类指标数值}$$

【示例】 甲地职工平均收入是乙地职工平均收入的2倍。

(3) 比例相对指标。

比例相对指标是总体中不同部分数量对比的相对指标，用以分析总体范围内各个局部、各个分组之间的比例关系和协调平衡状况比例，其计算公式为

$$比例相对数=\frac{总体中某一部分数值}{总体中另一部分数值}\times 100\%$$

【示例】 某高校男生数量是女生数量的1.5倍。

(4) 强度相对指标。

强度相对指标是有一定联系的两个性质不同的总量指标之比。与其他相对指标不同的

是，强度指标是非同类现象之间的对比，用以表示某一现象在另一个现象中的发展强度、密度或普遍程度。其计算公式为

$$强度相对数=\frac{某一现象总量指标数值}{另一有联系而性质不同的现象总量指标数值}$$

【示例】 人均产值、人口密度等。

(5) 计划完成相对指标。

计划完成相对指标是某现象在某一段时间内的实际完成数与计划数对比，用以观察某现象的计划完成程度。其计算公式为

$$计划完成相对数=\frac{实际完成数}{计划数}\times 100\%$$

3. 动态指标分析

动态指标是一定空间范围内的现象总体在不同的时间表现出来的数量特征或将这些数量特征在不同的时间进行对比计算的统计指标。动态分析指标有两大类，一类是用以分析现象发展的水平，包括发展水平和平均发展水平两个指标；另一类是分析现象发展的速度，包括增长量、平均增长量、发展速度、平均发展速度和平均增长速度等指标。

(1) 发展水平分析。

主要有发展水平、平均发展水平。发展水平是指某一经济现象在各个时期达到的实际水平。平均发展水平是指一定时期内各期发展水平的平均数。

(2) 发展速度分析。

这是用来反映现象在不同时期的发展变化情况。

① 增长量。增长量是指某一现象在一定时期增长或减少的绝对量。在计算增长量时，根据采用的基期不同，可分为逐期增长量和累积增长量。计算公式为

$$逐期增长量=报告期水平-前一期发展水平$$

$$累积增长量=报告期水平-固定基期水平之差$$

逐期增长量之和等于累积增长量。

② 平均增长量。平均增长量是一定时期平均每期的增长水平，计算公式为

$$平均增长量=\frac{累积增长量}{时期数}=\frac{逐期增长量之和}{时期数}$$

③ 发展速度。发展速度是说明事物发展快慢程度的动态相对数。由于采用的基期不同，发展速度可分为定基发展速度和环比发展速度。

$$定基发展速度=\frac{报告期发展水平}{前一期发展水平}$$

$$环比发展速度=\frac{报告期发展水平}{固定基期发展水平}$$

④ 增长速度。增长速度是说明事物增长快慢程度的动态相对数。由于采用的基期不同，增长速度可分为定基增长速度和环比增长速度两种。计算公式为

$$定基增长速度 = 定基发展速度 - 1$$

$$环比增长速度 = 环比发展速度 - 1$$

⑤ 平均发展速度。平均发展速度反映现象在一定时期内逐期发展变化的一般程度。平均发展速度是一定时期内各期环比发展速度的序时平均数，由于各时期对比的基础不同，通常采用几何平均法计算，计算公式为

$$平均增长速度 = \sqrt[n]{各期环比发展速度的乘积}$$

其中，n 为环比在发展速度的项数。

⑥ 平均增长速度。

$$平均增长速度 = 平均发展速度 - 1$$

6.2.2　统计图表分析

统计图表分析对数据进行表格化和图形化的处理，可以更为直观地反映或揭示数据所呈现出的特征或者趋势。

1. 统计表分析

统计表是将反映统计资料总体特征的数字资料按照一定的规则、以表格的形式表现出来的表格。从内容上看，统计表由主辞(说明总体以其各个组成部分的名称)和宾辞(说明总体的各种统计指标名称和数字资料)两部分构成。从形式上看，统计表由总标题、横行标题、纵列标题、线条表格及数字等部分组成。在对数据进行探索性分析时，交互列表分析是应用较为广泛的统计分析方法，这是因为交互列表简单、易操作，还可以较为深入地探索复杂事物或者现象的特征和规律，且分析过程和结果易被不具备专业统计知识的经营人员或者管理者所理解。

(1) 交互列表分析。

市场调查中有四种不同的测量层次，不同的统计分析方法适用于不同层次的变量，因此在分析变量之间的关系时，首先必须明确变量的测量层次，交叉分类分析主要用于分析定类变量和定序变量。交互列表分析是指同时将两个或两个以上具有一定关系和确定值的变量，按照一定顺序交互排列在一张统计表上，从中分析不同变量之间的相关关系，进而得出科学结论的一种数据分析技术。表内各变量值作为变量之间的交互节点，反映不同变量的某种或者几种特性。

在运用交叉列表分析的时候，对变量的选择与确定是影响分析结果正确性的关键因素之一。在基础性的市场调查与预测项目中，研究人员可以把与问题相关的因素作交互列表分析，有助于分辨不同因素之间的相互影响关系。比如，在一项关于产品销售的分析项目中，研究人员可以考虑有可能影响产品销售的因素，如包装、容量、质量、品牌等，进行交互列表的分析。

在那些简单的反映客观事实的调查与预测的项目中，一般需要分析的变量已明确，研究人员只需按要求把各项数据列入已设计好的表格之中。例如，某项市场调查是关于消费者受教育程度高低与文化消费水平之间的关系，其资料处理分析时交互列表的两个变量无疑应该是文化消费水平和受教育程度。

不管研究人员本身在选择、确定交互列表分析变量因素时有多大的自由度，都必须在资料收集之前确定好相关变量因素，这样才能有针对性地掌握充足的资料，从而进行相应的交互列表分析。

(2) 交互分类表的形式和要求。

每个表的顶端要有表号和标题。表格中的线条一定要规范、简洁，最好不用竖线。表中的百分比符号有两种简便处理的方法：一种是在表顶端的右角，也即是标题的尽头处，标上一个“(%)”的符号；第二种方式是在表中每一纵栏数字的头上（也即是上方变量的每个取值下面）写上一个“%”。当然也可以在每一个具体数字后面加上“%”，具体的符合标注形式可根据设计者的喜好来进行设置，如表 6-4 所示。

表 6-4　男性和女性小汽车驾驶员的事故比例

	男	女
未出过事故(%)	58	68
至少出过一次事故(%)	42	32
调查人数(人)	8 090	7 850

(3) 交互列表类型。

① 单变量列表。

交互列表中较简单的列表形式为单变量列表，即在分析表中的数值只受到一个变量的控制。例如，某大学管理学院 2021 级市场营销一班学生人数，如表 6-5 所示。

表 6-5　2021 级市场营销一班学生人数

单位：人

<table>
<tr><th colspan="2">性　别</th><th>合　计</th></tr>
<tr><td>男</td><td>女</td><td rowspan="2">55</td></tr>
<tr><td>30</td><td>25</td></tr>
</table>

② 双变量交互列表。

双变量交互列表是指表中单元格中的数值同时受到两个变量的控制，与单变量列表相比，其反映出来的信息量更大，因此双变量交互列表分析是最基本的交互列表分析方法，如表 6-6 所示。

表 6-6　2021 级市场营销一班学生人数

单位：人

	宿舍								
性别	201	202	203	204	301	302	303	304	合计
男					8	3	5	4	20
女	8	8	8	6					30
合计	8	8	8	6	8	3	5	4	50

③ 三变量交互列表。

三变量交互列表是指在双变量交互列表的基础上，加入第三个变量做进一步分析，从而更准确地反映原来变量之间的相互关系，使得结论更加准确，如表 6-7 所示。

表 6-7　糖果消费与年龄及婚姻状况的关系

单位：人

	小于 25 岁			25 岁以上		
	经常吃糖果	不经常吃糖果	合计	经常吃糖果	不经常吃糖果	合计
单身	632(79%)	167(21%)	799	120(60%)	80(40%)	200
已婚	407(81%)	96(19%)	503	873(58%)	634(42%)	1 507

由于引入第三个变量年龄，使得结论变得更加准确。

④ 交互列表分析法发现问题。

在实际的调查工作中，往往需要在两个变量的交互列表分析基础上，加入第三个变量做进一步分析，在双变量交互列表分析中加入第三个变量可能会引起以下四种结果。

第一种，更为精确地反映原有变量之间的关系。

以某项时装购买和婚姻状态之间关系的市场调查项目为例：时装购买数量的变量情况分为多和少两种状态。婚姻状态的变量也分为两种状态：已婚和未婚。该调查活动对 1 000 个消费者进行调查，以双变量交互列表分析，得到表 6-8。

表 6-8　婚姻状态与时装购买状况的关系

	婚姻现状	
时装购买状况	已婚	未婚
购买较多比重 购买较少比重	31% 69%	52% 48%
合计	100%	100%
被调查者数(人)	700	300

表 6-8 显示，被调查者中 52%的未婚者属于时装购买较多的，而在已婚者中只有 31%属于时装购买较多的。结论是未婚者比已婚者购买更多的时装。

当购买者的性别作为第三个变量引入后，得到三变量交互列表分析结果如表 6-9 所示。

表 6-9 显示，女性中 60%的未婚者属于时装购买较多的，而已婚女性中的比例只有25%。对男性而言，40%的未婚者和 35%的已婚者属于时装购买多的，两者的比例比较接近。显然，通过引入性别变量后，原有结论得到了更为精确的反映。

表 6-9　婚姻状态、性别与时装购买状况的关系

	性　别			
	男　性 婚姻现状		女　性 婚姻现状	
时装购买状况	已　婚	未　婚	已　婚	未　婚
购买较多比重 购买较少比重	35% 65%	40% 60%	25% 75%	60% 40%
合　计	100%	100%	100%	100%
被调查者数(人)	400	120	300	180

第二种，原有变量之间的联系是虚假的。

某项商品房购买意向的市场调查最初是以调查者受教育的程度和高档商品房购买意向两个变量进行分析的，对 1 000 人调查的结果用双变量交互列表分析得到的结果如表 6-10 所示。

表 6-10　教育程度与高档商品房购买意向的关系

	被调查者受教育程度	
高档商品房购买意向	大 学 程 度	低于大学程度
购买占总体比重 不购买占总体比重	32% 68%	21% 79%
合　计	100%	100%
被调查者数(人)	250	750

表 6-10 显示，大学程度的被调查者中 32%有购买高档商品房购买意向，而低于大学程度的被调查者中只有 21%有购买意向。当准备做出受教育程度是影响高档商品房购买意向的结论时，调查人员意识到收入水平也可能是一个重要的影响因素，于是把收入水平作为第三个变量引入，得到的分析结果如表 6-11 所示。

表 6-11　教育程度、收入水平与高档商品房购买意向之间的关系

高档商品房购买意向	被调查者收入水平			
	低收入 教育程度		高收入 教育程度	
	大学程度	低于大学程度	大学程度	低于大学程度
购买占总体比重 不购买占总体比重	20% 80%	20% 80%	40% 60%	40% 60%
合　计	100%	100%	100%	100%
被调查者数(人)	100	700	150	50

表 6-11 显示,收入水平是主要影响高档商品房购买意向的因素,而教育程度并非关键的影响因素。这一分析说明,原先通过双变量交互列表分析得出的结论是虚假的。

第三种,原有变量之间被隐含的联系。

以某项研究年龄和出国旅游愿望的调查分析为例,结果如表 6-12 所示。

表 6-12 显示,年龄不是影响人们是否愿意出国旅游的主要因素,但当把性别作为第三个变量加入以后,却得到新的分析成果,如表 6-13 所示。

表 6-12　年龄与出国旅游愿望的关系

出国旅游愿望	被调查者年龄	
	小于 45 岁	45 岁或以上
有出国旅游愿望的比重 没有出国旅游愿望的比重	50% 50%	50% 50%
合　计	100%	100%
被调查者数(人)	500	500

表 6-13　年龄、性别与出国旅游愿望之间的关系

出国旅游愿望	性　别			
	男　性 年　龄		女　性 年　龄	
	小于 45 岁	45 岁或以上	小于 45 岁	45 岁或以上
有出国旅游愿望的比重 没有出国旅游愿望的比重	60% 40%	40% 60%	35% 65%	65% 35%
合　计	100%	100%	100%	100%
被调查者数(人)	300	300	200	200

显然从表6-13可知，在加入第三个变量以后，原先隐含的年龄与出国旅游愿望之间的关系得到了明确的反映。在男性中，小于45岁的被调查者中更多的有出国旅游的愿望，而女性则正好相反，大于45岁的被调查者中更多的有出国旅游的愿望。

第四种，不改变原先反映出的变量之间的联系。

某些情况下，第三个变量的加入并不改变原先双变量交互列表分析的结果。这种情况说明新的变量不对原有两个变量之间的关系产生影响。以某项调查家庭规模和经常外出吃快餐之间关系的项目为例，双变量交互列表分析的结果如表6-14所示。被调查者的家庭被分为小、大两种规模，各调查500户，总共1 000个调查单位。分析结果表明家庭规模与是否经常到外面吃快餐之间没有直接的相关联系，如表6-14所示。

表6-14　家庭规模与经常外出吃快餐之间的关系

	被调查的家庭规模	
分　类	小	大
经常外出吃快餐的比重 不经常外出吃快餐的比重	65% 35%	65% 35%
合　计	100%	100%
被调查家庭数(户)	500	500

当把收入水平作为新的变量加入分析以后，其结果如表6-15所示。

表6-15　家庭规模、收入与经常外出吃快餐的关系

分　类	被调查家庭的收入水平			
	低收入		高收入	
	家庭规模小	家庭规模大	家庭规模小	家庭规模大
经常外出吃快餐的比重 不经常外出吃快餐的比重	65% 35%	65% 35%	65% 35%	65% 35%
合　计	100%	100%	100%	100%
被调查家庭数(户)	250	250	250	250

显然，收入水平作为新变量的引入并未改变原先得出的结论。

2. 常用统计图及其绘制方法

统计图与统计表往往同时出现在数据的分析中，往往是在统计表的基础上，用几何图形或实物图形把统计表中的数字资料形象、直观地再现出来。常用统计图包括条形图、柱形图、饼图、环形图、直方图、折线图、散点图、雷达图、箱型图和热力图等。

(1) 条形图和柱形图。

条形图和柱形图是最常见的统计图，制作简单，直观明了。频次数据的处理经常使用这两种图表。条形图是用相同条形的宽度或者长度来表示离散型变量数据的分布，进而进行分类项目的比较，条形图有横置或纵置两种形式，纵置时也称为柱形图。条形图有简单条形图、复式条形图等形式。

【示例】 利用条形图、柱状图及其复式图，对表 6-16 进行图示，如图 6-3 至图 6-5 所示。

表 6-16　某大学市场营销系大一学生运动项目爱好类别及性别分布

运动项目	性别		总计(人)	比重(%)
	男(人)	女(人)		
乒乓球	10	6	16	22.22%
足球	14	1	15	20.83%
游泳	5	6	11	15.28%
羽毛球	4	6	10	13.89%
排球	3	5	8	11.11%
瑜伽	2	10	12	16.67%
总计	38	34	72	100.00%

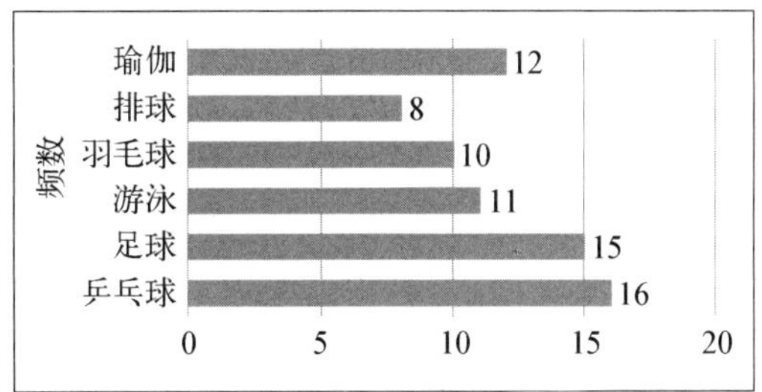

图 6-3　学生运动项目分布

图 6-4　学生性别分布

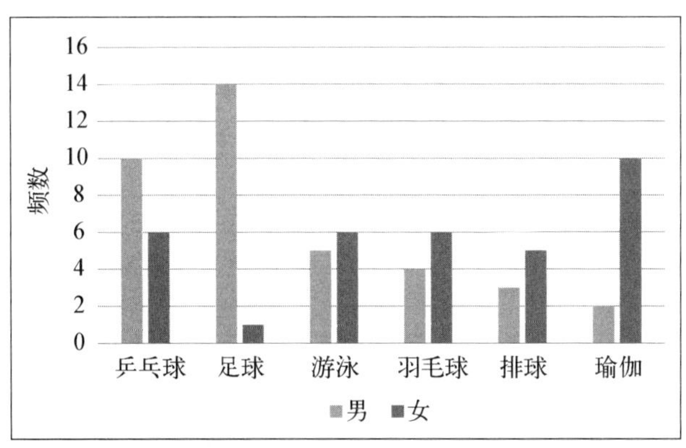

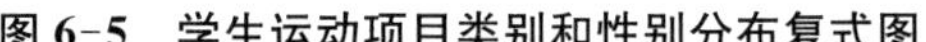
图 6-5　学生运动项目类别和性别分布复式图

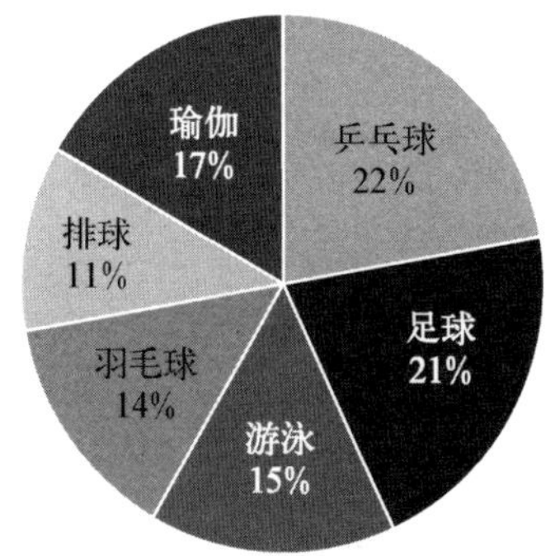

图 6-6　市场营销系大一学生运动项目分布饼图

(2) 饼图。

饼图也是一种常见的图表，用于显示某一现象中每一类别数据的大小或者在总体中所占的比重，用于反映现象的结构及各类别之间的对比关系。根据需求，饼状图可以绘制为二维图或者三维图。

【示例】 利用饼状图，对表 6-16 中运动项目进行图示(见图 6-6)。

(3) 直方图。

直方图又称质量分布图。它由一系列高度不等的纵向条纹或线段表示数据分布的情况。一般用横轴表示数据类型，纵轴表示分布情况。直方图可以检测数据的正态分布与否。与条形图不同，直方图是用面积表示各项目的频数，矩形的高度代表每个项目的频数或频率，宽度表示各组项目的组距，因此矩形的高度和宽度均具有意义，且直方图的总面积等于 1。

(4) 折线图。

折线图多用于比较在等时间间隔下数据的变动方向和趋势，表现数据在不同时期发展变化的不同趋势，多适用于时间序列数据。

【示例】 利用折线图，对表 6-17 我国 2000—2017 年城乡居民家庭人均收入进行图示。

表 6-17　城乡居民家庭人均收入情况(2000—2017 年)

年　份	城镇居民家庭人均收入(元)	农村居民家庭人均收入(元)
2000	9 279	4 254
2001	10 465	4 582
2002	11 716	4 940
2003	13 180	5 431
2004	14 546	6 096
2005	16 294	6 660
2006	18 265	7 335
2007	20 574	8 265
2008	22 727	9 258
2009	24 611	10 007
2010	27 359	11 303

续　表

年　　份	城镇居民家庭人均收入(元)	农村居民家庭人均收入(元)
2011	30 971	13 071
2012	34 550	14 552
2013	37 080	17 494
2014	40 393	19 373
2015	43 714	21 125
2016	47 237	22 866
2017	51 261	24 956

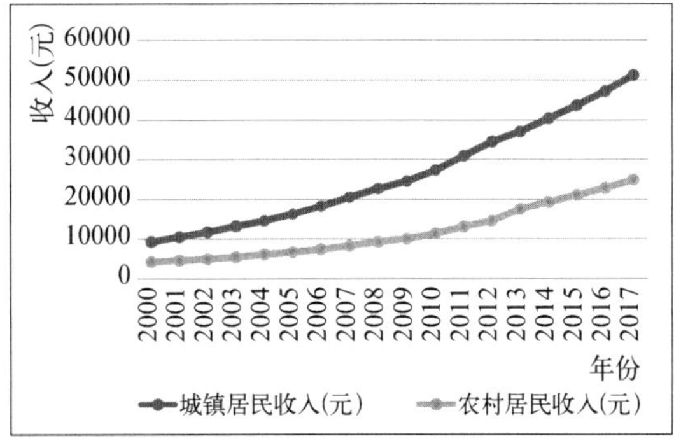

图 6-7　2000—2017 年城乡居民家庭人均收入变化趋势

图 6-8　2000—2017 年城镇居民家庭人均收入变化趋势

(5) 散点图。

散点图表示因变量随自变量而变化的大致趋势，以此可以选择合适的函数对数据点进行拟合。散点图中的坐标点由两组数据构成，分布在直角坐标系上，主要用来观察变量间的相关关系，也可显示数量随时间的变化情况

【示例】 利用散点图，反映表 6-17 的变化情况。

(6) 气泡图。

气泡图与散点图相似，可以用于展示变量之间的关系，不同之处在于气泡图可以用气泡的大小表示第三个变量，从而对比三个变量的关系。

如图 6-9 中，气泡的大小为城市规模。

(7) 雷达图。

雷达图又称自主网图、网络图、星图，可以比较在不同的时间状态下，同一现象不同数据指标的变化情况，或者比较在同一时间状态下不同现象同一数据指标的情况，如图 6-10 和图 6-11 所示。

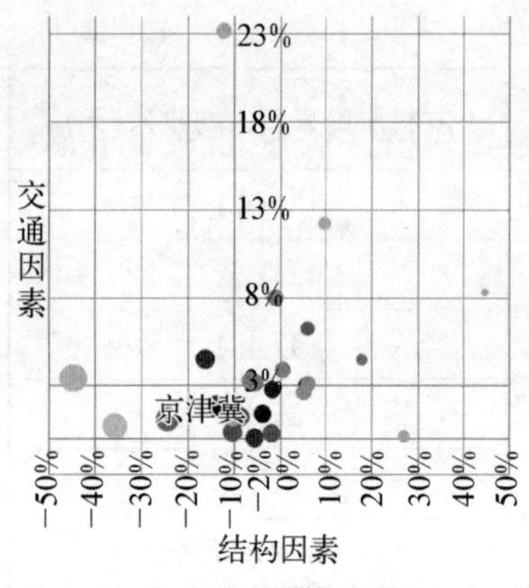

图 6-9　城市经济效益影响因素分析

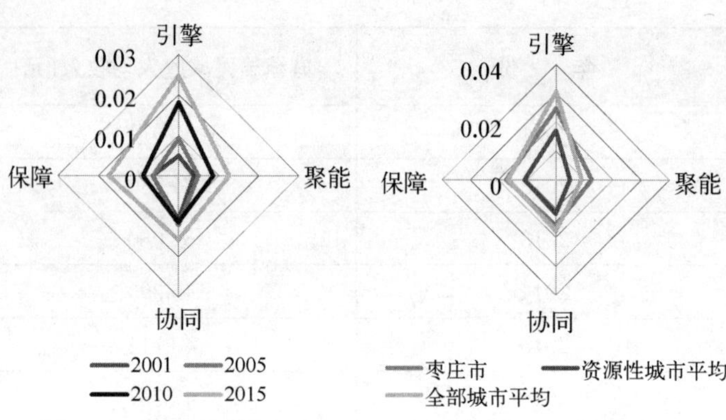

图 6-10　某一城市不同年份特征变化对比

图 6-11　不同城市的特征对比

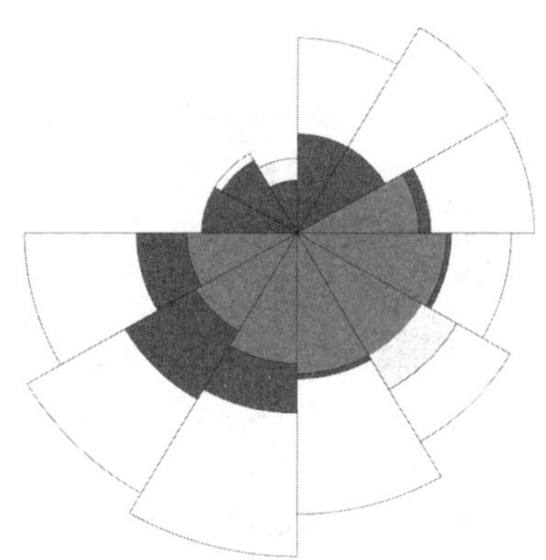

图 6-12　南丁格尔玫瑰图

(8) 南丁格尔玫瑰图。

南丁格尔玫瑰图又称鸡冠花图、极区图，是一种圆形的直方图(如图 6-12)，其因美观、简单、直接，能够给读者带来深刻影响，对于缺乏专业统计知识的人员来说可以轻易掌握。

(9) 箱形图/股价图。

箱形图又称为盒须图、盒式图或箱线图，是一种用作显示一组数据分布差异情况，判断数据的偏态，识别数据中的异常值。其因形状如箱子而得名，在箱子的两端、中心、顶显示出一组数据的最大值、最小值、中位数及上下四分位数，如图 6-13。

(10) 瀑布图。

瀑布图是由麦肯锡顾问公司所独创的图表类型，因为形似瀑布流水而称为瀑布图。此种图表结合了绝对值与相对值，多用于表达多个特定数值之间的数量变化关系，如图 6-14。

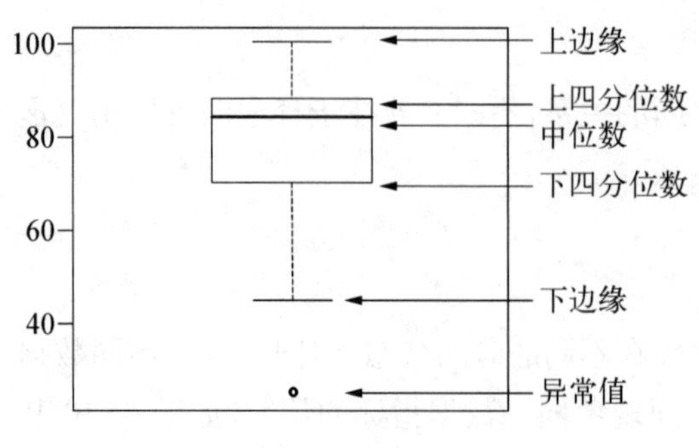

图 6-13　箱线图

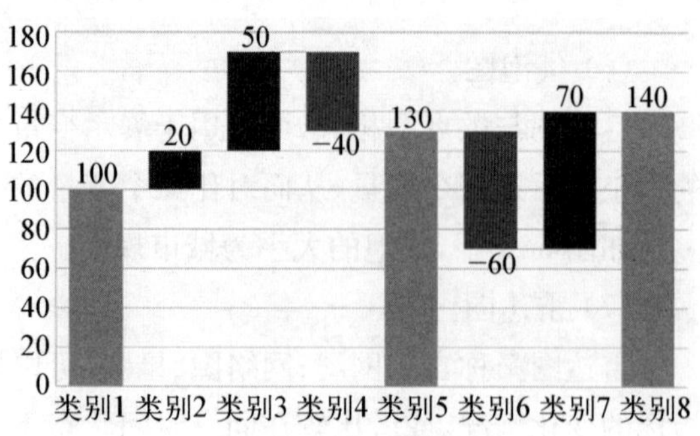

图 6-14　瀑布图

(11) 网络图。

网络图用于反映不同对象之间的逻辑关系，图中每个圆圈代表网络中的一个节点，圆圈的颜色和状态代表节点的一致数值或者一个状态值(如图 6-15)。

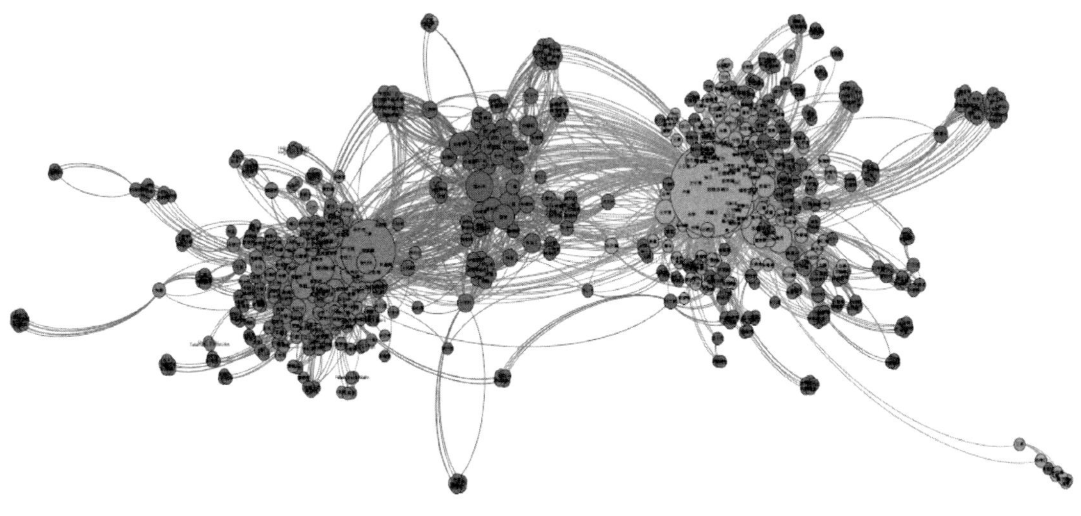

图 6-15　网络图

6.2.3　描述性统计分析

通过指标分析、制表绘图可以初步显示数据分布的类型和特点，而为了进一步描述数量特征，揭示市场存在问题，还需借助描述性分析方法。对数据的分布类型和特征进行测定，对数据分布的集中趋势分析和离散程度进行分析。

根据数据的类型的差异，使用的统计分析指标也有所不同，定类和定序尺度测量所得数据是离散型数据，适合的统计指标有频数、百分比、众数，用于描述数据的集中程度，而适用于描述其分布状态的统计量有二项分布和泊松分布。定距和定比尺度测量所得数据是连续型数据，适用于分析其集中与离散趋势的统计指标有平均数、方差、标准差，适用于描述其分布状态的统计量有正态分布、χ(卡方分布)、F 分布、t 分布。

1. 频数、频率与累积频率

频数，又称次数，指变量值中代表某种特征的数(标志值)出现的次数。所谓频率指变量值中代表某种特征的数的次数与总数的比率。频次分布反映了不同类别在总体中的绝对分布，而频率分布则反映不同类别在总体中的相对分布，因此频率比频次更能够体现出不同总体内部结构的差异，提升认知功能。频率和频次常常用于定类和定序变量的统计，针对定距和定比变量，如年龄、收入等变量，若采用频数或频率分布进行描述性统计，往往通过设置区间，将数据进行分组统计。

有时，累积频率比频率更能表现出数据值的规律与变化趋势。当样本数据的测度在定序级以上时，就可以计算累积频率。设有 n 个样本，设 X_i 是样本数据集合中不完全重复样本值(i=1，2，3，…，n)，且它们样本值以大小顺序排列为：$X_1 \leqslant X_2 \leqslant \cdots \leqslant X_n$。把样本值小于等于某个样本数据的频率值，都累加起来，就得到小于等于的累积频率，如表6-18所示。

表6-18　频率与累积频率

价格(元)	9.93	9.94	9.95	9.96	9.97	9.98	9.99	10.00	10.01	10.02	10.03	10.04	10.05	10.06
频率(%)	3.33	0	3.33	3.33	6.67	10.0	13.33	13.33	13.33	6.67	10.0	6.67	6.67	3.33
累积频率(%)	3.33	3.33	6.67	10.00	16.67	26.67	40.00	53.33	66.67	73.33	83.33	90.00	96.67	100.00

2. 集中趋势分析

集中趋势指一个中心值或代表值来反映一组数据的一般水平或者反映这组数据向其中心值靠拢或聚集的程度，常见的统计量有平均值、众数和中位数等。

(1) 平均值。

平均数是将一组数据中各个变量值加总，除以变量值的个数所得的数值，是最常用的集中趋势分析指标，是其他统计运算的基础。具体的计算方法有简单算术平均数、单值分组数据平均值、组距分组数据平均值。

简单算术平均数计算公式为

$$\bar{x}=\frac{\sum x}{n}$$

其中，$\sum x$ 表示各个变量值之和，n表示变量值项数。

单值分组数据平均值计算公式为

$$\bar{x}=\frac{\sum xf}{n}$$

其中，f表示每组的频数，x表示组中值，n表示变量值项数。

组距分组数据平均值计算公式为

$$\bar{x}=\frac{\sum fx_m}{n}$$

其中，f表示每组的频数，x_m 表示组中值，n表示变量值项数。

$$x_m=(\text{上限}+\text{下限})/2$$

需要注意的一点，就是当分组中有开区间时，就不能计算其组中值，因此也就无法计算总体的平均数了。例如在大学每月的生活费的统计中，设置了“500元以下”和“2 000元以上”这样两组时，就无法计算出平均数。而且平均数仅适用于定距和定比变量的统计分析。由于平均数考虑到了每个数值的影响，因此非常容易受到不能反映数据真实情况的极端值的影响。

(2) 众数。

众数是指一组数据中出现次数最多的变量值。对于分组数据，众数为频数最多的那组数据的组中值。

【示例】 1,2,2,3,3,3,4,4 的众数是3。

如果有两个或两个以上个数出现次数都是最多的，那么这几个数都是这组数据的众数。

【示例】 1,2,2,3,3,4 的众数是2和3。

众数的计算非常简单，且克服了平均值受极端值影响的缺陷，也是测定数据集中趋势的一种方法，适用于定类、定序、定距和定比四种变量。当数据分布范围不大，数据分布较集中时，众数的代表性较好，且极少受到分组数据开区间的影响，除非存在开区间的分组频数最高无法计算综述，但这个情况说明了分组本身存在问题，需要对组距进行调整。用众数代表数据分布的集中趋势的缺点在于，如果一组数据中变量值没有重复值出现，或有些变量值重复出现的次数相同时，众数就没有意义了。且分组方式不同，众数也会受到影响。

【示例】 1,2,3,4,5 没有众数。

(3) 中位数。

中位数是指一组数据中的变量值按照某一顺序，如从大到小或从小到大，进行排列后，处在数列中点位置的数值。其计算方法有如下两种。

① 简单中位数计算方法。

$$M_d = n + \frac{1}{2}$$

其中，n 为数据中变量值的项数。

如果数列项数 n 为奇数，数列中间位置的那个变量值为中位数；如果数列项数 n 为偶数，中间位置的两个变量值的算术平均数为中位数。

【示例】 数据组：23、29、20、32、23、21、33、25、20。

我们将数据排序 20、20、21、23、23、25、29、32、33。其中间数为 23，这个数就是中位数。

【示例】 数据组：175、178、172、179、170、181。

首先，排序为：170、172、175、178、179、181。位于这个数据组中间的是 175 和 178，两者的平均值为 176.5 就是中位数。

单值分组数据中位数计算方法为：

首先，计算中位数所在的位置 Md=n+1/2。

其次，计算分组数据的累加频数。

最后，自上而下，找出中间位置所在的累加频次，相应的变量值即为中位数。

表 6-19 某班学生年龄情况的频数分布表

年　　龄	人数(频数)	累积人数(累积频数)
20	9	9
21	11	20
22	13	33
23	4	37

在表 6-19 中，中位数所在的位置为 19，对应的中位数为 21。

② 组距分组数据中位数计算方法。

首先计算中位数所在的位置：

$$M_d = n + \frac{1}{2}$$

然后按照上限公式和下限公式确定中位数。

下限公式：

$$M_d = L_{下} + \frac{i}{f_{md}}\left(\frac{n}{2} - Cf_{下}\right)$$

上限公式：

$$M_d = L_{上} - \frac{i}{f_{md}}\left(\frac{n}{2} - Cf_{上}\right)$$

$L_{下}$和 $L_{上}$，分别代表某一组距的下限和上限，f_{md} 代表的是中位数所在组的频数，$Cf_{下}$或 $Cf_{上}$分别代表中位数所在组以下（或以上）的累积频数，i 代表的是中位数所在组的组距。

中位数是一个位置代表值，同样不受极端值的影响，除了定距与定比变量，对于等级、名次这些定序数据也可以用中位数来代表其集中水平。而且当分组数据中存在开区间无法求平均数时，也可以用中位数来表示数据分布的集中趋势。其缺点在于不够精确，未考虑到数据价值，仅是一种大致的集中趋势指标，且受分组方式的影响较大。

集中趋势分析的各种方法及特征总结如表6-20所示。

表6-20　集中趋势分析方法及其特征

		适用数据类型	代表性	计算特性	进一步运算	受分组的影响	极端值的影响	受分组数据开区间的影响
集中趋势	平均数	定距、定比	强	需要所有数据	可以	不大	强	不能计算
	中位数	定序、定距、定比	中	需要中间数据	不可以	较大	较小	非常小
	众数	定类、定序、定距、定比	弱	计算迅速	不可以	最大	较小	较小

3. 离散趋势分析

离散趋势描述数据偏离其中心值的趋势，反映数据之间的差异程度，其实是集中趋势分析的补充，从两个不同的方面描述和解释数据的分布情况。常用的统计量有极差、标准差和标准差系数等。

(1) 极差。

极差是所有数据中的最大值和最小值之差，也称全距，说明数据变动的范围，用R表示。计算公式如下：

$$极差 = 最大数据值 - 最小数据值$$

极差越大，在一定程度上说明这组数据的离散程度越大。极差是一个较为粗略的测量数据离散趋势的指标，一般极差值越小代表性越强，若数据中出现特别大或者小的异常值，极差则不能准确反映数据之间的差异程度。

(2) 标准差。

标准差是所有数据值中每个标志值与均值之差的平方的平均数的平方根。

其计算公式如下：

$$s = \sqrt{\frac{\sum (x - \bar{x})^2}{n}}$$

标准差主要用来说明数据分布中各数据值变动的情况。标准差数值越大，说明各个数值与平均数的差的总和越大，数据的差异程度越大，平均值的代表性越低；反之，标准差越小，说明各个数值与平均数的差的总和越小，数据差异程度越小，平均值的代表性越高。

对于单值分组的数据，标准差的计算公式为

$$s=\sqrt{\frac{\sum f(x-\bar{x})^2}{n}}$$

其中，f 为 x 对应的频数。

对于组距分组的数据，标准差的计算公式为

$$s=\sqrt{\frac{\sum f(x_m-\bar{x})^2}{n}}$$

其中，x_m 为每组数据的组中值，f 为该组的频数。

(3) 异众比率。

所谓异众比率(简写成 VR)，就是一组数据中非众数的次数相对于总体全部个案的比例。其计算公式为

$$VR=\frac{n-f_{mo}}{n}$$

n 是全部样本数目，f 是众数的频数，两者之差($n-f_{mo}$)就是非众数的频数。

当异众比率越大，说明非众数在总体中的比重越大，众数的代表性也就越小。反则，当异众比率越小，众数的代表性就越大。

(4) 四分位差。

四分位数是将一组数据由小到大(或由大到小)排序后，用 3 个点将全部数据分为 4 等份，与这 3 个点位置上相对应的数值称为四分位数，分别记为 Q_1(第一四分位数)，Q_2(第二四分位数，即中位数)、Q_3(第三四分位数)。其中，Q_3 到 Q_1 之间的距离的差称为分四分位差，记为(Q_3-Q_1)。

$$Q_1\text{ 的位置}=\frac{n+1}{4}$$

$$Q_3\text{ 的位置}=\frac{3(n+1)}{4}$$

【示例】 经过排序后一个数据组如表 6-21 所示。

表 6-21 排序后数据组

No.	1	2	3	4	5	6	7
x_i	99	101	102	105	106	107	108

这里，共计有 7 个样本值，则 Q_3 的位置 = (7 + 1) × 0. 75 = 6，Q_1 的位置 = (7 + 1) × 0. 25 = 2。很显然，这里的上分位点为 107，下分位点为 101。

但是，有时计算后的上下四分位点位置并不是恰好的顺序，那么就需要再在四分位点的位置基础上，计算出上、下四分位点。再例如，经过排序后一个数据组：

表 6-22　排序后数据组

No.	1	2	3	4
x_i	99.8	99.9	100.1	100.2

显然，表 6-22 这组数据共计有 7 个样本值，则 Q_3 的位置 = (4 + 1) × 0.75 = 3.75，Q_1 的位置 = (4 + 1) × 0.25 = 1.25。

表 6-23　排序后数据组

No.	1	1.25	2	3	3.75	4
x_i	99.8	Q_1	99.9	100.1	Q_2	100.2

表 6-23 中，Q_1 = 99.8 + (99.9 − 99.8)/2 = 99.825，Q_3 = 100.1 + (100.2 − 100.1)/2 = 100.175。

四分位差反映了中间 50%数据的离散程度，其数值越小，说明中间的数据越集中；其数值越大，说明中间的数据越分散。四分位差不受极值的影响。此外，由于中位数处于数据的中间位置，因此，四分位差的大小在一定程度上也说明了中位数对一组数据的代表程度，四分位差越大，说明中位数的代表性越小。四分位差主要用于测度定序数据的离散程度。对于数值型数据也可以计算四分位差，但不适合分类数据。

（5）标准差系数。

标准差系数又称离散系数，是标准差与相应均值的比值，同样被用来表示数据分布的离散程度。

$$V_s = \frac{s}{\bar{x}}$$

标准差系数越大，说明该组数据的离散程度越大，标准差系数越小，说明该组数据的离散程度越小。此外，标准差系数是无量纲量，还可用于对比分析同一总体不同指标间的比较(计量单位不同)或同一指标不同总体间的比较(均值水平不同)的两组数据的离散程度。例如，对比上海市人均收入和住房情况的差异程度，或者对比上海和北京两个城市的人均收入水平差异。

4. 统计软件在描述性统计分析中的应用

（1）EXCEL 的应用。

在 EXCEL 中，除了使用函数公式来计算测量数据集中趋势和离散趋势的常用统计量数值，还可以由“工具→数据分析”中的“描述统计”一次性计算常用统计量，计算之前，需将所要计算的变量数据放在一行(或一列)。

【示例】 现有20名学生的某门课成绩如下所示，试对这组成绩利用EXCEL计算常用统计量。

74　93　62　88　86　51　97　73　77　81

85　67　92　60　84　80　78　90　85　81

主要操作步骤为：首先在EXCEL中空白表中将20名学生成绩数据输入成一列，然后选择“工具”下拉菜单中的“数据分析”子菜单，用鼠标双击“数据分析”对话框中的“描述统计”选项，选择“汇总统计”，最后点击“确定”。由此得到20名学生成绩数据的描述性统计量计算结果如表6-24所示。

表6-24　EXCEL计算的常用统计量结果表

列1	
平均	79.2
标准误差	2.660 233
中位数	81
众数	81
标准差	11.896 93
方差	141.536 8
峰度	0.313 033
偏度	−0.821 9
区域	46
最小值	51
最大值	97
求和	1 584
观测数	20

(2) SPSS的应用。

在SPSS中，最常用的描述统计工具主要是频率、描述和探索，如图6-16所示。

以某一小学的体检数据为例，对表6-25中的不同类型数据进行描述统计分析。

图 6-16　SPSS 频率分析步骤

表 6-25　某小学学生体检数据

学　号	性　别	年龄(岁)	身高(cm)	体重(kg)	肺活量(ml)
201501	女	7	123.5	15.9	800
201502	女	7	115.8	15	1 100
201503	女	7	115	15	1 000
201504	男	7	107	13.1	900
201505	女	7	125.3	19	700
201506	女	7	118.2	17	600
201507	女	7	115.2	16.2	900
201508	女	7	119	17.3	700
201509	男	7	117.4	17	700
201510	女	7	119	17.5	552
201511	男	7	110	15	700
201512	女	7	104.5	13.6	520
201513	女	7	116.7	17	700
201514	女	7	117	17.1	900
201515	男	7	119.7	18	750
201516	女	7	126	20	700
201517	女	7	115.1	16.8	700
201518	女	7	121.7	18.8	750
201519	女	7	121	18.6	600
201520	女	7	106.7	14.5	800

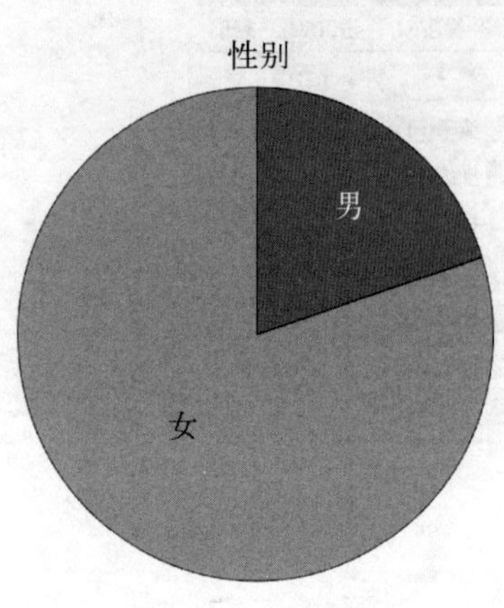

图 6-17　性别分布图

① 离散型变量的描述统计。

频数分析表是离散型变量描述性统计中最常用的方法之一，通过分析可以产生详细的频数统计表；按要求指定百分位数，绘制常用的饼图和条形图，一般条形图对应频率，饼图对应百分比。试用 SPSS 对表中的性别进行频次统计分析。

具体操作步骤为：首先将数据录入或导入 SPSS，选择"分析"下拉菜单中的"描述统计"子菜单，然后点击"频率"，将性别数据选入"对话框"，点击右侧的"图表"选项，选择"饼图"，最后点击"确定"，得到关于性别频次统计的结果以及饼图，统计量结果如表 6-26 和图 6-17 所示。

表 6-26　性别频次分析结果

		频　率	百 分 比	有效百分比	累积百分比
有　效	男	4	20.0	20.0	20.0
	女	16	80.0	80.0	100.0
	总　计	20	100.0	100.0	

② 连续型变量的描述统计。

对于连续型变量，通过 SPSS 描述统计分析后可以得到数据的最小值、最大值、平均值、方差、标准差等信息。以表 6-25 为例，对表中的身高数据进行统计分析。

具体操作步骤为：在 SPSS 中，选择"分析"下拉菜单中的"描述统计"子菜单，然后点击"频率"，将身高数据选入"对话框"，点击右侧的"统计"选项，选择"平均值""标准差""最小值""最小值""方差""标准误差""范围(极差)""偏度"或"峰度"，最后点击确定，得到关于身高描述统计的结果，统计量结果如表 6-27 所示。

表 6-27　身高统计量结果

N		平均值	中位数	方式	标准偏差	方 差	偏 度	标准偏度误差	峰 度	标准峰度误差	范围	最小值	最大值
有效	缺失												
20	0	116.69	117.2	119	5.933	35.206	−0.562	0.512	−0.091	0.992	22	105	126

统计表中的峰度和偏度，是描述数据的标准正态分布情况的。偏度是描述变量取值分布形态对称性的统计量。当偏度值在 0 附近时，表明数据的分布对称；偏度值大于 0 表明，

数据正偏或者说右偏；偏度值小于 0，表明数据负偏或者左偏。峰度(Kurtosis)是描述取值分布形态陡峭程度的统计量。当峰度值为 0 时，表明数据分布的陡峭程度与标准正态分布相同；峰度值大于 0，表明数据分布的陡峭程度比标准正态分布更陡峭；峰度值小于 0，表明数据分布的陡峭程度比标准正态分布更平缓。

描述性功能也能够计算一般的描述性统计量。主要是指反映集中趋势和离散趋势的统计量，如均值、众数、全距、方差等。以表 6-25 中的“肺活量”数据为例，依次点击“分析”“描述统计”“描述”，得到结果如表 6-28 所示。

表 6-28　描述统计分析结果

	数字	最小值(M)	最大值(X)	平均值(E)	标准偏差	方　差	偏　度		峰　度	
	统计	统计	统计	统计	统　计	统　计	统计	标准错误	统计	标准错误
肺活量	20	520.0	1 100.0	753.600	147.227 9	21 676.042	0.676	0.512	0.346	0.992

由此可见，描述性功能输出的结果与频率功能输出的结果，有些是存在重复的。因此，在运用 SPSS 软件分析时，可以根据自己的偏好或需要，有针对性选用，没有必要全部运用。

6.2.4　推断统计分析

统计图表可以帮助我们进行探索性分析，描述性分析可以帮助我们了解数据的集中趋势离散程度，但是想要掌握数据的分布特点，需要了解更多的统计量，如正态分布、t 分布、χ(卡方分布)、F 分布。本小节，先对常用统计量进行介绍，然后重点讲述假设性检验分析、方差分析、相关分析、因子分析、聚类分析。

1. 常用统计量

(1) 正态分布的统计量。

① 单样本情形。

设样本总体 $X \sim N(\mu, \sigma^2)$，其中 $N(\mu, \sigma^2)$ 表示以 μ 为调查总体均值，以 σ^2 为调查总体方差。X_i 是来自总体 X 的一个样本($i=1, 2, 3, \cdots, n$)，显然，$X_i \sim N(\mu, \sigma^2)$。若 $\overline{X} = \frac{1}{n}\sum X_i$，则有 $\overline{X} \sim N\left(\mu, \frac{\sigma^2}{n}\right)$，且有 $\frac{\overline{X}-\mu}{\sigma/\sqrt{n}} \sim N(0, 1)$。

② 双样本情形。

设样本 A 总体 $X \sim N(\mu_X, \sigma_X^2)$，样本 B 总体 $Y \sim N(\mu_Y, \sigma_Y^2)$。同样，$X_i$ 是来自总体 X 的一个样本($i=1, 2, 3, \cdots, n_X$)，Y_i 是来自总体 Y 的一个样本($i=1, 2, 3, \cdots, n_Y$)。显然

$X_i \sim N(\mu_X, \sigma_X^2)$，$Y_i \sim N(\mu_Y, \sigma_Y^2)$。

若 $\overline{X}=\frac{1}{n_X}\sum X_i$，$\overline{Y}=\frac{1}{n_Y}\sum Y_i$，则有$\frac{(\overline{X}-\overline{Y})-(\mu_X-\mu_Y)}{\sqrt{\sigma_X^2/n_X+\sigma_Y^2/n_Y}} \sim N(0, 1)$。

给定的置信度或显著性水平，在调查总体方差已知的情况下，正态分布主要用于调查总体均值（均值差）的参数估计和假设检验。例如，某一地区居民消费差异已知的情况下，对该地区居民的平均水平进行估计和检验。

(2) t 分布的统计量。

样本总体 $X \sim N(\mu, \sigma^2)$，X_i 是来自总体 X 的一个样本（$i=1, 2, 3, \cdots, n$），且 σ 是未知的。

若 $\overline{X}=\frac{1}{n}\sum X_i$，$S^2=\frac{1}{n-1}\sum_1^n (X_i-\overline{X})^2$，则有$\frac{\overline{X}-\mu}{S/\sqrt{n}} \sim t(n-1)$。

在双样本情形下，$X_i \sim N(\mu_X, \sigma_X^2)$，$Y_i \sim N(\mu_Y, \sigma_Y^2)$。当 $S_X^2=\frac{1}{n_X-1}\sum_1^n (X_i-\overline{X})^2$，$S_Y^2=\frac{1}{n_Y-1}\sum_1^n (Y_i-\overline{Y})^2$，则有 $\frac{(\overline{X}-\overline{Y})-(\mu_X-\mu_Y)}{\sqrt{\frac{1}{n_X}+\frac{1}{n_Y}} \cdot \sqrt{\frac{(n_X-1)S_X^2+(n_Y-1)S_Y^2}{n_X+n_Y-2}}} \sim t(n_X + n_Y-2)$。

给定的置信度或显著性水平，在调查总体方差未知（若是两个调查总体，则总体方差未知但相等）的情况下，t 分布主要用于调查总体均值（均值差）的参数估计和假设检验。如，某一地区居民消费差异未知的情况下，对该地区居民的平均水平进行估计和检验。

(3) χ^2 分布的统计量。

样本总体 $X \sim N(\mu, \sigma^2)$，X_i 是来自总体 X 的一个样本（$i=1, 2, 3, \cdots, n$）。

若 $\overline{X}=\frac{1}{n}\sum X_i$，$S^2=\frac{1}{n-1}\sum_1^n (X_i-\overline{X})^2$，且 σ 为已知，则有$\frac{(n-1)S^2}{\sigma^2} \sim \chi^2(n-1)$。

给定的置信度或显著性水平，χ^2 分布主要用于单个调查总体方差的参数估计和假设检验。如，对某一地区居民消费差异程度进行估计和检验。

(4) F 分布的统计量。

在双样本情形下，$X_i \sim N(\mu_X, \sigma_X^2)$，$Y_i \sim N(\mu_Y, \sigma_Y^2)$。当 $S_X^2=\frac{1}{n_X-1}\sum_1^n (X_i-\overline{X})^2$，$S_Y^2=\frac{1}{n_Y-1}\sum_1^n (Y_i-\overline{Y})^2$，且 σ_X^2 和 σ_Y^2 是已知的，则有$\frac{S_X^2/\sigma_X^2}{S_Y^2/\sigma_Y^2} \sim F(n_X-1, n_Y-1)$。

此外，在方差分析时，若 S_A/n_A 为因子 A 的均方和，S_E/n_E 为误差的均方和，则有 $\frac{S_A/n_A}{S_E/n_E} \sim F(n_A, n_E)$。

给定的置信度或显著性水平，χ^2 分布主要用于两个调查总体方差比的参数估计和假设检验，以及模型检验和方法分析。例如，对 A、B 两个地区居民消费差异程度进行估计和检验。

2. 参数估计及 SPSS 应用案例

(1) 参数估计的概念。

所谓参数估计就是根据调查样本的数据对实际总体的某些数据进行推断的方法。

(2) 参数估计的两种方法。

① 点估计。

点估计是用样本统计量来估计总体参数，因为样本统计量为数轴上某一点值，估计的结果也以一个点的数值表示，所以称为点估计。例如，设一批产品的废品率为 X，为估计 X，从这批产品中随机地抽出 N 个进行检查，以 n 记其中的废品个数，用 n/N 估计 X，就是一个点估计。

② 区间估计。

区间估计是在点估计的基础上，给出总体参数估计的一个区间范围，该区间通常由样本统计量加减估计误差得到。与点估计不同，进行区间估计时，根据样本统计量的抽样分布可以对样本统计量与总体参数的接近程度给出一个概率度量。具体来说，就是要根据调查样本选择两个合适的统计量(一个为区间估计的下限，一个为区间估计的上限)，并利用调查所获得的样本数据分别代入这两个统计量中，并在置信度的控制下，求得总体的未知参数的区间估计值。

在参数估计中，通常我们采用调查样本的某一指标的平均数来推断总体的该指标的平均数，如人均消费水平、商品平均价格等；或用调查样本的某一指标的比重(百分数)来推断总体的该指标的比重(百分数)，如商品合格率、市场占有率等。计算方法如下：

总体均值区间估计：

$$\overline{X} \pm Z_{(1-\alpha)} \frac{S}{\sqrt{n}}$$

其中，$\overline{X}$ 为样本平均数，S 为样本标准差，$Z_{(1-\alpha)}$ 为置信度 $1-\alpha$ 所对应的 Z 值，n 为样本规模。

【示例】 从某高校 2 万名学生中按照简单随机抽样方法抽取 900 人进行月均消费水平情况调查，得到月均消费额是 450 元，标准差是 30 元，求在 95% 的置信度下，全校学生月均消费水平的置信区间。

$$\overline{X} \pm Z_{(1-\alpha)} \frac{S}{\sqrt{n}} = 450 \pm 1.96 \times \frac{30}{\sqrt{900}} = 450 \pm 1.96$$

即 448.04—451.96 元。

总体百分比区区间估计如下所示。

$$\overline{P} \pm Z_{(1-\alpha)}\sqrt{\frac{p(1-p)}{n}}$$

其中，p 为样本中的百分数，$Z_{(1-\alpha)}$ 为置信度 $1-\alpha$ 所对应的 Z 值，n 为样本规模。

【示例】 从某地区市场中随机抽取 3 600 个空调进行调查，样本中有 60% 的空调是 A 品牌，求在 95% 的置信度下，整个地区市场中 A 品牌空调占有率的置信区间。

$$\overline{P} \pm Z_{(1-\alpha)}\sqrt{\frac{p(1-p)}{n}}=0.6\pm 1.96\times\sqrt{\frac{0.6(1-0.6)}{3\,600}}=0.6\pm 0.016=60\%\pm 1.6\%$$

即 58.4%—61.6%。

在参数估计中，一般不用调查样本某指标的绝对数来推断总体的该指标的绝对数，如：对某地区 500 位居民的总收入进行了抽样调查，所得数据不能用于直接推断该地区所有居民的总收入。若要了解更为详细的参数估计的内容，可查阅管理统计学或应用统计学的相关内容。

(3) SPSS 应用案例。

已知某产品的销售价格服从正态分布，根据样本销售数据 500 元、450 元、475 元、475 元、460 元、470 元、450 元、480 元、480 元、485 元、495 元、500 元，估计总体的平均销售价格。置信度设为 95%。

利用 SPSS 分析具体操作步骤如下，在 SPSS 中录入数据，依次点击“分析”“比较均值”“单样本 T 检验”(如图 6-18)。

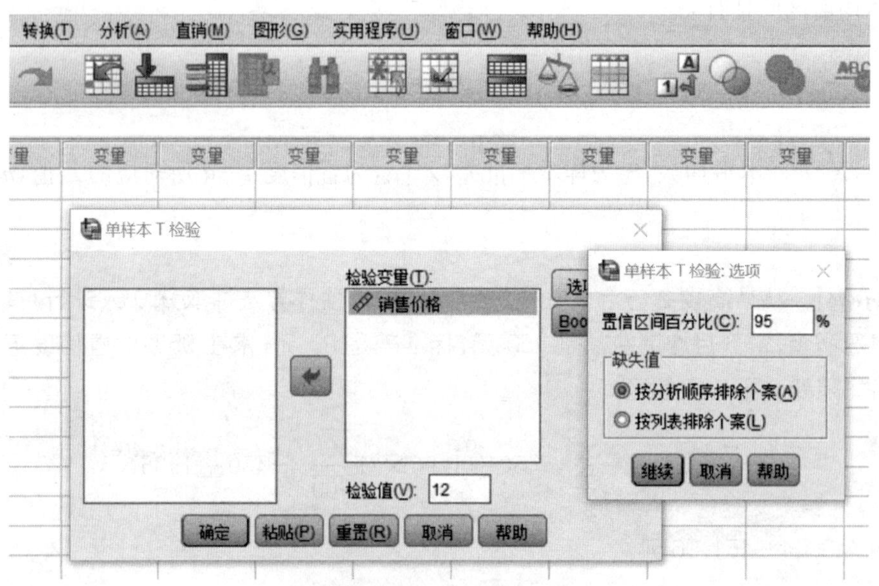

图 6-18 区间估计的步骤

得到如下结果：

表 6-29　单个样本统计量

	N	平均数(元)	标准偏差	标准错误平均值
销售价格	12	476.67	17.233	4.975

表 6-30　单个样本检验

	检定值 =12					
	T	df	显著性（双尾）	平均差异	95%差异数的信赖区间(元)	
					下　限	上　限
销售价格	93.406	11	0.000	464.667	453.72	475.62

因此，此产品 95%置信度的价格区间为(453.72;475.62)。

3. 假设检验及 SPSS 应用案例

(1) 假设检验的概念。

假设检验又称统计假设检验，是数据分析的推论统计中应用非常广泛的一种方法，其基本原理是先对总体的分布特征做出某种假设，然后通过抽样研究的统计推理，对此假设应该被拒绝还是接受做出推断。在统计上，对未知参数的假设，其中零假设通常由研究者根据已有资料或经过周密考虑后确定，是需要检验其正确与否的假设，而与之相对的备选假设，往往是研究者想得到的结果。

假设检验的种类包括 T 检验、Z 检验、卡方检验、F 检验等。

(2) 假设检验的步骤。

统计假设检验有三个步骤。

第一步：提出假设，原假设 H0 及备选假设 H1，一般原假设为无效假设；

HO：两个样本总体均值相等

H1：两个总体样本均值不相等

第二步：假设原假设成立的情况下，计算检验统计量 t；

第三步：确定 p 值并做出判断，即检验原假设是否成立，如果不成立，接受备选假设。

下面将以“独立样本 T 检验”方法为例，进行案例解析。

(3) SPSS 应用案例。

【示例】　在某次调查当中得到了一组关于甲公司和乙公司，两个公司员工的工资数据，见表 6-31。要求：比较甲乙两个公司员工的平均工资是否有显著差异。

表 6-31　甲公司和乙公司员工工资　　单位：元

甲公司				乙公司			
3 322	3 352	3 042	3 088	3 732	3 198	3 088	3 016
3 456	3 645	2 990	3 888	3 623	3 789	3 042	4 897
3 786	4 329	3 045	3 887	3 548	3 645	2 990	4 678
3 198	4 090	3 016	3 667	3 874	4 329	3 045	4 532
3 789	4 012	3 088	3 564	4 123	4 090	3 016	4 400
3 645	3 088	2 999	3 721	4 999	4 012	3 088	3 999
4 329	3 042	3 456	3 732	5 089	3 088	3 888	4 487
4 090	2 990	3 789	3 623	4 329	3 042	3 887	4 490
4 012	3 045	3 210	3 548	4 090	2 990	6 019	5 139
3 088	3 016	3 343	3 874	4 012	3 045	3 786	3 667

利用 SPSS 分析具体操作步骤如下，在 SPSS 中录入数据，依次选择“分析”“比较均值”“独立样本 T 检验”，然后选择“检验变量”和“分组变量”，并且设置“置信区间”，最后点击“确定”。得到的分析结果如表 6-32 和表 6-33 所示。

表 6-32　甲公司和乙公司工资组统计

	公司	数字	平均值(E)	标准偏差	标准误差平均值
月收入水平	甲	40	3 497.35	407.856	64.488
	乙	40	3 895.03	735.734	116.330

表 6-33　独立样本检验

	列文方差相等性检验		平均值相等性的 T 检验						
	F	显著性	T	自由度	显著性（双尾）	平均差	标准误差差值	差值的 95% 置信区间	
								下限	上限
已假设方差齐性	8.766	0.004	−2.990	78	0.004	−397.675	133.009	−662.475	−132.875
未假设方差齐性			−2.990	60.902	0.004	−397.675	133.009	−663.651	−131.699

从表 6-32 统计分析结果可知，甲公司平均值是 3 497，乙公司是 3 895，乙公司工资水平比甲公司高很多。从表 6-33 独立样本检验结果可知，方差齐性检验，显著性是 0.004，拒绝原假设，说明方差非齐性，应该使用方差非齐性检验结果。显著性值为 0.004，显著性强，即说明甲乙公司的工资存在明显差异，从平均值来看，乙公司要高于甲公司。

在市场调查中，可以用假设检验方法去判断不同营销方法、营销策略对于产品销售的影响的差异。

4. 方差分析及 SPSS 应用案例

(1) 方差分析基本概念与思路。

在市场调查中，我们往往会遇到这样的情景，需要研究营销产品销量或者销售额的影响因素，如促销方式、定价策略、产品质量、销售人员素质等，对任何一个要素施加一定的措施，都有可能改变销售额或者销售数量。在实际情况下，由于影响指标的因素非常多，往往会采用控制变量的方法，但还是会存在一些影响指标的不可控的随机因素。如何判断是可控因素(也称控制变量，如营销方式、广告策略)还是不可控的随机因素对结果(也称观察变量，如销售额、销量)产生了显著影响，可以采用方差分析的方法。

方差分析的基本思路是将数据的总变异分解为已知的若干可控因素引起的变异和随机因素引起的误差，比较两者的相对大小，如果可控因素引起的变异明显大于随机因素引起的变异，那么说明可控因素引起了不同群体之间的差异。相反如果随机变异与可控因素引起的变异大小相当，则说明人为可控因素与随机因素差不多，于是不能说明可控因素发挥了作用。

例如，一个学校想要研究教学方案对学生的影响，它研究采用三种不同的教学方案，分别对三个学生群体实施不同的教学方案，这三个学生群体在成绩上是一致的，经过一段时间教学后，对这三个群体进行考核，这个时候如果这三个群体的成绩之间的差异，比群体内部的成绩差异大，那么就说明这三种教学方案对学生的作用不同，如果这三组之间的差异比群体内部的差异小，则说明这三种教学方案对学生的影响没有明显区别，这就是方差分析的思路。

(2) 方差分析的种类与步骤。

上一节介绍了 T 检验，其是用来比较两个总体的均值，是否有显著的差异，而方差分析的目的是比较三个或者三个以上的总体，其均值是否有显著的差异。根据可控因素的个数，可以将方差分析分成单因素方差分析和多因素方差分析，多因素方差分析又包括多因素主效应方差分析和多因素包含交互效应的方差分析。单因素方差分析就是只有一个影响变量，如上面的例子中，变量是教学方案，若是对三个成绩水平不一样的学生群体采用三种不同的教学方法，即为多因素主效应分析，这时变量有两个，一个是学生成绩，另外一个是教学方案。再进一步，若是对成绩比较好的学生群体实施质量较高的教学方案，成绩较差的学生群体实施效果一般的教学方案，因素之间存在交互效应，即强者越强、弱者越弱，那么就该采用多因素包含交互效应的方差分析。

方差分析的基本步骤包括如下三步。

第一步：探索因变量的分布情况，初步确定数据是否能够进行方差分析。

第二步：进行方差同质性检验，如果方差不齐，则不能用方差分析来比较不同总体的均值，只有方差齐性才能进行方差分析。

第三步：对于多个总体平均数进行检验，需要分为三个步骤。

首先，提出假设，原假设 H0 及备选假设 H1，一般原假设为无效假设；

HO：多个样本总体均值相等

H1：多个总体样本值不相等或不完全相等

其次，假设原假设成立的情况下，计算检验统计量 F 值；

最后，确定 p 值并做出判断，即检验原假设是否成立，如果不成立，接受备选假设，不同总体的均值存在差异是不完全相同的，进一步进行多重比较。

多重比较有多种方法，常用方法的选用的原则是：如果需要将组间较为小的差异找出，就用 S-N-K 法；如果只有当组间差异够大时，才认为有差异，就选用 LSD 法；如果要求介于两种方法之间，则选用邓肯法。

下面将以“单因素方差分析”方法为例，进行案例解析。

(3) SPSS 应用案例。

单因素方差分析，是指只有一个自变量的方差分析。数据中包含类别不小于 3 个的一个分类变量(自变量)和一个或多个连续变量(因变量)。

【示例】 某产品在上市之前对产品包装进行了前测，一共采用了 8 种包装进行预售，销售情况见表 6-34。要求：比较 8 种不同的包装带来的销售额是否存在差异。

表 6-34　某产品市场前测数据

单位：元

包　装	销售额	包　装	销售额	包　装	销售额	包　装	销售额
1	9 002	2	8 868	4	8 718	5	7 885
1	8 762	2	8 879	4	8 403	5	8 213
1	9 159	2	8 954	4	8 636	5	8 102
1	8 754	3	7 822	4	8 511	6	9 242
1	8 929	3	8 122	4	8 502	6	9 074
1	9 149	3	7 987	4	8 456	6	9 398
2	8 622	3	7 926	5	8 059	6	9 346
2	8 895	3	8 070	5	7 992	6	9 254
2	8 891	3	8 098	5	8 126	6	9 350

续　表

包　装	销售额	包　装	销售额	包　装	销售额	包　装	销售额
7	8 738	7	8 863	8	9 552	8	9 697
7	8 821	7	9 054	8	9 533	8	9 815
7	8 990	7	9 150	8	9 641	8	9 837

利用 SPSS 分析具体操作步骤如下，在 SPSS 中录入数据，依次选择“分析”“比较均值”“单因素”，然后选择“因变量列表”和“因子”，并且设置“置信区间”，选择邓肯法进行多重比较，最后点击“确定”。得到的分析结果如表 6-35 和表 6-36 所示。

表 6-35　方差分析结果

	平 方 和	df	均　方	F	显著性
组之间	13 750 714. 479	7	1 964 387. 783	112. 504	0. 000
组　内	698 421. 500	40	17 460. 537		
总　计	14 449 135. 979	47			

结果表明，F 值 112. 504，大于 1，P 只为 0. 000，小于 0. 05，拒绝原假设。说明采用不同的包装带来的销售额是存在显著差异的。

表 6-36　多重比较分析结果

单位：元

品　种	N	alpha 的子集＝0. 05				
		1	2	3	4	5
3 包装	6	8 004. 17				
5 包装	6	8 062. 83				
4 包装	6		8 537. 67			
2 包装	6			8 851. 50		
7 包装	6			8 936. 00		
1 包装	6			8 959. 17		
6 包装	6				9 277. 33	
8 包装	6					9 679. 17
显著性		0. 446	1. 000	0. 191	1. 000	1. 000

根据表6-36多重比较的结果可知,包装1、2、7之间、包装3与5显著性不强,即说明这几种包装对销售额的影响不大,只需采用其中一种即可。最终应该采用何种包装形式,可以比较不同包装的销售额的均值大小。

5. 降维分析(因子分析、主成分分析、聚类分析等)

在市场调研过程中,收集丰富详细的资料有助于人们对问题和现象全面、充分地了解,便于对事物精确的描述,然而庞大的数据不仅增加了数据分析的工作量,有时数据中可能存在很多重复的数据,会混淆数据分析结果,影响数据分析结果的精确度,甚至造成参数估计的困难。

因此,市场分析过程中,需要对所搜集的数据进行降维处理,尽量提取出必要的信息或因子,并使这些因子最大限度地概括和解释原有的观测变量,保留原来事物的本质,实现有效的降维,进而再进行多元统计分析。而在降维处理中,因子分析是一种常用的统计分析方法,其是聚类分析、回归分析等统计分析的基础。

(1) 因子分析。

① 因子分析的概念与作用。

因子分析是一类对数据进行降维处理的统计分析方法,把变量表示成各因子的线性组合,目的就是用少数几个因子去描述许多指标或因素之间的联系,即将相关比较密切的几个变量归在同一类中,每一类变量就成为一个因子,以较少的几个因子反映原资料的大部分信息。简单来讲,就是原来有10个变量,通过因子分析,提取出了2个因子,即两个变量,这两个因子代表了原来10个变量所能体现的80%的信息,接着用提取出来的两个因子进一步进行分析,可大大简化分析过程和模型。

因子分析对变量的分析其实就是将距离邻近的各种变量归为一类,其作用主要有以下两个方面:一是精简变量,一般来说,纳入模型的变量越少越好,如果存在很多变量,使用因子分析的方法,对变量进行精简,既保留了变量绝大部分的信息,又降低了模型的复杂程度;二是解决共线性问题,对于存在共线性问题的多个变量,通过因子分析提取一个有代表性的因子。

因子分析通常有两种方法,即主成分分析法和一般因子分析法。主成分分析方法,通过线性变换,将原来的多个变量组合成相互独立的少数几个能充分反映总体信息的新变量(主成分),按照预先设定好的原则保留有效因子个数,从而进一步分析。

主成分分析也称主分量分析,旨在利用降维的思想,通过线性变换,把多变量转化为少数几个综合变量(即主成分),其中每个主成分都能够反映原始变量的大部分信息,且所含信息互不重复。主成分分析中是把主成分表示成各变量的线性组合。

如有两个原始变量 x_1 和 x_2,则一共可提取出两个主成分如下:

$$z_1 = b_{11} \times 1 + b_{21} \times 2$$
$$z_2 = b_{12} \times 1 + b_{22} \times 2$$

且在主成分分析中不需要类似各个因子之间不相关的假设条件。

另一种方法是一般因子分析方法,大家通常所说的因子分析就是这种方法,是从变量群中提取共性因子的统计技术。因子分析可在许多变量中找出隐藏的具有代表性的因子。将相同本质的变量归入一个因子，可减少变量的数目，还可检验变量间关系的假设。从分析多个可观测的原始指标的相关关系入手，找到支配这种相关关系的有限个不可观测的潜在变量。相较于第一种方法，这个方法对于因子的解释难度更大。

在 SPSS 中，因子分析有多种抽取公因子的方法，常用的方法是主成分分析，因此下节将对主成分分析的分析步骤进行讲解，其他方法的应用暂时不讲，可自行探索。

② 主成分分析的步骤。

主成分分析的核心任务：一是从众多原始变量中构造少数具有代表性的因子变量；二是对因子变量进行命名并解释，因子分析的基本思路和步骤围绕这两个任务展开。主成分分析的具体步骤如下：

第一步，确定所有变量。变量类型为数值型，样本量原则上应该在自变量数的 10—20 倍以上，至少是 5 倍以上；

第二步：数据处理。处理缺失值（删除或填补）、异常值（删除、填补或者保留）；标准化处理；相关性检验。构造新变量的前提是原始变量之间需要有较强的相关性，从而才能提出公因子，因此在进行因子分析前需要通过相关系数判断是否适用因子分析，部分相关系数大于 0.7，大部分大于 0.3，就可以用因子分析进行样本降维；

第三步，初步分析。根据参数选择因子个数。

公因子方差：原始的题目被提取的多少比例的信息；

特征根：这个因子代表了平均多少个原始题目的信息量（提取大于 1 的因子）；

方差贡献值：这个因子代表了原来所有题目的多少比例的信息；

因子累计方差贡献值：前几个因子代表了原来所有题目信息的累计比率，一般大于 70%，可以导出对应因子。

第四步，主成分解释。对选取出来的因子数量进行解释，若要求写出主成分与原变量的关系，依据成分载荷矩阵可以写出方程。

第五步，因子分析结果处理。因子分析结束后，得到是一个或者几个，类型为数值的变量，一般情况下，分析到这里并没有结束，可以对提取出来的这些因子做进一步分析。

由于提取出来的因子是数值型变量，从统计方法上来讲，可以应用所有的适用于数值型变量的统计分析方法，但是对提取出来的多个因子之间做相关分析没有意义，因为它们不相关。

利用因子分析结果进行以下三种类型的分析：一是回归分析，与数据集中的其他数值型变量相结合做回归分析；二是方差分析或 T 检验，与数据集中的分类变量结合做方差分析；三是分类分析，将导出的主成分复制放入原表，并用新的主成分进行聚类分析，再根据聚类结果分析每一类代表的含义。

③ SPSS 应用案例。

【示例】 在某一项调研中，针对 10 部影片采集了 290 位观众的打分数据，见表 6-37，进行因子分析（来源：CPDA 培训教学案例）。

表 6-37　观众对影片的评分

观众	谍影重重5	功夫熊猫3	北京遇上西雅图之不二情书	伦敦陷落	疯狂动物城	血战钢锯岭	大鱼海棠	七月与安生	湄公河行动	六弄咖啡馆
1	3	9	5	3	9	3	8	6	4	6
2	5	5	5	5	7	7	5	5	6	4
3	3	9	4	4	10	6	9	7	6	5
4	6	4	7	3	3	4	4	9	5	8
5	4	6	7	4	4	5	5	8	6	9
6	9	5	4	8	6	9	6	3	9	3
7	9	5	4	8	6	9	6	3	9	4
8	8	5	5	10	6	8	5	4	10	3
9	6	7	7	6	9	8	9	8	8	7
10	4	10	5	3	8	7	10	6	5	5
11	4	10	4	3	7	5	9	7	3	6
12	4	5	7	5	4	6	6	10	6	9
13	5	4	7	3	5	4	4	7	5	9
14	6	8	6	6	9	8	9	7	8	7
15	5	7	3	4	9	5	7	5	3	4
…	…	…	…	…	…	…	…	…	…	…
286	6	7	6	6	9	8	8	7	8	7
287	8	5	4	9	7	10	5	4	9	4
288	4	10	5	5	8	4	8	6	5	6
289	5	3	9	4	4	6	3	10	7	8
290	3	9	5	3	9	3	8	6	4	6

利用 SPSS 分析具体操作步骤如下，在 SPSS 中录入数据，依次选择“分析”“降维”“因子分析”，选择分析变量，并做如下设置，如图 6-19 至图 6-22 所示。

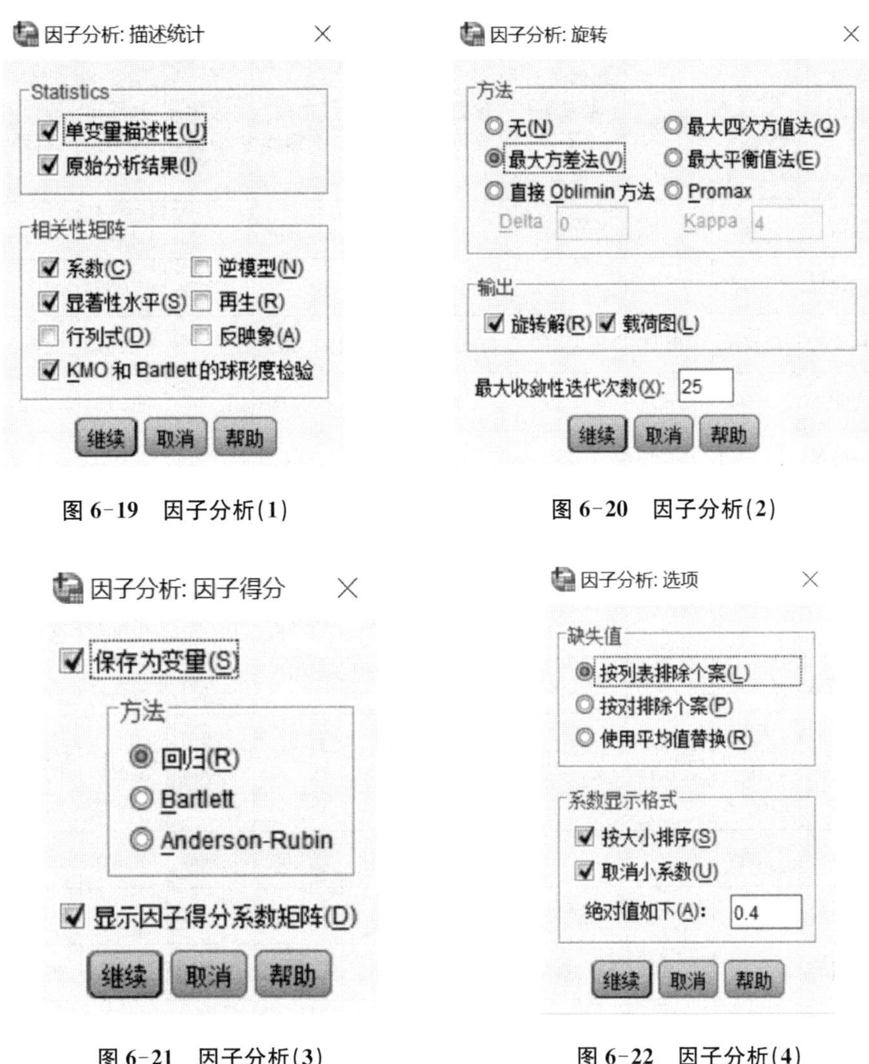

图 6-19　因子分析(1)

图 6-20　因子分析(2)

图 6-21　因子分析(3)

图 6-22　因子分析(4)

得到结果如表 6-38 所示。

表 6-38　相关系数矩阵

		谍影重重5	功夫熊猫3	北京遇上西雅图之不二情书	伦敦陷落	疯狂动物城	血战钢锯岭	大鱼海棠	七月与安生	湄公河行动	六弄咖啡馆
相关系数	谍影重重 5	1.000	−0.590	−0.186	0.761	−0.159	0.808	−0.352	−0.589	0.778	−0.434
	功夫熊猫 3	−0.590	1.000	−0.272	−0.467	0.633	−0.477	0.829	0.049	−0.615	−0.081
	北京遇上西雅图之不二情书	−0.186	−0.272	1.000	−0.358	−0.531	−0.344	−0.360	0.762	−0.113	0.812

续 表

		谍影重重5	功夫熊猫3	北京遇上西雅图之不二情书	伦敦陷落	疯狂动物城	血战钢锯岭	大鱼海棠	七月与安生	湄公河行动	六弄咖啡馆
相关系数	伦敦陷落	0.761	−0.467	−0.358	1.000	−0.063	0.807	−0.307	−0.679	0.822	−0.573
	疯狂动物城	−0.159	0.633	−0.531	−0.063	1.000	0.039	0.794	−0.354	−0.112	−0.485
	血战钢锯岭	0.808	−0.477	−0.344	0.807	0.039	1.000	−0.180	−0.629	0.842	−0.528
	大鱼海棠	−0.352	0.829	−0.360	−0.307	0.794	−0.180	1.000	−0.108	−0.344	−0.250
	七月与安生	−0.589	0.049	0.762	−0.679	−0.354	−0.629	−0.108	1.000	−0.454	0.885
	湄公河行动	0.778	−0.615	−0.113	0.822	−0.112	0.842	−0.344	−0.454	1.000	−0.325
	六弄咖啡馆	−0.434	−0.081	0.812	−0.573	−0.485	−0.528	−0.250	0.885	−0.325	1.000
显著性（单尾）	谍影重重5	—	0.000	0.001	0.000	0.003	0.000	0.000	0.000	0.000	0.000
	功夫熊猫3	0.000	—	0.000	0.000	0.000	0.000	0.000	0.202	0.000	0.085
	北京遇上西雅图之不二情书	0.001	0.000	—	0.000	0.000	0.000	0.000	0.000	0.027	0.000
	伦敦陷落	0.000	0.000	0.000	—	0.142	0.000	0.000	0.000	0.000	0.000
	疯狂动物城	0.003	0.000	0.000	0.142	—	0.252	0.000	0.000	0.028	0.000
	血战钢锯岭	0.000	0.000	0.000	0.000	0.252	—	0.001	0.000	0.000	0.000
	大鱼海棠	0.000	0.000	0.000	0.000	0.000	0.001	—	0.034	0.000	0.000
	七月与安生	0.000	0.202	0.000	0.000	0.000	0.000	0.034	—	0.000	0.000
	湄公河行动	0.000	0.000	0.027	0.000	0.028	0.000	0.000	0.000	—	0.000
	六弄咖啡馆	0.000	0.085	0.000	0.000	0.000	0.000	0.000	0.000	0.000	—

根据相关系数矩阵可知，部分变量之间的相关性较高，存在一定相关性，且P值小于0.05，能够提取出公因子。

因子分析前，首先进行KMO检验和Bartlett's球状检验。

Bartlett's球状检验是一种数学术语。用于检验相关阵中各变量间的相关性，是否为单位阵，即检验各个变量是否各自独立。因子分析前，首先进行KMO检验和Bartlett's球状检验。在因子分析中，若拒绝原假设，则说明可以做因子分析，若不拒绝原假设，则说明这些变量可能独立提供一些信息，不适合做因子分析。由SPSS检验结果显示Sig.小于0.05(即p值<0.05)时，说明各变量间具有相关性，因子分析有效。若Sig.大于0.05，说明相关阵是

单位阵，则各变量独立因子分析法无效。

KMO 检验用于检查变量间的相关性和偏相关性，取值在 0—1。KMO 统计量越接近于 1，变量间的相关性越强，偏相关性越弱，因子分析的效果越好。实际分析中，KMO 统计量在 0.9 以上非常好，0.8 以上时效果比较好；当 KMO 统计量在 0.5 以下，此时不适合应用因子分析法，应考虑重新设计变量结构或者采用其他统计分析方法。

表 6-39　KMO 和 Bartlett's 检验

KMO 取样适切性量数		0.822
Bartlett 的球形度检验	上次读取的卡方	3 246.130
	自由度	45
	显著性	0.000

从表 6-39 的 KMO 和 Bartlett's 球状检验结果可知，变量之间存在结构性与相关性，因此可以进行因子分析。

表 6-40　公因子方差

	初始值	提　取
谍影重重 5	1.000	0.827
功夫熊猫 3	1.000	0.877
北京遇上西雅图之不二情书	1.000	0.890
伦敦陷落	1.000	0.852
疯狂动物城	1.000	0.878
血战钢锯岭	1.000	0.897
大鱼海棠	1.000	0.931
七月与安生	1.000	0.921
湄公河行动	1.000	0.919
六弄咖啡馆	1.000	0.916

提取方法：主成分分析。

表 6-40 公因子方差显示了提取因子后变量的共同度，变量的共同度越大越好，最好提取值都在 0.8 以上，从表 6-40 可知，因子能够解释原有变量的共同度都在 0.8 以上，效果较好。

表 6-41 总方差解释

组件	初始特征值			提取载荷平方和			旋转载荷平方和		
	总计	方差百分比(%)	累积(%)	总计	方差百分比(%)	累积(%)	总计	方差百分比(%)	累积(%)
1	4.837	48.372	48.372	4.837	48.372	48.372	4.823	48.233	48.233
2	3.372	33.717	82.088	3.372	33.717	82.088	3.386	33.855	82.088
3	0.698	6.978	89.067						
4	0.266	2.663	91.730						
5	0.247	2.468	94.198						
6	0.198	1.981	96.179						
7	0.124	1.236	97.415						
8	0.101	1.014	98.429						
9	0.090	0.896	99.325						
10	0.068	0.675	100.000						

提取方法：主成分分析。

根据表 6-41 可知，“初始特征值”结果显示：一个因子的特征根为 4.837，解释了原来 10 个变量总方差的 48.372%的信息，第二个因子的特征根为 3.372，解释了原来 10 个变量总方差的 33.717%的信息，第三个提取载荷平方和因子的特征根为 0.698，解释了原来 10 个变量总方差的 6.978%的信息。

“提取载荷平方和”结果显示：由于按照特征根值大于 1 的原则提取公因子，因此只提取了两个因子，这两个因子的累积方差贡献率为 82.088%，总体效果较好，但是还可以再适当增加公因子个数。

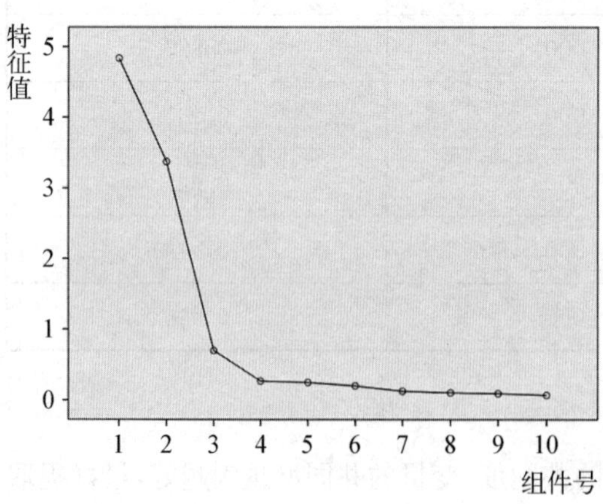

图 6-23 碎石图

“旋转载荷平方和”结果显示，因子旋转后，累积方差比并未发生变化，但是每个因子的方差贡献发生了改变，使因子更容易解释。

碎石图是确定因子数的重要方法之一，通过图中拐点来进行判断。从图 6-23 可以看出，前三个因子的特征值较高，图形陡峭，对原来变量的贡献较大，从第四个因子开始，图形变得平坦，说明因子的贡献率相对较小，第四个因子是拐点，因此在本分析中，可以将因子数量确定为 3 个，这与上面通过特征值选取因子的结果是一致的。回到 SPSS 中，再次进行因子分析，按照“因子固定数量”为 3 抽取公因子，得到成分矩阵和旋转后的成分矩阵，结果如表 6-42 所示。

表 6-42　成分矩阵 a

	组件		
	1	2	3
伦敦陷落	0.919		
血战钢锯岭	0.909		
谍影重重 5	0.872		
湄公河行动	0.846		
七月与安生	−0.803	−0.470	
六弄咖啡馆	−0.695	−0.611	
疯狂动物城		0.881	
大鱼海棠		0.852	
功夫熊猫 3	−0.509	0.782	
北京遇上西雅图之不二情书	−0.484	−0.726	

提取方法：主成分分析。

A. 已提取 3 个成分。

成分矩阵为因子旋转前的载荷矩阵，在设置中系数按照从大到小进行排序，且绝对值在 0.4 以下的系数值不显示。因此，从表 6-43 成分矩阵分析的结果中可知，《伦敦陷落》《血战钢锯岭》《谍影重重 5》《湄公河行动》在第一个因子上的载荷较高，都在 0.8 以上，《疯狂动物城》《大鱼海棠》《功夫熊猫 3》在第二个因子上的载荷较高，而变量在第三个因子上的载荷都在 0.5 以下。

表 6-43　旋转后的成分矩阵 a

	组件		
	1	2	3
湄公河行动	0.943		
血战钢锯岭	0.899		

续 表

	组　件		
	1	2	3
谍影重重 5	0.833		
伦敦陷落	0.792	−0.429	
北京遇上西雅图之不二情书		0.898	
六弄咖啡馆		0.874	
七月与安生	−0.445	0.844	
大鱼海棠			0.935
疯狂动物城			0.880
功夫熊猫 3	−0.540		0.755

提取方法：主成分分析。

旋转方法：Kaiser 标准化最大方差法。

B. 旋转在 6 次迭代后已收敛。

通过因子旋转后，载荷大小进一步分化，不同变量的因子归属进一步明晰，通过表 6-44 旋转后的成分矩阵可以发现《伦敦陷落》《血战钢锯岭》《谍影重重 5》《湄公河行动》在第一个因子上的载荷较高，《北京遇上西雅图之不二情书》《六弄咖啡馆》《七月与安生》在第二个因子上载荷较高，《疯狂动物城》《大鱼海棠》《功夫熊猫 3》在第三个因子上的载荷较高。

因子载荷矩阵在因子分析中非常重要，通过旋转后的表可以明确各个变量的因子归属，可以抽取各个因子中各个变量的共同点，从而可以对各个因子进行命名，在本案例中，第一个因子主要解释的是《谍影重重 5》《血战钢锯岭》《湄公河行动》《伦敦陷落》四个变量，可以将第一个因子命名为动作片；第二个因子主要解释的是《北京遇上西雅图之不二情书》《七月与安生》《六弄咖啡馆》三个变量，可以将第二个因子命名为爱情片；第三个因子主要解释的是《大鱼海棠》《疯狂动物城》《功夫熊猫 3》三个变量，可以将第三个因子主要解释为动画片。

表 6-44　成分得分系数矩阵

	组　件		
	1	2	3
谍影重重 5	0.254	0.050	0.018
功夫熊猫 3	−0.071	0.001	0.275

续　表

	组　件		
	1	2	3
北京遇上西雅图之不二情书	0.230	0.497	0.149
伦敦陷落	0.181	−0.065	−0.029
疯狂动物城	0.186	0.131	0.474
血战钢锯岭	0.353	0.140	0.178
大鱼海棠	0.175	0.211	0.519
七月与安生	0.067	0.378	0.116
湄公河行动	0.426	0.269	0.203
六弄咖啡馆	0.101	0.399	0.087

提取方法：主成分分析。

旋转方法：Kaiser 标准化最大方差法。

成分得分系数矩阵显示了因子在各个变量上的得分，可以写出相应的因子得分公式。

最后，将提取出来的三个公因子保存到原始数据中。一般分析到这并没有全结束，我们可以对提取出来的因子做进一步分析，如聚类分析和回归分析，进一步分析每类变量的特征或者探索变量之间的相互关系。

(2) 聚类分析。

① 聚类分析的概念及步骤。

聚类分析是直接比较各事物之间的性质，将性质相近的归为一类，将性质差别较大的归入不同的类的分析技术。在市场研究领域，聚类分析主要应用方面是帮助我们寻找目标消费群体，运用这项研究技术，我们可以划分出产品的细分市场，并且可以描述出各细分市场的人群特征，以便于有针对性地对目标消费群体施加影响，合理地开展工作。

聚类分析的基本思想是：将所有样本(指标)各自看成一类，设定样本(指标)之间的距离以及不同类之间的距离，将距离最近的两个样本聚为一个新类，再将与新类距离最近的样本聚在一起，依次合并，直到所有样本都聚为一类。

聚类分析中需要注意以下三点：一是选择的变量要能够反映出个体的特征；二是各变量的取值在数量级上不能有过大的差异；三是变量之间不应该有较强相关性，否则会给聚类分析的结果带来偏差。

聚类分析的步骤如下：

第一步，确定所有变量，且样本量原则上应该在 100 以上。

第二步，数据预处理：变量是否数值型、是否存在缺失值、是否需要进行异常值处理；分析是否存在共线性。

A. 变量是否为数值型、是否存在缺失值、异常值(应慎重对待);

B. 考虑共线性问题,进行相关性分析,相关系数大于 0.7,认为存在相关性,可以用比值法进行属性再造或者用主成分分析或因子分析进行降维,一般不考虑剔除。

第三步:确定聚类个数进行聚类。参数选择方面,聚类个数一般为 3—7 个,若未指定聚类个数,则从 3 个开始试验,具体聚类个数依据业务需要进行设置;类中心点选取次数尽量大;最大迭代次数也尽量大。

第四步:分析聚类效果和聚类结果,可以将聚类结果放入原表,进行数据透视表制作得到平均值。

第五步:结合实际情况分析每类的含义。

对于每种聚类的测算方法,本书不再进行详细论述,想要了解更多关于聚类方法的内容可以查阅相关学科书籍。

② SPSS 应用案例。

基于上节“因子分析”中的案例分析结果,依据提取出的三个公因子对观众进行 K-Mean 聚类分析。

利用 SPSS 分析具体操作步骤如下,依次选择“分析”“分类”“K-Mean 聚类”选择分析变量—三个公因子,对于“聚类数”的选择,可以先从 2 类开始,逐渐试验,最终选择满足条件的聚类数量,这个案例中将“聚类数”设置为 4,得到结果如表 6-45 所示。

表 6-45　迭代历史记录

迭　代	聚类中心的更改			
	1	2	3	4
1	0.619	1.259	0.872	0.828
2	0.116	0.068	0.100	0.059
3	0.000	0.025	0.037	0.053
4	0.000	0.000	0.000	0.000

由于聚类中心无更改或只有小的更改,因此达到了汇合。任何中心的最大绝对坐标更改为 0.000。当前迭代为 4。初始中心之间的最小距离是 3.304。

表 6-45 结果表明,经过三次迭代,第一次迭代后中心点分别偏移了 0.619、1.259、0.872、0.828;第二次迭代后中心点分别偏移了 0.116、0.068、0.100、0.059;第三次迭代后中心点分别偏移了 0.000、0.025、0.037、0.053;第四次迭代后中心点偏移为 0,聚类分析结束。

表 6-46　最终聚类中心

	聚类			
	1	2	3	4
REGR factor score 1 for analysis 1	−0.816 94	1.208 24	−0.070 85	−0.843 66
REGR factor score 2 for analysis 1	1.376 82	−0.048 49	0.140 75	−1.273 50
REGR factor score 3 for analysis 1	−0.418 48	−0.296 11	1.971 80	−0.187 27

从表 6-46 可知，聚类 1 在因子 2 上优于其他三类，聚类 2 在因子 1 上优于其他三类，聚类 3 在因子 3 上优于其他三类，聚类 4 在三个因子上没有明显优势。

表 6-47　每个聚类中的个案数量

聚类	1	71.000
	2	104.000
	3	38.000
	4	77.000
有效		290.000
缺失		0.000

根据保存的个案分类，用 EXCEL 中的数据透视表进行分析，进一步计算四类观众在三个因子上的均值，结果如表 6-48 所示。

表 6-48　各因子的平均得分

行标签	平均值项：FAC1_1	平均值项：FAC2_1	平均值项：FAC3_1
1.00	(0.82)	1.38	(0.42)
2.00	1.21	(0.05)	(0.30)
3.00	(0.07)	0.14	1.97
4.00	(0.84)	(1.27)	(0.19)
总计	(0.00)	(0.00)	(0.00)

根据表 6-48 各因子均值大小比较，可分析四类观众对影片的偏好，如聚类 1 的观众因子 2 上的平均分最高，而因子 2 主要代表了爱情片，因此第一类观众偏好爱情片；聚类 2 的

观众在因子 1 上的平均分最高，偏好动作片；聚类 3 的观众在因子 3 上的平均分最高，偏好动作片；聚类 4 的观众在三个因子上的得分不存在明显差异，是影片无偏好人群，在此基础上针对不同细分人群的偏好定制个性化营销策略。

本章小结

市场调查资收集完成之后，需要先经过整理才能用于分析。

资料的审查就是要从真实性、准确性和完整性三个方面进行审核，对于二手资料来说还要审核其时效性和适用性。在资料的整理过程中经常会借助适当的统计分析软件，因此本章简要介绍了 EXCEL、SPSS、STATA、SmartPLS 等常用的统计分析软件。

对资料进行汇总后，通过指标分析、统计图表可以初步显示数据分布的类型和特点，而为了进一步描述数量水平和其他特征，揭示市场存在问题，可对数据进行描述性分析。描述统计分析的方法主要有：描述频数分布的频数、频率和累计频率；描述集中趋势的平均数、众数和中位数；描述离散趋势的极差、标准差、异众比率、四分位差和标准差系数。

统计图表可以对数据进行探索性分析，描述性分析可以了解数据的集中趋势离散程度，但不具备推断性质。因此，当需要进行总体推断和预测分析时，还要掌握统计推断分析方法。本章对统计推断分析中涉及的统计量、参数估计和假设检验的原理进行了简单介绍，还结合具体的案例介绍了市场调查中常用的方差分析、相关分析、因子分析、聚类分析等多元统计分析方法。

关键词

数据分析指标、集中趋势、离散趋势、参数估计、假设检验、方差分析、因子分析、聚类分析

思考题

1. 市场调查资料整理的一般流程是什么？
2. 市场调查资料审核包含哪些内容？
3. 统计图表有哪些类型？其使用方法如何？
4. 反映总体各单位数量的集中特征和离散特征的指标有哪些？
5. 在数据分析中，如何合理运用区间估计、假设检验和方差分析？
6. 因子分析的步骤是什么？在因子分析中，选择因子个数的依据有哪些？

案例分析

此案例详细描述了小高应聘过程中顺利通过初试的问答过程，但接下来的复试面临了

一些问题，需要我们一起帮小高做分析，以顺利通过复试……

人　　物：小高，从事微信运营工作满 2 年，现正在寻找跳槽机会

时　　间：2016 年 7 月底

应聘职位：某新媒体运营培训机构的微信运营岗

面试官问题 1：如何根据后台数据评价微信公众号的文章质量

答：我认为文章质量不仅仅是文章的阅读量、转发量等情况，还包括文章的传播效率、文章自身对于目标群体的价值，以及能够激起粉丝量的增长等。因此，评价微信文章质量需要有一个完整的指标评价体系，从笼统的粉丝、阅读和转发数据中发掘更细致、更全面"文章画像"指标评估体系，由表及里地从多个维度、多个层次去分析文章的质量情况。这种多维度分析的目的在于，内容运营是有阶段性的，囿于精力不济和经验不多，每个阶段要对内容运营制定出有不同侧重点的策略：初期（粉丝不多）需要迅速涨粉，这时文章的传播力就很重要；成熟期（粉丝量很大，增长快，流失也快）需要沉淀用户，需要创作出有价值的内容，留住粉丝；到平台期或是衰落期（粉丝 流失多于增长），竞品出现及用户口味大变，内容需要创新，挽留或是招揽新粉，这时文章的传播力和价值性就兼具了。

值得注意的是，文章的传播力和自身价值没有必然的关系，一篇质量很高的文章，可能收藏量、点赞量很多，但阅读量、传播量不一定很大；相反，很多价值不大的文章，因其易读且迎合用户部分心理需求，传播力较强，阅读量和转发量迅速上涨。基于此，有一套完整、全面的文章或内容评估体系，我认为至关重要。

面试官问题 2：根据你前面的描述，举一些常用的数据评价指标。

答：我通常常用这五个分析维度，即粉丝增长指标、粉丝活跃指标、文章信息指标、文章传播指标和文章价值指标，这五类指标下又包含若干类型数据，尽量将分析的"颗粒"细化。

粉丝增长指标：粉丝增长指标反映粉丝在某天当中的增长/取关情况，下面涵盖三类数据：新关注人数、取消关注人数和净增关注人数。

粉丝活跃指标：粉丝活跃指标反映了所关注粉丝的活跃度情况，这里包含有图文阅读人数、公众号会话阅读人数和来自历史消息的阅读人数。

文章信息指标：文章信息指标是文章发布的基本信息，包含文章标题、文章发布日期和文章发布时间点。

文章传播指标：文章传播指标反映微信推送内容的传播力度或效率，因为在一般情况下，微信推文的生命周期基本维持在 1 周（绝大部分的阅读量在此期间完成）。该指标下辖四类数据：从公众号分享到朋友圈人数、在朋友圈再次分享人数、在朋友圈阅读人数和来自好友转发的阅读人数。

文章价值指标：文章价值指标表示阅读者对文章内容的认同和赞许，认为文章给他们带来了某种价值（如心情放松、获得新知等），该指标下辖四个指标：总阅读数量、分享人数、微信收藏人数和点赞数量。

面试官问题 3：请描述一下这些数据指标的获取方式。

答：1. 群发功能—已发送，这两个数据与"图文分析"里的数据不同，这两个数据是某一

篇文章历史上总的阅读量(次数)和点赞量(次数),且具有实时性、即时性,就是当前看到的数据就是从发布文章到目前所有的阅读量和点赞量。这里的阅读数据跟“图文分析”里的不同,“图文分析”只记录了发文之日起7天内的阅读,且无“点赞”的数据统计。

2. 用户分析—用户增长。在“用户分析”一栏里,需要抓取的数据为取关数、增长粉丝数、净增粉丝数,这三个数据较容易获得,在“用户分析”下方下载EXCEL表格即可得到。

3. 图文分析—单篇图文。在“图文分析”这一栏,文章标题、推送时间、送达人数、图文阅读人数和分享人数皆可在数据概况处获得。值得注意的是,这里的图文阅读人数和分享人数是7日内的统计总数,且分享人数是转发或分享到朋友、朋友圈、微博的去重用户数(包括非粉丝)的总和。

在公众号分享到朋友圈和在朋友圈再次分享这两个数据指标可以在图文分析“单篇图文”图文详情里获取。

来自好友转发的阅读人数、来自历史消息的阅读人数和来自其他渠道的阅读人数可从“图文分析”“单篇图文”“图文详情”趋势图这一路径获取,不过这三个数据需要将7天的数据进行加总。

从朋友圈打开人数、分享转发人数、微信收藏人数可以在“图文分析”“单篇图文”“图文详情”的最下方获取,通过EXCEL下载处理可得。

上述处理的获得如果用人工手动操作的话,费时费力,一个更简便的做法,那就是用“网络爬虫”(注:爬虫是一种自动获取网页内容的程序,是搜索引擎的重要组成部分)来抓取数据,可以在节省人工的情况下准确无误地获得大量上述提到的原始数据。

一周之后,小高收到复试通知和一份此新媒体培训机构公众号从2016年的1月中旬到7月中旬的推文数据(注:由于商业保密,部分内容或数据在不影响数据分析的情况下稍加处理)要求其通过分析发现其中质量较好的文章及质量最差的文章,从数据中发掘出它们,并发现它们身上存在的特征,以便将优良文风(选题、标题、内容、排版设计等)发扬下去,并避免以后再出质量不佳的文章,以期阅读量、转发分享量的提升,最终实现凭借公众号自身内容促进粉丝增长的目的。

案例来源:CPDA培训教学案例。

问题:请通过目标用户阅读行为分析用户需求,进行客户分析和“文章画像”,为其微信内容运营优化提供指导。

第 7 章 定性预测方法

学习目标

- ◆ 了解市场预测的概念、原则、内容和类型
- ◆ 掌握市场预测的方法
- ◆ 掌握市场预测的步骤
- ◆ 掌握定性预测的概念和使用范围
- ◆ 掌握定性预测的方法

导入案例

亚马逊新技术：未购买，先发货

亚马逊 2013 年 12 月获得了一项名为“预测式发货”的新专利，可以通过对用户数据的分析，在他们还没有下单购物前，提前发出包裹。

这项技术可以缩短发货时间，从而降低消费者前往实体店的冲动。亚马逊在专利文档中表示，从下单到收货之间的时间延迟可能会降低人们的购物意愿，导致他们放弃网上购物。

所以，亚马逊可能会根据之前的订单和其他因素，预测用户的购物习惯，从而在他们实际下单前便将包裹发出。根据该专利文件，虽然包裹会提前从亚马逊发出，但在用户正式下单前，这些包裹仍会暂存在快递公司的转运中心或卡车里。

亚马逊表示，为了决定要运送哪些货物，亚马逊可能会参考之前的订单、商品搜索记录、愿望清单、购物车，甚至包括用户的鼠标在某件商品上悬停的时间。

目前，亚马逊都会在正式收到订单后，再通过自有仓储中心将商品打包，然后等待

UPS等快递公司的卡车前来取货，最后将商品直接送到用户家中，或者通过中间渠道转运到最终目的地。

该公司一直在努力缩短配送时间，扩大仓储网络的覆盖范围，以便实现隔日送达或当日送达。亚马逊去年表示，该公司计划利用无人机将包裹从仓储中心直接配送到用户家中。

不过，亚马逊并未在专利中透露，这项新技术有望缩短多少配送时间。

该专利凸显出一大行业趋势：科技和消费企业都在通过种种方式提前预测消费者的需求。如今的智能冰箱已经可以预测何时需要购买更多牛奶，智能电视也能预测哪些节目需要进行录制，而Google Now软件则试图预测用户的日常规划。

亚马逊的这项技术将于何时部署尚未可知。亚马逊发言人拒绝对此置评。但该专利文件证明，该公司希望充分利用其积累的庞大用户数据，以此获取竞争优势。

“亚马逊似乎在充分利用他们庞大的数据。”美国市场研究公司Forrester Research分析师苏查里塔·穆尔普鲁(Sucharita Mulpuru)说，“根据他们对用户的种种了解，他们便可依据多种因素来预测需求。”

专利文件显示，亚马逊可能会填好大概地址或邮政编码，以便将商品运送到接近用户的地方，之后在运输途中将这些信息填写完整。

亚马逊称，对于畅销书和其他一些可能会在上市时吸引大量买家的商品而言，预测性送货方式可能比较合适。另外，亚马逊也可能向用户推荐正在运输途中的商品，以便提升成功率。

不过，亚马逊的算法难免会出错，导致退货成本增加。为了将这一成本降到最低，该公司可能考虑给用户一定的折扣，或是将预测不成功的已发货商品作为礼物赠送给用户。该专利称：“我们可能将这些包裹作为促销礼品，以此提升公司美誉度。”

资料来源：https://m.ithome.com/html/70257.htm.

7.1 市场预测的概述

7.1.1 市场预测的概念

市场预测是依据市场的历史和现状进行调研的基础上，运用科学的预测方法，对市场未来的发展趋势和可能的发展水平进行估计、测算和判断，从而为市场营销决策提供可靠的依据。市场预测与市场调查的区别在于，前者人们关注的是对市场未来的认识，后者人们关注的是对市场的过去和现在的认识。

对于企业来说，想要在激烈的竞争环境下获得长远的、可持续的生存和发展，掌握过去和现在非常重要，但是把握未来同样不可忽视。预测作为一种手段，其建立在准确的资料、丰富的经验以及科学的技术的基础上，可以帮助企业管理者和决策者了解市场未来的发展趋势，寻求可能的市场发展机会，做出正确的市场决策。但是市场预测是具有局限性的，因为很多的预测是建立在人的主观认知与经验之上，而且影响事物未来发展的因素繁杂，并不能完全被预测，因此预测未必完全准确，存在一定的风险性。

7.1.2　市场预测的内容

市场预测的内容十分广泛，从宏观到微观包括很多方面。一般来说企业从事生产经营活动，进行市场预测，会经历三个阶段，即环境预测、行业预测以及企业以市场环境预测为基础，结合整个行业供给与市场的需求，对企业的市场占有率、产品销量进行估算。总体来说，市场预测的内容可以分为三个部分：市场环境预测、市场需求预测和市场供给预测。

市场环境预测。市场环境不断变化，市场需求随之不断改变，因此对市场环境进行有效预测，是其他市场预测活动的基础。市场环境预测是基于因果原则，利用定性和定量的方法，对国际和国内的社会、经济、政治、法律、政策、文化、人口、科技、自然等环境因素的变化进行预测，从而调整市场或企业的生产经营活动，以适应多变的市场环境。

市场需求预测是在对消费者的购买心理和消费习惯的分析，对居民收入水平及收入分配政策的研究的基础上，对特定区域和特定时期内的某类市场或全部市场的需求走向、需求变动、需求结构与潜在需求量进行预测，对行业的实际销售量以及公司产品未来的市场占有率进行估算。市场需求预测是市场研究中最重要的一部分，也是最复杂的一部分。通过市场需求的预测，企业可以提前配置资源，安排生产活动，设置库存水平，以应对未来市场上客户的需求变化。

市场供给预测是指在市场供给调查的基础上，对特定区域特定时期内的某类市场或全部市场的供应量、供应结构、供应变动因素等进行预测。市场供求状态受市场供给量和需求量共同影响，因此市场供给预测也是市场预测的重要组成部分。

对消费者的购买行为进行预测，有助于企业分析市场潜力、明确目标市场、研究开发产品、制定营销战略、实施销售策略等。分析消费者行为包括研究消费者购买的产品类型、购买的数量、购买的地点、购买的渠道、购买者类型、购买的方式等方面。

产品市场预测分析、评估和预测产品的质量、成本、价格、组合、品牌知名度、满意度；产品的生产能力、市场占有率、覆盖率；产品的销售规模、销售结构、销售渠道、销售利润、销售变化趋势等，有助于企业把握产品优势、掌握竞争格局、扩大销售路径、确定市场前景，从而为企业制定企业经营决策提供依据。

7.1.3　市场预测的类型

市场预测的种类非常多，根据不同的标准大致可分为不同类型。

1. 按市场预测的范围划分

市场预测按照预测范围的不同，可以分为宏观市场预测与微观市场预测。

宏观市场预测是把整个行业发展的总体情况作为研究对象，研究企业生产经营过程中相关宏观环境因素。宏观市场预测范围广泛，涉及政治、经济、文化、技术、法律等因素，研究总量指标、相对数指标以及平均数指标之间的联系与发展变化趋势，如经济发展前景预测、整个市场商品供求量预测、金融市场各相关指数变化等。

微观市场预测是从单个企业角度出发，对一个生产部门、公司或企业的营销活动范围内的各个要素的变化趋势进行预测，从而为企业制定正确的营销战略提供决策依据。预测的内容有企业产品的市场需求量、销售量、市场占有率、价格变化趋势、竞争者地位等。

宏观市场预测与微观市场预测密切相关，微观市场预测是宏观市场预测的基础和前提，宏观市场预测是微观市场预测的统一与指引，两者有效的结合，才能精准把握未来市场的发展趋势，进而制定与之匹配的发展战略，在激烈的竞争中获得优势地位。

2. 按市场预测的性质划分

市场预测按照预测方法性质的不同，可以分为定性预测和定量预测。

定性预测侧重于预测事物发展的性质，依靠预测人员或者专家的经验、知识、直觉和综合分析能力，对事物的未来的发展趋势进行预测。定性预测方法包括专家意见法、德尔菲法、个人经验判断法、集体经验判断法等。

定量预测是基于大量的、翔实的、准确的和完备的历史数据与资料，通过建立适合的数学模型，选择适当的计量方法，分析事物过去和现在的发展变化规律，进而推断事物未来的变化趋势。定量的预测方法包括时间序列法、因果分析法、逻辑回归法等。

预测作为决策的基础，预测科学已经具有很多成熟的预测方法，但任何一种预测方法都有其局限性，因此很难使用一种预测方法获得全面而准确的结果。在实际的预测过程中，人们往往将多种预测方法结合使用，如定量预测与定性预测结合运用，对同一预测对象进行综合分析和运算，更加客观、准确地反映事物发展的变化与规律。

3. 按市场预测的期限划分

市场预测按预测的时间跨度分，可以分为短期、中期和长期预测。

短期预测一般指预测期限为一年以内的预测，通常以季、月、周为时间单位。短期预测一般采用定性与定量预测相结合的方法，而且预测期限较短，因此预测结果准确性较高。实际中的预测多为短期预测。

中期预测通常指预测期限在一年以上五年以下的预测。中期预测一般是对经济、技术、政治、社会等影响市场长期发展的因素进行预测，为企业经营中的管理决策提供支持和依据。

长期预测一般是指预测期限在五年以上的预测。长期预测由于预测时间较长，不确定性更大，无法全面、准确地把握各种可能的变化情况，预测结果与实际情况之间的偏差较大，因此通常只能作为趋势估计。长期预测通常为制定经济发展的长期规划、新设备的投资计划、商品长期的供销比例安排等提供依据。

4. 按市场预测的空间划分

市场预测按预测的空间范围分为国内市场预测和国际市场预测。

国内市场预测是以全国范围的市场状况为预测对象的市场预测。对于以全国市场为目标市场的企业来说，对全国市场的发展动态的了解及对市场发展现状和趋势的把握尤为重要，这是企业发现市场机会、进行投资决策的前提和依据。全国性市场预测可以是综合性的，也可以是专题性的；可以是全国整体市场的，也可以是区域市场的。相对而言，全国性的和综合性的市场预测的涉及面广、预测范围大、不可控的因素多、预测难度大、准确性低。

国际市场预测是指以世界范围内国际市场的发展动态和趋势为对象的市场预测。随着世界经济一体化进程的加快，越来越多的企业加入世界市场展开国际化经营。想要在国际市场中占有一席之地，必须时刻关注国际营销环境的发展趋势，把握国际市场的变化规律，根据国际市场需求及时调整营销策略。国际市场预测既有综合性的，又有专题性的；既有国际整体市场的，又有国际区域市场的，甚至是国别市场的预测。综合性的和国际整体市场预测同样具有涉及面广、范围大、不可控因素较多、预测难度大等问题。

7.1.4　市场预测的步骤

为了使市场预测活动有序进行，必须对预测工作的过程进行统筹安排，保证各个环节相互协作，确保预测成功。市场预测的步骤如图 7-1 所示。

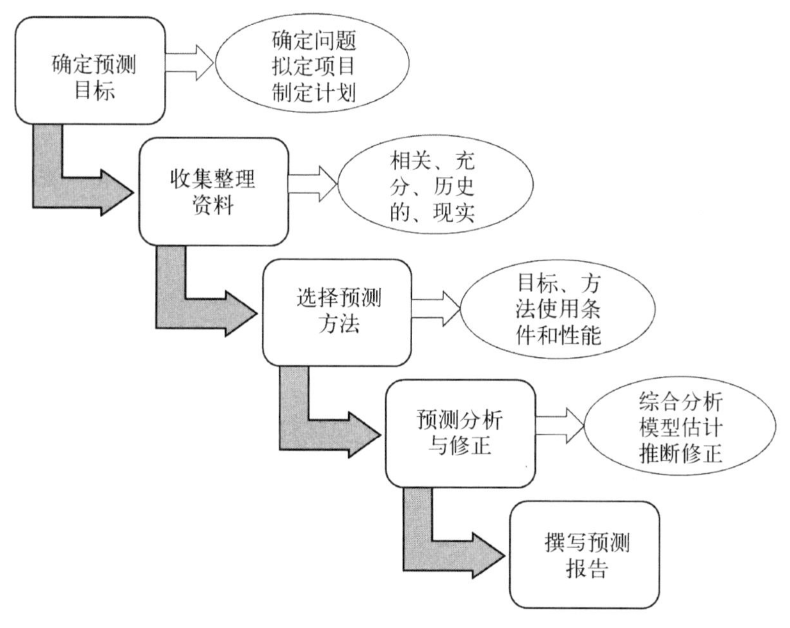

图 7-1　市场预测步骤

1. 确定预测目标

作为市场预测工作的第一步，明确预测目标就是根据企业的经营活动的需要，确定预测需要解决的问题，明确预测内容，制定预测工作计划，编制预算，调配力量，组织实施，以保证市场预测工作有计划、有节奏地进行。

2. 搜集分析资料

充分的资料是进行市场分析、判断的可靠依据，不同的预测目的、内容和项目，所需要的资料也不相同。市场预测的资料一般可以分为两类。一类是历史资料，主要包括各类有关经济和社会的统计资料，如人口结构与变化、收入的变化与增长、社会购买力变化、生产结构变化、消费分配比例、产品生产、成本、销售、利润等数据。另一类是现实资料，主要包括三个方面：预测期内的相关经济和社会指标、消费者的需求变化、与预测主题相关的一手调查数据。

3. 选择预测方法

选择恰当的预测方法，可以保证预测结果的精确性和可靠性。选择何种预测方法是根据预测的目标、掌握的资料、预测的费用、对准确度的要求以及各种预测方法的适用条件和性能来确定的。如对未来市场前景进行性质和程度上的预测，掌握的数据不够充分或者不够精确，可以使用集体经验判断法进行定性分析；若对产品的需求进行中长期预测，且掌握数据较为充分，可以使用时间序列或者回归分析等定量分析的方法；有时还可以结合多种预测方法进行预测。

4. 预测分析与修正

分析判断是对调查搜集的资料进行综合分析，应用选择的预测方法，选择数学模型，分析变量之间可能存在的关系，根据模型进行数据运算，计算参数，建立预测模型，最后通过相关数据资料进行预测，得到预测结果，提出各种设想。

预测后还需对预测值进行统计假设检验，以确保预测结果的准确性。有时，还需基于分析评判的结果，利用最新的信息对原预测结果进行评估和修正。此外，还可召集有关人员对计算分析所提出的初步设想进行判断和评价，研究论证，以提高预测的准确性。

5. 编写预测报告

在完成相关预测工作之后，依据预测的结论，撰写市场预测报告，为决策提供依据。预测报告一般包括题目、摘要、目录、正文、结论和建议以及附录等部分。

以上，我们阐述了市场预测的概念、原则、内容与分类。根据不同的市场预测内容，可以采用不同的市场预测方法或者各种方法的组合。

7.2 市场预测的方法

随着科学技术的不断发展，市场环境的不断变化，市场预测方法已达150多种，其中被人们广泛使用的有30多种，经常使用的10多种。每种方法都有其自身的特点、适用范围以及局限性，因此人们在进行市场预测的实践过程中，选择适当的市场调查方法很大程度上决定了预测结果的准确性、科学性以及可行度。根据不同的预测目的、不同的市场环境、不同的预测对象、基础资料的丰富程度以及人们对预测的认知深度，市场预测方法的选择不同，即使在相同的条件下，采用不同的预测方法进行预测结果也会产生差异。因此，预测方法的选择是市场预测过程中极其重要的一个环节。尽管市场预测的方法数量较多，大体上可以分为三类。

7.2.1 定性预测方法

定性预测法根据预测对象的性质、特点、过去和现实等状况，推测和判断预测对象未来发展趋势的一种预测方法。其侧重于对事物未来发展的分析和推断，依靠预测者丰富的经验、知识和综合分析能力，而非数量化的分析。定性预测方法包括专家会议法、德尔菲法、类推法等。

定性预测方法的优点：(1) 简单易行，灵活性强。定性预测无需借助复杂的数学运算，操作简单、费用少、耗时短、效率高，具有较强的灵活性，易于发挥人的主观能动性，适用于缺乏或者难以取得预测对象及其影响因素的相关分析资料，以及不适用定量预测的情境下；(2) 具有一定的综合性。定性预测方法可以综合分析各种影响因素，在一定程度上弥补了定量分析的不足；(3) 具有一定的科学性。虽然定性预测的研究方法依赖于预测者的经验判断，但是其主观的判断是建立在通过大量的时间获得的知识与技能之上，是具有一定的科学性的，不是主观臆想的。

定性预测方法的缺点：(1) 易受主观因素影响。定性预测方法对预测者的依赖性较大，因此容易产生主观片面性；(2) 结果不够精确。定性预测方法缺乏数学分析，缺乏对事物发展进行数量上的精确描述。

7.2.2　定量预测方法

定量分析以历史数据为基础，借助数学模型和计量方法，侧重于对数量的分析，分析事物过去和现在的发展变化规律，进而推断事物未来的变化趋势。定量预测方法包括时间序列预测法、回归分析预测法等。

1. 时间序列预测法

时间序列是对同一现象进行观察，按照其发生的时间先后顺序将观察值排列为一组数字序列，即描述现象随时间发展变化的规律。时间序列是一组动态的数列，其根据观察时间的不同，时间序列中的时间间隔可以是天、周、月、季、年等其他任何时间形式。

时间序列预测法是根据已有的时间序列数据，分析事物发展的变化规律和发展趋势，从而预测事物未来的变化，以此为业务决策提供依据。因此采用时间序列进行预测必须具备以下基本特征：(1) 预测所依据的历史数据的变化具有较强的规律性，并且这种变化趋势会延续到未来；(2) 预测所依据的数据由于受偶然性因素的影响，其变化具有不规则性；(3) 此方法不考虑事物发展之间的因果关系，仅研究事物随着时间发展的变化特征和规律。时间序列预测的方法有很多，有简单平均法、移动平均法、指数平滑法等较为传统的分析方法，也有 Box-Jenkins 的自回归模型(ARMA)等现代分析方法。

2. 回归分析预测法

回归分析预测法，又称因果分析预测法，是对具有相关关系的变量，运用一定的数学模型，以一个或几个自变量作为依据，来预测因变量发展变动趋势和水平的一种方法。与时间序列预测法不同，回归分析预测法对预测的变动趋势和水平，不是简单的描述事物随时间的自然变化规律，而是研究变量之间的因果关系。回归预测法按自变量和因变量的相关关系形式不同，分为线性回归预测法和非线性回归预测法；线性回归预测法因自变量的多少不一，又分为一元线性回归预测法和多元线性回归预测法。这两种方法自变量和因变量为连续数据，而逻辑回归的因变量可以是二分类的，也可以是多分类的，但是二分类是更为常用的数据，自变量既可以是连续变量也可以是定序变量。因此常用的回归分析预测方法包括：线性回归预测法、非线性回归预测法以及逻辑回归预测方法。

定量预测法的优点：(1) 结果相对科学与客观。定量分析依据历史的统计资料，因此较少受到主观因素的影响；(2) 预测结果精确度高。定量分析借助数学模型，选择适合的计量方法对数据进行分析，注重于对事物发展在数量方面的分析，重视对事物发展变化的程度进行数量上的描述，结果较为准确。

定量预测法的缺点：(1) 操作机械，难度相对较大。当历史资料中存有较大波动时，很难预测事物的变化。此外，对预测人员的要求较高，尤其是对数据的分析能力；(2) 具有一定的局限性。时间序列预测法侧重研究事物与时间的关系，易忽视众多其他的影响因素，导致结果不够全面。

7.2.3 综合预测方法

预测作为决策的基础，预测科学已经具有很多成熟的预测方法，但任何一种预测方法都有其局限性，因此很难使用一种预测方法获得全面而准确的结果。在实际的预测过程中，人们往往将多种预测方法结合使用，因为预测方法之间并不相互排斥，而是相互补充的，对同一预测对象进行综合分析和运算，更加客观、准确地反映事物发展的变化与规律，如多种定性预测法的组合运用，定量预测与定性预测结合运用等。

7.2.4 各种预测方法比较

不同的市场预测方法具有各自的优缺点、应用范围和预测精度。在实践应用过程中，可根据预测对象、预测周期、数据资料、精度要求、时间与费用限制等因素，选择最适合的预测方法。表 7-1 是常用的集中市场预测方法的综合对比分析表，从中可以清晰地看出各种预测方法的特点。

表 7-1 常用市场预测方法的特点

因素与条件	预测方法							
	定性方法			定量方法				
	专家会议法	德尔菲法	类推预测法	移动平均法	指数平滑法	趋势外推法	季节性预测法	回归分析法
方法简介	组建专家小组，通过会议形式进行预测，综合专家意见，得出结论	专家会议法的发展，对专家匿名调查，多轮反馈整理，对结果进行统计分析	基于类推原理，对相似事物出现和发展过程进行对比性分析	为消除随机波动影响，取时间序列中连续几个数据值的平均值	与移动平均法相似，考虑历史数据远近期的重要程度，赋予不同权重	运用数学模型，拟合一条趋势线，外推未来事物的发展	将各个因素依次从时间序列中分解出来，然后再进行预测	运用因果关系建立回归分析模型，计算参数，得出预测值

续　表

因素与条件	预测方法							
	定性方法			定量方法				
	专家会议法	德尔菲法	类推预测法	移动平均法	指数平滑法	趋势外推法	季节性预测法	回归分析法
典型用途	新产品销售、市场需求以及长期预测	新产品销售、市场需求以及长期预测	对事物未来发展进行性质和程度上的预测	需求预测、销售预测、库存管理预测	需求预测、销售预测、库存管理预测	需求预测、销售预测	需求预测、销售预测	需求预测、销售预测
适用的时间范围	长期预测	长期预测	长期预测	短期预测	短期预测	短、中期预测	短、中期预测	短、中、长期预测
所需资料	市场历史发展资料和信息	将专家意见综合分析与处理	多年历史资料	两年以上历史数据	两年以上历史数据	需要多年历史数据	需要多年历史数据	需要几年数据
预测精度	较好	较好	尚好	尚好	较好	短期好，中期较好	短期好，中期较好	中短期很好，长期较好
预测所用时间	较长	长	一般	短	短	短	短	取决于分析能力
预测成本	低	中等	低	低	低	低	低	低

资料来源：于磊，元明顺，叶明海. 市场调查与预测[M]. 同济大学出版社，2014.

7.3　定性预测方法

定性预测方法侧重于对事物未来发展做出性质和方向上的判断，其适用于：当缺乏大量翔实的历史数据资料，需要借助预测者丰富的经验和综合分析能力；当事物的影响因素众多，无法判断因素的重要程度，可以对事物进行综合分析；对主要影响因素难以进行定量分析等情景的分析预测。针对不同的情况，需要选择适合的预测方法，才能得到准确的预测结果，下面将介绍几种常用的定性预测方法。

7.3.1　类推法

类推法是基于类推原则，利用事物之间的相似性，根据已知事物的发展情况和发展规律，推测其他类似事物未来发展变化的趋势的一种定性预测方法。这种方法的基本思路是将存在于不同时间或者空间中的同类经济现象进行对比分析，找出某种规律，从而对预测对象的发展趋势进行推断。

类推法根据类推对象的不同，可以分为产品类推法、地区类推法、行业类推法和局部总体类推法。

1. 产品类推法

很多产品之间在功能、构造、用途、原材料、规格等方面具有很大的相似性，因而这些产品的市场发展规律往往也会呈现某种相似性，人们可以利用这种相似性进行类推。例：可以利用黑白电视机的发展特性来类推彩电的发展特性；利用直角平面电视的发展特性类推纯平彩电的发展特性；可以根据我国家用电冰箱的市场发展规律大致地推断家用空调的发展趋势。

2. 行业类推法

有不少产品的发展是从某一个行业开始，然后逐步向其他行业推广的，因而可以利用产品在先应用行业中所呈现出的特性，类推该产品在后应用行业中的发展规律。而且产品每进入一个新行业，都会得到一些改进和创新，以适应新行业市场需要。如电脑最初是在科研和教育领域使用，然后才转向民用和家用的。

3. 地区类推法

同一产品的发展在不同的地区往往会表现出先后时差，因此可以领先地区产品市场发展情况去推断之后市场的发展。地区类推法有两类：一类是同一国家不同地区之间的类推；另一类是不同国家之间的类推。例如，高档家电在城市和农村的发展规律。家用汽车在中国、日本、巴西的发展情况。

例 7-1 某市下辖 A1、A2、A3、A4 四个区，各区人口及去年卷烟销量见表 7-2，经过对 A1 区卷烟消费者的抽样调查，预测今年 A1 区的人均卷烟需求为 7.8 条/人，假设今年人口数不变，各区保持和去年同样的销售比率，请运用类推预测法，根据 A1 区情况预测各区今年的卷烟销售量。(保留 3 位小数)

表 7-2 某市去年四区卷烟销售量

地　区	A1	A2	A3	A4
实际销售量	150	185	146	228
人口(万人)	20	25	20	30

分析提示：

1. 确定预测目标。确定预测目标就是确定预测对象，以及预测的目的和要求。这里的预测目标是根据 A1 区今年的卷烟需求(7.8 条/人)，预测今年 A2、A3、A4 各区的卷烟销售量。

2. 因为四个区同属一市，可以认为四个区的卷烟需求变化具有相同趋势。可采用地区类推法，将 A1 区今年卷烟需求(7.8 条/人)作为类推基准，预测 A2 、A3、A4 区今年的卷烟需求，进而预测各区今年的卷烟销售量。

3. 具体类推计算如下：

1) 计算去年各区人均卷烟需求。

A1 区去年人均卷烟需求 = 150/20 = 7.5(条/人)

A2 区去年人均卷烟需求 = 185/25 = 7.4(条/人)

A3 区去年人均卷烟需求 = 146/20 = 7.3(条/人)

A4 区去年人均卷烟需求 = 228/30 = 7.6(条/人)

不妨把 A1 区的去年人均卷烟需求视为 1，则其余各区相对于 A1 区的去年人均卷烟需求相对值为：

A2 区相对值 = 7.4/7.5 = 0.987

A3 区相对值 = 7.3/7.5 = 0.973

A4 区相对值 = 7.6/7.5 = 1.013

2) 类推计算今年各区人均卷烟需求。

已知 A1 区今年人均卷烟需求为 7.8 条/人，以此为类推基准，且其余各区相对值保持不变，则其余各区今年人均卷烟需求可类推得到：

A2 区今年人均卷烟需求 = 7.8×0.987 = 7.699(条/人)

A3 区今年人均卷烟需求 = 7.8×0.973 = 7.589(条/人)

A4 区今年人均卷烟需求 = 7.8×1.013 = 7.901(条/人)

3) 计算各区今年卷烟销售量预测值。

A1 区：20×7.8 = 156.0(万条)

A2 区：25 ×7.699 = 192.475(万条)

A3 区：20 × 7.589 = 151.78(万条)

A4 区：30 ×7.901 = 237.03(万条)

4. 局部总体类推法

局部总体类推法即由局部推算总体。这种方法主要是利用典型调查或抽样调查等局部的市场变化和发展规律，推算预测总体的市场发展情况；也可以利用对某个企业的普查资料或某个地区的抽样调查资料，推算某一行业或整个市场的预测值。

例 7-2　A 市烟草公司所辖地区有 750 万人，为了预测明年全市卷烟销售量，公司的经济运行处选择辖区综合消费，经济发展处于全地区中等水平的 B 县进行调查统计。经调查，B 县有 100 万人，预测明年全县销售卷烟 770 万条，请用对比类推法中的局部总体类推法，根据 B 县情况预测 A 市明年的卷烟销售量。

分析提示:

1. 确定预测目标。这里的预测目标是A市明年的卷烟销售量。

2. 收集整理资料,进行分析判断。根据调查,下辖的B县综合消费、经济处于全地区中等水平,有100万人,预测明年全县销售卷烟770万条,从而求得:

B县明年人均卷烟消费量预测值=销售量÷人口数=770÷100 =7.7(条/人)

3. 运用局部总体类推法的原理,以明年B县人均卷烟消费量作为A市明年人均年卷烟销售水平,即明年A市人均卷烟消费量为7.7条,则可以预测A市明年的卷烟销售量:

A市明年的卷烟销售量=A市人均年卷烟销售量×人口数=7.7×750 =5 775(万条)

7.3.2 因素推算法

市场既要有某种需要的人,即消费者,又必须包含为满足这种需要的购买能力和购买欲望。只有这三个要素同时具备,相互结合在一起才能发生购买行为。因此,通过不同的数学模型,对市场因素进行推算,可以对市场需求进行预测。

若按照人口数和消费水平两个基本因素来推算市场需求量,推算公式为

$$D=P\times C$$

其中,D为市场需求量的预测值;P为人口数量(或者户数);C为每人(户)的消费水平或者消费量。

如果人口数处于静态,消费水平是动态变化的,则公式可改为

$$D=P\times[c\times(1+r)^n]$$

其中,n表示期数(年或月);r表示消费水平的年增长率;c表示基期消费水平。

如果不是每个人都需要商品,并且人口与消费水平都处于动态的变化中,此时的推算公式为

$$D=[p\times(1+x)^n\times f]\times[c\times(1+r)^n]$$

其中,f表示总人口中消费者的比率;x表示人口年增长率;p表示基期人口数量。f、r和x可以通过抽样调查法或者专家预测法进行估算。

例7-3 某城市2013年有500万人,据调查抽烟人数占总人数的比率为25%,人口年成长率为1.1%,当年每人平均消费香烟0.08箱。由于提倡不抽烟运动,预计抽烟率、每年每人平均消费水准在近期内保持相对稳定,请预测2019年该城市的香烟需求总量是多少?

解析:$D=500\times(1+1.1\%)^6\times25\%\times0.08=10.678\,42$(万箱)

7.3.3　专家预测法

专家预测法是基于预测的概率原则，根据市场预测的目的和要求，聘请与预测项目相关的专家组成预测小组，以座谈会的形式对预测对象以及未来发展进行预测及评价。在整个过程中，企业本身不参与预测，但是必须向专家组提供与预测对象相关的背景资料，最终对专家意见进行汇总，得出大家一致认可的市场发展趋势预测结果。专家预测法的应用情形一般适用于以下几种：历史资料不够完善甚至不存在相关历史资料，很难进行量化分析；或者需要对预测对象进行质的分析。常用的专家预测法有专家会议法和德尔菲法。

1. 专家会议法

专家会议法是指根据一定的原则，选定一定数量对预测对象有较丰富知识和经验的专家，按照一定的方式组成专家小组，进行会议座谈，集思广益、相互启发，预测对象未来的发展状况和趋势，做出判断的方法。

专家会议法的组织形式常用的有三种：第一种，头脑风暴法，即座谈过程中，不设限制，鼓励专家独立思考，畅所欲言，激发创造，充分表达意见；第二种，交锋式会议法，即专家在会议上，围绕某一预测问题，各抒己见，相互争论，最终达成一致或者较为一致的预测结论；第三种，混合式会议法，是对头脑风暴法的改进，故又称质疑头脑风暴法。它是将交锋式和非交锋式会议结合使用，首先开展非交锋式会议，收集各种想法与设想，其次进行交锋式会议，对提出的各种方案进行质疑并讨论，或者提出新的方案，最终就预测结论达成一致。

（1）专家会议法的实施步骤。

① 做好会议准备工作。明确预测主题，预测人员或者组织者收集并提供与预测对象相关的历史资料，并且确定会议时间和场所等。

② 聘请相关专家参加会议。数量一般控制在8—12个，专家必须要包括各个方面的专家，具有一定代表性，在某方面具有丰富的经验和渊博的知识。

③ 控制会议进程。会议主持人向专家提供预先准备好的资料，给出预测题目，各位专家充分表达想法和意见，提出所有可能的预测方案。

④ 形成最终预测方案。会议结束后，主持人将所有方案进行汇总，编制一览表，对所有方案进行比较、筛选、评价、归类和最终确定。

（2）专家会议法的特点。

专家会议法的优点有：无限制的会议讨论形式有利于专家们表达意见和想法，产生更多和更全的想法，打破个人想法的局限性和片面性；专家们通过对话交换意见，彼此启发，激发思维共鸣，迅速有效地产生创新性成果；此外，此方法耗时短、费用低、成效快，能够为决策者在较短时间内得到决策的依据。

专家会议法的不足之处在于：首先，参加会议的专家人数毕竟有限，虽然按照代表性的原则进行选择，但是可能存在代表性不足的情况，进而影响结论的准确性；其次，在讨论的过程中，专家的意见容易被权威意见左右，很多不同的想法可能会被压制或者无法表达；再次，由于专家表达能力的限制，很可能某些专家无法完全准确地表述出自己的观点，从而遗漏一些有价值的意见和观点。

2. 德尔菲法

德尔菲法(Delphi Method)是在20世纪40年代由赫尔姆和达尔克首创。1946年,美国兰德公司首次将这种方法应用于科技预测中,其后在美国和其他国家得到广泛应用。

德尔菲法是专家预测法中非常重要的一种方法,其是一种采用匿名反复征询的方式,征询专家小组成员的意见,经过几轮的征询与反馈,对意见进行整理、归纳和统计,对意见进行收敛,最终得出一致意见的方法。该方法实施的过程中,成员之间不直接接触,不得相互讨论,有效克服了专家会议法中专家无法充分表达意见或者受到权威影响的缺点。

德尔菲法适用于以下情景:当缺乏足够的预测资料时;或对预测对象进行长远期的预测或大趋势预测;影响预测的因素太多,无法判断各种因素的重要性;或主观因素对预测事件的影响较大时。

德尔菲法的预测过程,大致包含三个阶段:预测准备阶段、轮番征询阶段以及结果处理阶段。

(1) 预测准备阶段。

第一,明确主题、准备资料。

在预测工作进行之前,预测组织者首先应该确定预测主题,以及所要达到的目标,这是预测的第一步。

其次,拟定调研提纲,限定预测期限,制作专家调查咨询表以及表格填写方式,调查表中包含预测的目的和主题以及调研的内容,所有的问题必须都是专家能够回答的问题,不设置与预测无关的问题。

再者,收集与预测主题相关的各种资料,并且对资料进行整理与加工。资料要足够充分,能让专家做出判断,同时又节约时间和精力。如为专家提供企业人员的设置以及历年来企业经营的状况和相关的经营数据分析等。

第二,选择专家,建立小组。

小组中的每一位专家都必须是与预测主题相关的某一方面的行家。专家必须对预测的问题有深入的研究,思维开阔、知识广博、经验丰富,能够独立思考判断。

根据课题的预测范围和深度,专家的人数一般控制在10—15人,最多不超过20人。其分为三个组成部分:1/3左右的人来自本企业了解预测问题并有一定研究的专家;1/3左右的是与本企业有密切业务往来的行业专家;最后一部分是社会上有一定影响力的研究型专家。

专家小组确定后,将所收集到的资料以及调查表提交给专家,请专家进行预测,提出意见,并且征询专家所缺的补充资料,并要求专家做出书面答复。对于结果,不要求专家给出精确的数值,可以进行粗略的估计,但可以要求其给出预计结果的准确度。

(2) 轮番征询阶段。

第一轮:开放式的首轮调研。组织者将调查表发给专家,不做任何限制,专家根据调查表中提出的预测内容,提出意见,并将填写完成的表格寄回。组织者对调查表进行汇总,将同类事件进行归并，将次要事件进行排除，列成图表，并且分送给各位专家。

第二轮：评价式的二轮调研。专家对列表中的不同意见进行对比、评价，并且修改自己的判断和意见。组织者对第二轮调研的结果再次进行整理，制定第三次调查表，表中包含事件、事件发生的中位数和上下四分点，以及事件发生时间在四分点外侧的理由。

第三轮：重审式的第三轮调研。发放第三张调查表，专家再次进行重审和评价，有些预测在第三轮调研中需要专家对修改意见给出改变理由。组织者对专家们发生争议的意见进行重点整理，同样需要统计事件的中位数和上下四分点，制成第四张调查表。

第四轮：复核式的第四轮调研。基于第三轮的汇总结果，专家再次评价和预测。由组织者根据统计的结果决定是否进行新一轮的论证。

一般来说，经过四轮调研，专家的意见趋于一致。但是有些预测可能不需要四轮论证，有些预测经过四轮预测也未必能够得到统一的结果，因此预测的步骤需视具体情况而定。

(3) 结果处理阶段。

在这一阶段，组织者需要将最后一轮专家的意见进行整理归纳，最终得出一致的结论，从而进行预测方案的制定。

第一，对量化预测结果的处理方法。

对数量和时间答案进行处理时，先将一列专家的预测结果按照从大到小或者从先到后的原则进行排列，计算极差、标准差、上下四分位数、中位数或者平均数。极差、标准差和上下四分位数用以反映专家意见的离散程度，中位数和平均值表示专家意见的集中程度，可作为最后的预测结果。

中位数是用专家们预测结果的处于中间位置的预测数据，是最有可能发生的预测值。用公式表示为：当 n 是奇数时，N=(n+1)/2；当 n 是偶数时，N=n/2 和 n/2+1 之间。

上四分位数是用专家们预测结果的处于前 1/4 间的位置作为预测区间下限。用公式表示为：当 n 是奇数时，N=(n+1)/4；当 n 是偶数时，N=n/4 和 n/4+1 之间。

下四分位数是用专家们预测结果的处于后 3/4 位置的预测数据作为预测值。用公式表示为：当 n 是奇数时，N=3(n+1)/4；当 n 是偶数时，N=3n/4 和 3n/4+1 之间。

预测区间值为上限与下限之差。

第二，对非量化预测结果的处理方法。

在对某些预测项目做重要程度排序，如对产品的外形、功能、商标、规格、包装、质量等特征进行重要性排序；或对新产品的研发能否成功等进行非量化的预测时，通常采用评分法和比重法进行预测。

A. 评分法。评分法常常用于产品各特征的重要性比较或不同品牌的同类商品的质量评比等。

例 7-4　某针织品公司请专家对今年以后运动衣裤进行预测。要求在下列项目：品牌、价格、式样、吸汗、耐穿中，选择影响销售的三个主要项目，并按重要性排序。评分标准规定为：第一位给 3 分，第二位给 2 分，第三位给 1 分。第三轮专家征询意见为：赞成品牌排在第一位的专家有 61 人(专家总数为 82 人),赞成排第二位的有 13 人,赞成排第三位的有 1 人。则项目“品牌”得分为 $61\times3+13\times2+1\times1=210$ 分。

全部总分为 $81\times(3+2+1)=492$ 分。

故,“品牌”所占比重为 $210\div492=0.43$。

按照相同的计算方法,可得专家对其他四项的比重,分别为:价格 0.15,样式 0.30,吸汗 0.02,耐穿 0.10。据此得出按照重要性排在前三名的项目依次为品牌、样式和价格。

B. 比重法。比重法是指计算出专家对某个意见回答的人数比例,然后以比例最高者作为预测的结果。

例 7-5 某企业研制一种新产品,请 10 位专家对其成功与否进行预测,其中 7 人认为成功可能性高,而另 3 人持否定态度。如果采用比重法,成功比重为 7/10=0.7,失败的比重为 3/10=0.3,专家预测的协调性结果是:该新产品成功的可能性大。

7.3.4 集合经验判断法

集合经验判断法是指利用集体的经验和智慧通过思考分析、判断综合,进而对未来市场的发展趋势做出预测的一种方法。这种方法集合了众人的意见,克服了个人知识和经验的局限性。但是,集合经验判断法的结果也可能会受到个人能力、个性、心理因素和社会因素的影响,从而影响预测结果的正确性。相较于个人判断,集体判断的耗时更长。集合经验判断法的预测程序包含以下内容。

(1) 组建预测小组。邀请熟悉预测对象的有关单位和人员参与预测,如生产、销售、财务单位和专家、领导、业务人员、消费者等。向参与人员提出要求,即市场调查与预测人员根据企业经营管理的要求,向参加预测的经营管理人员提出预测项目和预测期限的要求,并尽可能提供有关的背景资料。

(2) 做出预测结果。参与预测人员根据预测要求及掌握的资料,凭个人专业知识和实践经验进行分析判断,提出各自的预测方案,并且给予理由。若有需求小组成员可进行充分讨论,调整预测结果。

(3) 计算最终预测值。首先运用主观概率统计方法计算参与预测人员的预测方案期望值。方案期望值等于各种可能状态主观概率与状态值乘积之和;然后,利用加权平均法计算参与人员的综合期望值,作为最后的预测值。

例 7-6 某企业对下一期的产品销售额进行预测,分别选取了 10 名营销人员、5 名部门主管人员以及副经理和总经理共同参与预测。预测者提出各自的预测值,如表 7-3 至表 7-5 所示。

表 7-3　各部门主管人员销售预测值

单位：万元

预 测 人 员	销售期望值	概　　率	预测期望值
营销科长	3 200	0.4	1 280
生产科长	3 100	0.3	930
技术科长	3 050	0.1	305
财务科长	2 800	0.1	280
信息科长	2 900	0.1	290
平均期望值	—	—	3 085

表 7-4　经理销售预测值

单位：万元

预 测 人 员	销售预测值	概　　率	预测期望值
总经理	3 200	0.4	1 280
副总经理	3 400	0.6	2 040
平均期望值	—	—	3 320

表 7-5　营销人员销售预测值

单位：万元

预测人员（销售人员）	1	2	3	4	5	6	7	8	9	10
预测值	2 800	3 000	2 800	3 050	3 100	2 650	2 700	3 050	2 750	2 750

预测组织者对各类预测者的预测结果进行综合，计算各类综合期望值。

各部门主管人员的销售预期销售额期望值为

$$\begin{aligned}\overline{x_1} &= \sum x_{1i}p_{1i} \\ &= 3\,200 \times 0.4 + 3\,100 \times 0.1 + 2\,800 \times 0.1 + 2\,900 \times 0.1 \\ &= 3\,085(\text{万元})\end{aligned}$$

经理的销售预期销售额期望值为

$$\overline{x_2} = \sum x_{2i}p_{2i} = 3\,200 \times 0.4 + 3\,400 \times 0.6 = 3\,320(\text{万元})$$

营销人员的销售预期销售额期望值为

$$\overline{x_3} = \frac{\sum x_{3i}}{n} = \frac{2\,800 + 3\,000 + \cdots + 2\,750}{10} = \frac{28\,650}{10} = 2\,865(\text{万元})$$

假设营销人员的权数为3,经理的权数为2,各部门主管人员的权数为1,则下一期销售预测值为

$$\overline{x} = \frac{\sum x_i f_i}{\sum f_i} = \frac{2\,865 \times 3 + 3\,320 \times 2 + 3\,085 \times 1}{3 + 2 + 1} = \frac{18\,320}{6} = 3\,053.33(\text{万元})$$

7.3.5 其他预测方法

1. 指标推断法

指标推断法是通过间接调研所得的某项经济指标,根据经济指标与预测对象之间的关系,对事物的未来发展趋势进行分析、判断和预测的一种方法。通常指标推断法有三种方法:转导法、联测法、购买者意向法。

(1) 转导法。

转导法也称为连续比率法,是基于间接调研所得的某项经济指标预测值,依据该指标与预测目标间的相关比率关系,转导出预测值的方法。这种方法简便易行,广泛应用于国际市场预测中。其预测模型为

$$\hat{y} = G \cdot (1 + k)\eta_1 \cdot \eta_2 \cdots \eta_n$$

其中:$\hat{y}$ 指预期目标的下期预测值;G 指本期参考经济指标的观察值;k 指参考经济指标的下期增长率或者下降率;$\eta_1 \cdot \eta_2 \cdots \eta_n$ 指相关经济联系的层次数比例。

例 7-7 某服装企业经营各类服装,试用转导法预测该企业儿童服装下一年度在某地区市场的销售额。预测步骤可分为三步。

第一步:获取相关间接资料。

首先,通过国家或当地政府所公布的经济和社会统计资料,收集该地区当地市场本年度的年商品零售总额及其下年度预计增长速度。假设该地区商品零售总额为 100 亿元,预计增长速度为 7%。

然后,经过调研,收集该地区服装市场占该地区零售总额的比重、该企业经营服装在当地服装市场中的市场占有率和该企业的儿童服装占该企业服装销售额的比重等资料,分别为 9%、5%和 15%。

第二步:计算预测值。

根据转导法模型,计算 2019 年该企业在某地区市场上儿童服装的销售额预测值为 550.8 万元。即

$$\begin{aligned}\hat{y} &= G\cdot(1+k)\eta_1\cdot\eta_2\cdots\eta_n\\ &=[100\times(1+7\%)]\times0.9\times0.05\times0.15\\ &=0.72225(亿元)\end{aligned}$$

第三步：对市场进行分析。

根据预计值制定相应销售计划，为了使得计划贴近现实，还需要对市场情况进行分析。首先，分析市场环境因素，人口、经济、社会文化等因素对企业的经营状况企业外部影响作用；其次，分析市场上的竞争情况，及时把握企业自身和主要竞争对手的市场占有率，对企业自身的竞争优势和劣势，以及存在的威胁和机会进行综合分析，并且对潜在竞争者做好应对措施；再次，分析市场的需求变化情况，把握消费者需求数量和结构以及消费者的购买行为和态度的变化情况，预测绝大多数(80%以上)消费者能够接受的价格水平；最后，分析消费者易于接受的促销手段，增加企业的销售额，提升企业的市场占有率。对市场进行重合分析，结合预测值，企业就可以实施精准的营销方案。

（2）联测法。

联测法是一种以点推面的方法，即以一个企业的普查资料或某一个地区的抽样调查资料为基础，进行分析、判断、联测，确定某一行业以致整个市场预测值的一种预测方法。在使用该方式时，选择的样本必须具有典型性、代表性，即能够反映总体的情况。

例 7-8　某空调品牌生产商为了开拓 4 个城市空调的需求市场，用联测法预测 2019 年度 4 个城市空调总需求量。

第一步：收集四个城市 2018 年度空调销售数量和居民户数的资料，并计算销售率。

想要预测 2019 年度的销售数量，则在 2018 年时做好调查工作，记录各个城市的销售数据，4 个城市的 2018 年度实际销售数量和家庭数量如表 7-6 所示。

表 7-6　2018 年四个城市空调销售数量和居民户数的资料

城　市	x_1	x_2	x_3	x_4
实际销售量(台)	5 000	6 800	7 600	5 600
家庭(万户)	5	6	6.4	6.2
销售率 C_{x_i}（台/万户）	0.1	0.113	0.119	0.09

第二步，对一个城市进行抽样调查。考虑企业的资金问题，对其中一个城市进行抽样调查，其他的城市采取联测。假设对城市 x_1 进行抽样调查，调查结果显示每 100 户家庭对空调的需求量为 15 台，即城市 x_1 的需求率为：

$$D_{x_1}=\frac{15}{100}=0.15$$

第三步：根据抽样结果，计算四个城市2019年空调需求率。以2018年各个城市的销售率近似反映2019年的需求差异，则两个城市的销售率之比近似等于两个城市需求率之比：

$$\frac{C_{x_1}}{C_{x_i}}\approx\frac{D_{x_1}}{D_{x_i}};$$

则有：

$$D_{x_i}\approx\frac{C_{x_i}\cdot D_{x_1}}{C_{x_1}}$$

其中：C_{x_i} 为城市 X_i 的销售率；D_{x_i} 为待求的城市 x_i 的需求率。

则有：

$$D_{x_2}=\frac{0.113}{0.1}\times 0.15=0.1695$$

同理可计算得出：

$$D_{x_3}=0.1785,\ D_{x_4}=0.135$$

第四步：根据城市需求率推算四个城市空调需求量。计算公式如下：

需求量 = 需求率 × 居民户数

X_1 城市需求量 = 0.15 × 50 000 = 7 500(台)

X_2 城市需求量 = 0.169 5 × 60 000 = 10 170(台)

X_3 城市需求量 = 0.178 5 × 64 000 = 11 424(台)

X_4 城市需求量 = 0.135 × 62 000 = 8 370(台)

最后，确定四个城市2019年空调需求量预测值为

$$Y=7\,500+10\,170+11\,424+8\,370=37\,464(\text{台})$$

联测法是以抽样调查资料为基础，以一个市场需求的需求率去推算其他市场的需求率，这种方法得到的预测值会和实际值之间存在一定的误差。因此在实际应用中，首先要确保对历史资料的准确统计，其次在抽样调查的过程中尽可能减少抽样误差，最后要分析实际的市场情况，使得预测值符合实际情况。

(3) 购买者意向法。

购买者意向调查法是一种市场研究中较为常用的市场需求预测方法。这一方法又称买主意向调查法，是指通过一定的调查方式(抽样调查、典型调查等)选择一部分或全部的潜在购买者，直接向他们了解未来某一时期(即预测期)购买商品的意向，并在此基础上对商品需求或销售作出预测的方法。在缺乏历史统计数据的情况下，运用这种方法可以取得数据资

料,作出市场预测。

企业中如果少数重要顾客占据企业大部分销售量,那么购买者意向法是一种比较适合的预测方法。在预测实践中,这种方法常用于中高档耐用消费品的销售预测。购买者意向调查法的适用条件如下:① 购买者的购买意向明确清晰;② 这种意向会转化为顾客购买行为;③ 购买者愿意把其意向告诉调查者。

购买者意向法的预测程序含四个部分。

① 设计购买意向调查表,将购买意向分为不同等级,每个等级有相应的概率来描述购买的可能性大小。一般分为五个等级:"肯定购买",购买概率是 100%;"可能购买",购买概率是 80%;"未确定",购买概率是 50%;"可能不买",购买概率是 20%;"肯定不买",购买概率为 0。具体见表 7-7。

表 7-7　购买意向调查表

购买意向	肯定购买	可能购买	未确定	可能不买	肯定不买
概率描述(p)	100%	80%	50%	20%	0

② 利用各种市场方法,让选择出来的消费者填写调查表。在填写之前,要向被调查者详细说明说调查的商品及其同类商品的各种特性,如价格、功能、用途等,消除调查对象的疑虑,做出准确判断,从而反映商品真实的需求状况;

③ 收回调查表,对调查结果进行汇总和统计,结果如表 7-8 所示。

表 7-8　购买意向汇总表

购买意向	肯定购买	可能购买	未确定	可能不买	肯定不买
概率描述(p_i)	100%	80%	50%	20%	0
人数(户数) x_i	x_1	x_2	x_3	x_4	x_5

说明:x_i 为不同购买意向的人数;p_i 为不同购买意向的概率值。

按照购买意向汇总数据,计算购买比例期望值。计算公式如下:

$$E = \frac{p_i x_i}{\sum x_i}$$

④ 计算购买量预测值。

购买量预测公式如下:

$$Y = E \times X$$

其中:E 为购买比例的期望值;X 为预测范围内总人数(总户数)。

例 7-9 某电器销售公司要预测某市下半年音响设备的销售量，对该市居民进行音响设备购买意向调查。该市居民为 15 万户，样本为 500 户。调查资料显示：肯定购买 8 户，可能购买 20 户，未定 40 户，可能不买有 200 户，肯定不买 232 户。预测过程如下：

第一步：计算购买比例期望值。

$$E = \frac{p_i x_i}{\sum x_i} = \frac{8 \times 100\% + 20 \times 80\% + 40 \times 50\% + 200 \times 20\% + 232 \times 0}{500}$$

$$= \frac{8 + 16 + 20 + 46.4}{500} = 18.08\%$$

第二步：计算下半年音响设备销售量预测值。

$$Y = E \times X = 18.08\% \times 15 = 2.712(\text{万件})$$

根据计算结果可知，该市下半年音响设备销售量预测值为 2.712 万件。

2. 厂长(经理)评判意见法

厂长(经理)评判意见法，就是由企业的负责人把与市场有关或者熟悉市场情况的各种负责人员和中层管理部门的负责人召集起来，让他们对未来的市场发展形势或某一种大市场问题发表意见，做出判断；然后，将各种意见汇总起来，进行分析研究和综合处理；最后得出市场预测结果。

厂长(经理)评判意见法优点在于：(1) 迅速、及时和经济，无须复杂计算，预测费用低；(2) 发挥集体智慧，集中了各个方面熟悉市场情况的有经验中高级管理人员的意见，预测结果比较可靠；(3) 无须大量统计资料的支撑，更适合于那些不可控因素较多的产品进行销售预测；(4) 如果市场发生了变化可以自行修正。

厂长(经理)评判意见法的缺点在于：(1) 预测结果容易受主观因素影响；(2) 对市场变化、顾客的愿望等问题了解不细，因此预测结果一般化。

例 7-10 某厂厂长、业务科长、批发部主任对该厂明年产品销售额估计如表 7-9 所示。

表 7-9 不同人员对产品销售额的估计

单位：万元

	厂 长	业务科长	批发部主任
最高销售额	850	800	900
概率	0.2	0.1	0.2
可能销售额	800	760	850
概率	0.7	0.7	0.6
最低销售额	750	720	780
概率	0.1	0.2	0.2

根据上述资料，试用主观概率法预测该厂明年产品的销售额。设权数：厂长为 3，业务科长为 2，批发部主任为 1。

解：

厂长的预测值为 $850 \times 0.2 + 800 \times 0.7 + 750 \times 0.1 = 805$（万元）

业务科长的预测值为 $800 \times 0.1 + 760 \times 0.7 + 720 \times 0.2 = 756$（万元）

批发部主任的预测值为 $900 \times 0.2 + 850 \times 0.6 + 780 \times 0.2 = 846$（万元）

因此，明年的销售额预测值为 $(805 \times 3 + 756 \times 2 + 846 \times 1) \div 6 = 795.5$（万元）

3. 销售人员意见调查法

销售人员意见调查法是将有关销售人员的估计值汇总起来，作为预测结果值。由于销售人员一般都非常熟悉市场，尤其是自己负责区域的市场，因此这一方法的预测结果具有较高的真实性和可信度。

销售人员意见调查法的优点在于：(1) 与厂长评判意见法一样，不需要经过复杂的运算，因此比较快速、省时；(2) 销售人员熟悉市场中的消费者和竞争对手，得到的预测数据比较准确可靠。

销售人员意见调查法的缺点在于：(1) 主观性较强，容易受到个人偏见的影响，有些销售人员若是求稳的心态，那么在进行预测的时候会降低预测值以确保任务得以完成，有些销售人员比较积极乐观，那么其预测值可能会高于实际的销售额；(2) 过度依赖销售人员的判断，容易忽视对总体市场(即整个市场系统)发展趋势的分析，而产生过于乐观或过于悲观的估计。

例 7-11　某公司 4 位营业员对该公司明年产品销售状况进行预测，对其销售额及各种状态下的概率估计如表 7-10 所示。

表 7-10　4 位营业员对产品销量及概率的估计

单位：万元

预测人	最低值	概　率	可能值	概　率	最高值	概　率
甲	850	0.3	950	0.4	1 100	0.3
乙	980	0.2	1 050	0.7	1 200	0.1
丙	700	0.2	900	0.4	1 150	0.4
丁	850	0.3	1 000	0.5	1 100	0.2

已知甲、乙两个业务员的水平相当，他们的估计同样重要，丙的业务水平较高，其估计权数为甲或乙的 1.5 倍，丁的业务水平最高，其权数为甲或乙的 2 倍，试估计公司明年销售额预测值。

甲的预测值：$1\,100 \times 0.3 + 950 \times 0.4 + 850 \times 0.3 = 965$（万元）

乙的预测值：1 200×0.1＋1050×0.7＋980×0.2＝1051(万元)
丙的预测值：1 150×0.4＋900×0.4＋700×0.2＝960(万元)
丁的预测值：1 100×0.2＋1 000×0.5＋850×0.3＝975(万元)
销售额预测值：(965＋1 051＋960＋975)/5.5＝982.91(万元)

本章小结

本章主要介绍了两部分内容，包含市场预测的概述和定性市场预测的方法。市场预测是在对市场的历史和现状进行调研的基础上，运用科学的预测方法，对市场未来的发展趋势的预判。在进行市场预测时必须遵循相关原则、惯性原则、类推原则、概率推断和系统原则。市场预测的内容包括市场环境预测、市场需求预测和市场供给预测。市场预测可以根据预测范围、性质、期限和空间进行不同的分类。市场预测的程序包括确定预测目标、搜集分析资料、选择预测方法、预测分析与修正、编写预测报告。市场预测大致有三类方法：定性预测、定量预测和综合预测方法。

定性预测方法侧重于对事物未来发展做出性质和方向上的判断，其适用于缺乏大量翔实的历史数据资料，或事物的影响因素众多，或对主要影响因素难以进行定量分析等情景的分析预测。定性预测的主要方法有类推法、因素推算法、专家预测法、集合经验判断法、厂长评判意见法、销售人员意见调查法等。

关键词

市场预测、定性预测、定量预测、类推法、专家会议法、德尔菲法、集合经验判断法、指标推断法、厂长评判意见法、销售人员意见调查法

思考题

1. 市场调查和市场预测是什么关系？
2. 市场预测有哪些种类？定性预测和定量预测有何区别？
3. 市场预测的过程是什么？
4. 简述定性预测方法的概念、特点及步骤。
5. 定性预测方法适用哪些情景？
6. 什么是专家会议法？其有何优缺点？
7. 什么是德尔菲法？其有何优缺点？
8. 如何组建集合经验判断法的预测小组？这种方法的使用范围如何？
9. 厂长意见法和销售人员意见法有何相似的特征？

10. 表 7-11 为某商品年销售量采用德尔菲法得到的专家意见表,试作分析和综合预测。

表 7-11　专家意见得分表

专家小组成员		第一次意见			第二次意见			第三次意见		
		最低销售量	最可能销售量	最高销售量	最低销售量	最可能销售量	最高销售量	最低销售量	最可能销售量	最高销售量
第一类专家	A	50	120	140	50	130	150	50	140	154
	B	70	140	160	70	130	150	70	130	148
	C	40	100	120	60	110	130	60	120	134
第二类专家	A	60	110	140	60	100	160	62	110	160
	B	80	120	150	70	110	140	68	128	140
	C	60	100	130	60	110	150	64	124	150
第三类专家	A	80	110	170	70	110	160	66	108	148
	B	60	100	160	60	120	160	80	120	156
	C	32	80	140	50	100	130	56	102	130
第四类专家	A	40	80	90	50	100	120	52	104	116
	B	60	100	110	70	80	110	68	86	112
	C	50	90	120	60	90	110	64	84	114
第五类专家	A	36	50	60	40	60	80	44	64	80
	B	40	60	80	48	64	100	48	60	100
	C	32	40	60	50	56	90	52	66	90
合　计		—	—	—	—	—	—	904	1 546	1 932

案例分析

10 年后我国人均流量会达到 100 GB

在前段时间,中国信息通信研究院发布《中国宽带资费水平报告》,其中展示了我国第二季度移动通信业务的情况。

其中截至 2020 年第二季度末,我国移动数据流量平均资费为 4.3 元/GB,同比下降了

23.25%；用户月均移动数据使用量为 9.52 GB，同比增长 33.8%；移动通信月户均支出为 47.8 元，同比略降 1.3%。不过在国际对比中，我国移动通信资费在全球处于偏低水平，移动通信用户月均支出在全部 239 个国家和地区中按价格由低至高排名第 86 位，低于全球 11.36 美元的平均水平，远低于美国、加拿大、韩国等国。

不过随着我国 5G 网络建设的铺开，移动网络网速再次迈上一个台阶，以后我国用户月均移动数据使用量会逐渐增多。

而“2020 全球财富管理论坛”上，清华大学国家金融研究院院长、国际货币基金组织前副总裁朱民表示，国家的战略核心理念是数据流，数据流具体的体验是流量。他表示，中国今天的流量人均每个月是 9 GB，OECD 是 6 GB，高于他们 50%。他还预计 10 年后中国人均流量会增长 10 倍，达到 100 GB；OECD 国家将达到 50 GB，中国将是(超过)发展中国家 1 倍的水平。他认为，10 年后智能手机销量是 10 亿级别的，目前我国的手机销量也就是 5 亿级别，而物联网是千亿级别的，如果 10 年以后流量能达到 100 亿的单元，那么整个社会就全部连起来了。

资料来源：https://baijiahao.baidu.com/s?id=1677106393786302767&wfr=spider&for=pc.

问题： 你认为，十年之后我们的移动网络将会发展到怎样的情况呢？

第 8 章　定量预测方法

学习目标

◆ 理解定量预测方法的概念
◆ 掌握时间序列预测法
◆ 掌握回归分析预测法
◆ 了解巴斯模型预测法和生命周期预测法

导入案例

大数据预测分析

1. 谷歌的意图

如果说有一家科技公司准确定义了"大数据"概念的话，那一定是谷歌。根据搜索研究公司 comScore 的数据，仅 2012 年 3 月一个月的时间，谷歌处理的搜索词条数量就高达 122 亿条。谷歌的体量和规模，使它拥有比其他大多数企业更多的应用大数据的途径。

谷歌搜索引擎本身的设计，就旨在让它能够无缝链接成千上万的服务器。如果出现更多的处理或存储需要，抑或某台服务器崩溃，谷歌的工程师们只要再添加更多的服务器就能轻松搞定。将所有这些数据集合在一起所带来的结果是：企业不仅从最好的技术中获益，同样还可以从最好的信息中获益。下面简要介绍谷歌公司的三个亮点。

谷歌意图：谷歌不仅存储了搜索结果中出现的网络连接，还会储存用户搜索关键词的行为，它能够精准地记录下人们进行搜索行为的时间、内容和方式，坐拥人们在谷歌网站进行搜索及经过其网络时所产生的大量机器数据。这些数据能够让谷歌优化广告排序,并将搜索流量转化为盈利模式。谷歌不仅能追踪人们的搜索行为,而且还能够预测出搜索者下一步将要做什么。用户所输入的每一个搜索请求,都会让谷歌知道他在寻找什么,所有人类行为都会在互联网上留下痕迹路径,谷歌占领了一个绝佳的点位来捕捉和分析该路径。换言之,谷歌能在你意识到自己要找什么之前预测出你的意图。这种抓取、存储并对海量人机数据进行分析,然后据此进行预测的能力,就是数据驱动的产品。

谷歌分析:谷歌在搜索之外还有更多获取数据的途径。企业安装"谷歌分析"之类的产品来追踪访问者在其站点的足迹,而谷歌也可获得这些数据。网站还使用"谷歌广告联盟",将来自谷歌广告客户网的广告展示在其站点,因此,谷歌不仅可以洞察自己网站上广告的展示效果,同样还可以对其他广告发布站点的展示效果一览无余。

谷歌趋势:既然搜索本身是网民的"意图数据库",当然可以根据某一专题搜索量的涨跌,预测下一步的走势。谷歌趋势可以预测旅游、地产、汽车的销售。此类预测中最著名的就是谷歌流感趋势,跟踪全球范围的流感等病疫传播,依据网民搜索,分析全球范围内流感等病疫的传播状况。

2. eBay的分析平台

早在2006年,eBay就成立了大数据分析平台。为了准确分析用户的购物行为,eBay定义了超过500种类型的数据,对顾客的行为进行跟踪分析。eBay分析平台高级总监Oliver Ratzesberger说:"在这个平台上,可以将结构化数据和非结构化数据结合在一起,通过分析促进eBay的业务创新和利润增长。"

eBay行为分析:在早期,eBay网页上的每一个功能的更改,通常由对该功能非常了解的产品经理决定,判断的依据主要是产品经理的个人经验。而通过对用户行为数据的分析,网页上任何功能的修改都交由用户去决定。"每当有一个不错的创意或者点子,我们都会在网站上选定一定范围的用户进行测试。通过对这些用户的行为分析,来看这个创意是否带来了预期的效果。"

eBay广告分析:更显著的变化反映在广告费上。eBay对互联网广告的投入一直很大,通过购买一些网页搜索的关键字,将潜在客户引入eBay网站。

3. 塔吉特的"数据关联挖掘"

利用先进的统计方法,商家可以通过用户的购买历史记录分析来建立模型,预测未来的购买行为,进而设计促销活动和个性服务,避免用户流失到竞争对手那边。

美国第三大零售商塔吉特,通过分析所有女性客户购买记录,可以"猜出"哪些是孕妇。其发现女性客户会在怀孕四个月左右时大量购买无香味乳液,由此挖掘出25项与怀孕高度相关的商品,制作"怀孕预测"指数。推算出预产期后,就能抢先一步,将孕妇装、婴儿床等折扣券寄给客户。

塔吉特还创建了一套女性购买行为在怀孕期间产生变化的模型，不仅如此，如果用户从它们的店铺中购买了婴儿用品，它们在接下来的几年中会根据婴儿的生长周期定期给这些顾客推送相关产品，使这些客户形成长期的忠诚度。

4. 中国移动的数据化运营

通过大数据分析，中国移动能够对企业运营的全业务进行针对性的监控、预警、跟踪。大数据系统可以在第一时间自动捕捉市场变化，再以最快捷的方式推送给指定负责人，使其在最短时间内获知市场行情。

客户流失预警：一个客户使用最新款的诺基亚手机，每月准时缴费、平均一年致电客服3次，使用WEP和彩信业务。如果按照传统的数据分析，可能这是一位客户满意度非常高、流失概率非常低的客户。事实上，当搜集了包括微博、社交网络等新型来源的客户数据之后，这位客户的真实情况可能是这样的：客户在国外购买的这款手机，手机中的部分功能在国内无法使用，在某个固定地点手机经常断线，彩信无法使用——他的使用体验极差，正在面临流失风险。这就是中国移动一个大数据分析的应用场景。通过全面获取业务信息，可能颠覆常规分析思路下做出的结论，打破传统数据源的边界，注重社交媒体等新型数据来源，通过各种渠道获取尽可能多的客户反馈信息，并从这些数据中挖掘更多的价值。

数据增值应用：对运营商来说，数据分析在政府服务市场上前景巨大。运营商也可以在交通、应对突发灾害、维稳等工作中使大数据技术发挥更大的作用。运营商处在一个数据交换中心的地位，在掌握用户行为方面具有先天的优势。作为信息技术的又一次变革，大数据的出现正在给技术进步和社会发展带来全新的方向，而谁掌握了这一方向，谁就可能成功。对于运营商来说，在数据处理分析上，需要转型的不仅是技巧和法律问题，更需要转变思维方式，以商业化角度思考大数据营销。

资料来源：https://blog.csdn.net/weixin_44099558/article/details/85782339.

8.1 定量预测的概述

定量预测是基于大量的、翔实的、准确的和完备的历史数据与资料，通过建立适合的数学模型，选择适当的计量方法，分析事物过去和现在的发展变化规律，进而推断事物未来的变化趋势。定量分析两个重要的组成部分为翔实的历史统计资料与数学模型，因此定量分析的分析结果更为准确与科学，但是数学模型以及算法固定，因此这个方法较为机械，对分析人员的数学分析基础要求较高。

根据数据类型的不同，定量预测可以分为两类，一类是对连续型数据的预测分析，有回归分析与时间序列分析，回归分析是基于相关原则进行预测，有线性回归或者非线性回归，时间序列分析是关于季节性数据的预测，其是基于惯性原则；另一类是对离散型变量的预测分析，包含逻辑回归、决策树、神经网络、KNN、SUM、贝叶斯等方法，这些方法基于类推原则进行预测，又称为分类预测。此外，近年来还有一些方法得到了广泛的应用，如鱼骨分析法、生命周期预测法、灰色系统预测法、情景分析预测法、巴斯模型法等，这些方法具有其他预测方法无法替代的特点。

8.2 时间序列预测法

8.2.1 时间序列预测法的概述

时间序列是对同一现象进行观察，按照时间顺序将观察值排列为一组数字序列，即描述现象随时间发展变化的特征。通常观察的时间间隔可以是天、周、月、季、年等形式。时间序列预测法是根据已有的时间序列数据，分析事物发展的变化规律和发展趋势，从而预测事物未来的变化，以此为业务决策提供依据。因此在采用时间序列进行预测必须具备以下基本特征：(1) 预测所依据的历史数据的变化具有较强的规律性，并且这种变化趋势会延续到未来；(2) 预测所依据的数据由于受偶然性因素的影响，其变化具有不规则性；(3) 此方法不考虑事物发展之间的因果关系，仅研究事物随着时间发展的变化特征和规律。时间序列预测的方法有很多，有简单平均法、移动平均法、指数平滑法等较为传统的分析方法，也有 Box-Jenkins 的自回归模型(ARMA)等现代分析方法。

在实际运用时间预测法时，往往遇到的数据较为复杂，因此需要根据具体的情况采用适合的方法进行预测，才能得到准确的预测效果。一般情况下，时间序列包含四种变动因素，而时间序列的发展会因这四种因素的不同组合形式呈现不同的特征。时间序列的四种变动因素为：(1) 随机变动(I)，序列中的数值维持在某一固定水平上波动，不同时间点波动程度不同，但是不存在某种规律性，又称偶然变动。若序列只有随机变动，不存在趋势，此类序列称平稳序列(Stationary Series)；(2) 长期趋势(T)，时间序列在预测期内事物呈现出来的某种持续上升或持续下降的变动，趋势可以是线性的，也可以是非线性的；(3) 季节变动(S)，一年内观测值呈现出的周期波动，如旅游业出游人数的季节性波动；服装行业销售额的季节性波动等，这里的季节不仅是指一年四季，其包括任何一种周期性的变化。季节变化的时间序列可能会呈现一定的趋势，也可能没有趋势变化；(4) 周期变动(C)，又称循环波动，是时间序列中呈现出来的围绕长期趋势的一种波浪形或振荡式波动。周期性通常是由经济环境的变化引起的变动，如某一商业活动、某一经济政策等。与趋势变动相比，周期变动的方法不是单一的，是有涨有落的；与季节变动相比，周期变动缺乏规律性，且变动周期在一年以上，且时长不定。若时间序列包含长期趋势、季节变动或周期变动中的一种因素或者几种因素的组合，则是非平稳序列(Non-stationary Series)。

传统时间序列分析方法是将时间序列中的四种因素分离出来，然后用一定的数学表达式呈现它们之间的关系，从而进行有侧重的分析。根据四种因素对时间序列的影响的不同，可分解为加法模型(Additive Model)与乘法模型(Multiplicative Model)。加法模型的时间序列是将四种变动因素进行相加，即 Y＝T＋C＋S＋I，而乘法模型则是将四种变动因素相乘，即 Y＝T×C×S×I。

8.2.2　时间序列预测法的步骤

时间序列分析的重要工作就是依据已有的时间序列数据对事物未来的发展和趋势进行预测。由于时间序列数据包含四种不同的因素及其不同的组合形式，针对不同的因素采用的预测方法有所差异。因此在采用时间序列分析方法进行预测时，一般遵循三个步骤。

第一步：明确时间序列的类型。通常来说所有的时间序列数据都会受到随机因素的影响，而且在市场研究中一般不考虑周期变动因素，因此只需确定长期趋势和季节变动因素。若时间序列数据中不含趋势变动和季节变动，只含随机成分，即平稳序列。对于长期趋势成分的确定，可以通过绘制散点图来判断时间序列是否存在趋势以及是线性趋势还是非线性趋势。若是存在线性趋势，可利用回归分析对趋势线进行拟合，并检验回归系数的显著性，最终得出结论。对于季节变动因素的确定，根据一年以上的时间序列进行分析，并且观察值是按照天、周、月、季的时间周期进行记录的，可以通过绘制折线图的方法来判断周期长短。

第二步：选择预测方法。根据时间序列的类型，找出适合此数据的预测方法。对于平稳序列，可以采用平滑预测方法消除偶然因素，又称平滑法，具体方法有简单平均法、移动平均法、指数平滑法，这种方法不仅可以对时间序列进行短期预测，还可以描述序列的趋势(线性趋势或非线性趋势)。对于含有长期趋势成分的时间序列可以采用趋势预测方法进行外推预测，具体方法有线性趋势预测、非线性趋势预测和自回归模型预测。对于含有随机、趋势、周期和季节四种因素的复合数据，需将四种因素分别分解出来，进而进行预测，采用的分解模型为 Y＝T×C×S×I。具体预测方法有季节性多元回归模型、季节自回归模型和时间序列分解法预测。

第三步：应用适合的预测方法进行预测分析。

以下小节将逐一介绍各种时间序列方法及其具体应用。

8.2.3　平滑预测方法

1. 简单平均法

简单平均法是以历史数据的算术平均数、加权算术平均数和几何平均数等来预测下一期的数据。这类方法模型简单，操作方便，当时间序列没有明显趋势且变化不明显时，可运用此方法进行短期或者近期预测。

(1) 算术平均法。

算术平均法是把历史数据加以算术平均，并以平均数作为预测对象预测值的方法。预测模型为

$$\overline{FA}_{t+1} = \frac{1}{t}\sum_{i=1}^{t} A_i$$

其中，$\overline{FA}_{t+1}$ 为算术平均数的预测值；A_i 为第 i 个历史数据的观测值；t 为历史数据的个数。

算术平均法视所有数据对未来影响效果相同，事实上，越是近的数据对未来的作用更强，因此该方法的预测的结构不够准确。

(2) 加权平均法。

加权平均法是对历史数据中的每个数值重要程度赋予相应权数，并以加权算术平均数作为预测对象的预测值。一般来说距离预测值越近的历史数据比离预测值较远的历史数据重要，因此近期数据的权数高于远期数据。此方法在算术平均法的基础上，进一步考虑了数据的重要性，因此预测结果更为科学。预测模型为

$$\overline{FW}_{t+1} = \frac{\sum_{i=1}^{t} W_i A_i}{\sum_{i=1}^{t} A_i}$$

其中，$\overline{FW}_{t+1}$ 为加权平均数的预测值；A_i 为第 i 个历史数据的观测值；W_i 为第 i 个历史数据的权数。

(3) 几何平均法。

几何平均法是运用历史数据的几何平均数作为预测值进行预测。预测模型为

$$\overline{FG}_{t+1} = \sqrt[n]{A_1 \cdot A_2 \cdots A_n} = \sqrt[n]{\prod A_i}$$

从上式可知，若历史数据中的某一观察值增加 r 倍，而另一观察值缩小 r 倍，计算所得的几何平均数不会发生变化。这一特征是其他平均法所不具备的，因此几何平均法对于消除历史数据的随机波动效果更好，更能反映事物发展的现象与趋势。几何平均法常应用于计算预测目标的发展速度，然后再进行预测，如预测经济发展的总体水平。

主要预测步骤如下：

① 利用 n 个历史数据计算环比发展速度 R_i；

② 根据环比发展速度计算平均发展速度，即几何平均数 $\overline{RG}$；

$$\overline{FG}_n = \sqrt[n-1]{R_1 \cdot R_2 \cdots R_{n-1}} = \sqrt[n-1]{\prod R_i}$$

③ 将几何平均数乘以当期的历史数据得出预测值。

虽然几何平均法具有其他平均法没有的优势，但是两种情形下不适合采用此方法：一是，历史数据之间的差异较大；二是，历史数据起始数据和末端数据过大或者过小。

2. 移动平均法

移动平均法是用距离预测对象最近的一组历史数据(实际数据值)的平均数作为预测值

的一种方法。移动平均法根据预测时给予各元素权重的不同，分为简单移动平均法和加权移动平均法。

移动平均法的基本思想是：根据时间序列资料、逐项推移，依次计算包含一定项数的序时平均值，以反映长期趋势的方法。因此，当时间序列的数值由于受周期变动和随机波动的影响，起伏较大，不易显示出事件的发展趋势时，使用移动平均法可以消除这些因素的影响，显示出事件的发展方向与趋势（即趋势线），然后依趋势线分析预测序列的长期趋势。

（1）简单移动平均法。

简单移动平均法视历史数据中各数值的作用等同化，即各数据权重相等。预测模型如下：

$$F_t=(A_{t-1}+A_{t-2}+A_{t-3}+\cdots+A_{t-n})/n=\frac{1}{n}\sum_{i=t-n}^{t-1}A_i$$

其中，F_t 为 t 期的预测值；n 为移动平均的时期间隔；A_{t-1}、A_{t-2}、A_{t-3}、A_{t-n} 分别为前一期、两期、前三期和前 n 期的实际值。

（2）加权移动平均法。

加权移动平均给予固定跨越期限内的每个实际值不同的权重。此方法其原理是不同时期的历史数据对于预测对象的作用是存在差异的，越接近预测期的历史数据的影响力越强，因此赋予较高的权重。

加权移动平均法的预测模型如下：

$$F_t=W_1A_{t-1}+W_2A_{t-2}+W_3A_{t-3}+\cdots+W_nA_{t-n}$$

其中，W_1、W_2、W_3、W_n 分别为 t－1、t－2、t－3 直到 t－n 期历史数据实际值的权重。

运用加权平均法时，往往采用经验法和试算法确定权重。通常情况下，近期的数据权重大，远期的数据权重小。但是，如果数据具有季节性，则权重相应也是季节性的。

移动平均法通过移动平均消除时间序列中的随机变动和其他变动，从而揭示出时间序列的长期趋势，其具有以下特点：① 参加平均的跨越期数 n（时间间隔）是相对固定的；② 移动平均对原序列有修匀或平滑的作用，消减了原序列的上下波动，加大移动平均法的跨越期数（即加大 n 值）会使平滑波动效果更好，但会使预测值对数据实际变动更不敏感；③ 移动平均法需要依据大量的历史数据；④ 移动平均法随着预测期的不断推进，每次引进一个新的数据，同时相应剔除距离预测期最远的一个历史数据，因此具有移动的特点。

移动平均法通过移动平均消除时间序列中的随机波动和其他变动，从而揭示出时间序列的长期趋势，但移动平均法运用时也存在着如下问题：① 移动平均法预测是基于历史数据进行预测，因此预测值对于未来强度更大或者更小的波动的预测效果较差，并不能总是很好地反映未来趋势。② 跨越期数（即加大 n 值）越大，预测值对数据实际变动敏感性越差。③ 当跨越期数 n 为奇数时，只需进行一次移动平均，其移动平均值作为移动平均项数的中间一期的趋势代表值；而当移动平均项数 N 为偶数时，中位数有两个，因此需要进行两次移动平均。④ 当序列包含季节变动时，移动平均跨越期数 n 应与季节变动长度一致，才能消除其季节变动;若序列包含周期变动时,平均时距项数 N 应和周期长度基本一致,才能较好地消除周期波动。

3. 指数平滑法

指数平滑法是通过对过去的观察值加权平均进行预测,使下一期的预测值等于当期的实际观察值与当期的预测值的加权的平均值。该方法从移动平均法发展而来,是一种特殊的加权移动平均法,在不舍弃历史数据的前提下,加强了离预测期较近的历史数据的权数,权数由近到远按指数规律递减,因此称指数平滑法。指数平滑法有一次指数平滑法、二次指数平滑法和三次指数平滑法等。这里主要介绍一次指数平滑法。

一次指数平滑法是将一段时期的预测值与观察值的线性组合作为下一期的预测值,预测模型为

$$F_{t+1} = \alpha A_t + (1-\alpha) F_t$$

其中,α 为平滑系数 ($0 \leqslant \alpha \leqslant 1$);$A_t$ 为 t 期的历史数据实际观察值; F_t 为 t 期的预测值,当 t=1 时,$F_1 = A_1$。

在使用指数平滑法时,平滑系数数值的确定至关重要,不同取值会带来不同的预测结果。当平滑系数取值为 0 时,下一期的预测值与当期预测值相同,当平滑系数为 1 时,下一期的预测值为当期的实际值。当平滑系数越接近于 1 时,越是重视当期历史数据实际值的作用,因此预测结果对时间序列变化的敏感性越强,相反,当平滑系数越接近于 0 时,越是重视当期历史数据预测值的作用,因此预测结果对时间序列变化的敏感性越差。

在实际应用过程中,平滑系数的取值一般小于等于 0.5,且为了减少预测误差,可以试用多个平滑系数,选择预测误差最小的系数值。若平滑系数最终值大于 0.5,说明时间序列中的波动过大或者存在某种趋势。

8.2.4 趋势预测方法

时间序列存在某种长期趋势,并且这种趋势能够延续到未来,则可以使用趋势进行外推预测,这种趋势有线性的,也有非线性的,因此趋势预测方法主要有线性趋势预测、非线性趋势预测。

1. 线性趋势预测

线性趋势是指现象随着时间的推移而呈现稳定增长或下降的线性变化规律。

线性趋势方程为

$$\hat{Y}_t = b_0 + b_1 t$$

其中,t 为时间; $\hat{Y}_t$ 为时间序列的预测值; b_0 为截距项; b_1 是趋势线斜率,表示时间 t 变动一个单位时观察值的平均变动数值。

2. 非线性趋势预测

时间序列数据若是随着时间的变化呈现线性趋势,则使用线性趋势预测对趋势进行直

线拟合,但是很多时候数据伴随时间的变化会呈现出某种非线性的变化趋势,此时则需要对时间序列采用非线性的趋势预测,拟合适当的趋势曲线。

通常情况下,可以先根据散点图绘制观察值与时间之间的变化曲线,然后与各类函数曲线模型进行比较,进而选择适合的模型。由于有些模型较为相似,图形无法做出判别,因此在实际预测过程中,可以同时对多个模型进行测算,然后选择标准误差最小的模型作为预测模型。这些过程都可以通过 SPSS 软件直接实现。

8.2.5　季节性预测方法

1. 季节性预测方法的预测步骤

对含有长期趋势、季节变化、周期变化和随机波动的时间序列进行预测的时候,首先将各个因素依次从时间序列中分解出来,然后再进行预测。分解模型为

$$Y_t = T_t \times S_t \times I_t \times C_t$$

某些情况下,时间序列的数据量比较有限,而周期成分的分析需要有多年的数据,在进行预测的时候会不考虑周期因素。

季节性预测的具体预测方法有季节性多元回归模型、季节自回归模型和时间序列分解法预测。分解法预测步骤为:

第一步:运用移动平均法计算移动平均数,消除波动,得到序列 TC。

(1) 测量数据的次数/周期 K;

(2) 用移动平均法消除波动,K 个数据取均值;

(3) 当 K=奇数时,首行位置为(K+1)/2,处理好的数据与原始数据是对称的;

(4) 当 K=偶数时,首行位置为 K/2+1,处理好的数据与原始数据不对称,需要再进行二项移动平均;

(5) 处理好的数据等于 T×C。

第二步:求季节因子 Si=Y/TC,如果每年的 Si 不同再用移动平均法进行修正,$\sum_{i=1}^{4} S_i = K = 4$,如果不等于 4,用 $\dfrac{S_i \times 4}{\sum S_i}$ 公式进行修正;

第三步:趋势 $T = \beta_0 + \beta_1 \cdot t$,用回归分析求 β_0 和 β_1,自变量为时间 t,因变量为移动平均值 TC;

第四步:根据求得的 β_0 和 β_1,代入原始数据,求得每年的长期趋势估计值 T_t;

第五步:用 $Y_t = T_t \times S_i$ 进行预测。

2. 季节性预测方法的应用

案例:根据某地区某啤酒品牌商家的销量数据(见表 8-1),对下一期的啤酒销量进行预测(来源:CPDA 培训教学案例)。

表 8-1　某地区某啤酒品牌商家的销量数据

单位：万箱

年　份	季　度	啤酒销量	年　份	季　度	啤酒销量	年　份	季　度	啤酒销量
2005	1	25	2007	1	29	2009	1	29
2005	2	32	2007	2	39	2009	2	42
2005	3	37	2007	3	50	2009	3	55
2005	4	26	2007	4	35	2009	4	38
2006	1	30	2008	1	30	2010	1	31
2006	2	38	2008	2	39	2010	2	43
2006	3	42	2008	3	51	2010	3	54
2006	4	30	2008	4	37	2010	4	41

分析步骤如下：

第一步，测量数据的 K 值为 4，运用四项移动平均和两项移动平均计算序列 TC，结果如表 8-2 所示。

表 8-2　EXCEL 分析数据过程及结果

单位：万箱

年 份	季度	时间	啤酒销量	四项移动平均值	两项移动 TC	SI	SI 平均值	每年 SI	长期趋势估计值	预测值
2005	1	1	25					0.79	31.35	24.75
2005	2	2	32					1.04	31.91	33.13
2005	3	3	37	30.00	30.63	1.21	1.27	1.27	32.46	41.24
2005	4	4	26	31.25	32.00	0.81	0.89	0.89	33.01	29.28
2006	1	5	30	32.75	33.38	0.90	0.79	0.79	33.57	26.49
2006	2	6	38	34.00	34.50	1.10	1.04	1.04	34.12	35.43
2006	3	7	42	35.00	34.88	1.20		1.27	34.67	44.05
2006	4	8	30	34.75	34.88	0.86		0.89	35.23	31.24
2007	1	9	29	35.00	36.00	0.81		0.79	35.78	28.24
2007	2	10	39	37.00	37.63	1.04		1.04	36.33	37.73
2007	3	11	50	38.25	38.38	1.30		1.27	36.89	46.86
2007	4	12	35	38.50	38.50	0.91		0.89	37.44	33.21
2008	1	13	30	38.50	38.63	0.78		0.79	38.00	29.99

续　表

年 份	季度	时间	啤酒销量	四项移动平均值	两项移动 TC	SI	SI 平均值	每年 SI	长期趋势估计值	预测值
2008	2	14	39	38.75	39.00	1.00		1.04	38.55	40.03
2008	3	15	51	39.25	39.13	1.30		1.27	39.10	49.68
2008	4	16	37	39.00	39.38	0.94		0.89	39.66	35.17
2009	1	17	29	39.75	40.25	0.72		0.79	40.21	31.74
2009	2	18	42	40.75	40.88	1.03		1.04	40.76	42.33
2009	3	19	55	41.00	41.25	1.33		1.27	41.32	52.49
2009	4	20	38	41.50	41.63	0.91		0.89	41.87	37.13
2010	1	21	31	41.75	41.63	0.74		0.79	42.42	33.48
2010	2	22	43	41.50	41.88	1.03		1.04	42.98	44.63
2010	3	23	54	42.25				1.27	43.53	55.31
2010	4	24	41					0.89	44.09	39.10
2011	1	25						0.79	44.64	35.23
2011	2	26						1.04	45.19	46.93
2011	3	27						1.27	45.75	58.12
2011	4	28						0.89	46.30	41.06

第二步：将啤酒实际销量/TC，得到季节因子 SI，并计算季节因子的平均值，结果见表 8-2。

第三步：回归分析求 β_0 和 β_1，自变量为时间 t，因变量为移动平均值 TC。

根据表 8-3 可知，回归模型整体具有统计学意义；根据表 8-4 可知，拟合优度较高；根据表 8-5 可知，系数的显著性较强，β_0 为 30.797 93，β_1 为 0.553 665。

表 8-3　回归统计

Multiple R	0.970 921
R Square	0.942 688
Adjusted R Square	0.939 504
标准误差	0.829 773
观测值	20

表 8-4　方差分析

	df	SS	MS	F	Sig.
回归分析	1	203.852 7	203.852 7	296.072 6	1.27E−12
残　差	18	12.393 41	0.688 523		
总　计	19	216.246 1			

表 8-5　系数

	系　数	标准误差	t	P-value	Lower	Upper	下　限	上　限
常量	30.797 93	0.442 948	69.529 42	2.47E−23	29.867 33	31.728 53	29.867 33	31.728 53
年份	0.553 665	0.032 177	17.206 76	1.27E−12	0.486 064	0.621 267	0.486 064	0.621 267

第四步：根据求得的 β_0 和 β_1，代入原始数据，求得每年的长期趋势估计值 T_t，结果见表 8-2。

第五步：用 $Y_t = T_t \times S_i$ 进行预测，求得预测值，由表 8-2 可知，2011 年 1—4 季度的啤酒销量预测值分别为 35.23、46.93、58.12、41.06。

8.3　回归分析预测法

8.3.1　回归分析预测法的概述

1. 回归分析预测法的含义与步骤

回归分析预测法，又称因果分析预测法，是对具有相关关系的变量，在固定一个变量数值的基础上，利用回归方程测算另一个变量取值的平均数。它是在相关分析的基础上，建立相当于函数关系式的回归方程，用以反映或预测相关关系变量的数量关系及数值。

回归分析预测法包括线性回归预测法、非线性回归预测法以及逻辑回归预测方法，每种方法的预测原理以及具体预测步骤将在下一小节进行具体阐述。

回归分析预测的步骤如下：(1) 根据预测目标，确定自变量和因变量；(2) 相关性分析；(3) 因果性分析；(4) 参数检验，计算预测误差；(5) 进行预测，利用回归预测模型计算预测值，并对预测值进行综合分析，确定最后的预测值。

2. 相关分析

(1) 相关分析的含义。

在市场经济现象中，想探索两个变量之间的关系，如某商品的销售量与人口之间的关系，生产中各种因素与总成本之间的关系，广告费用和销售额之间的关系，这些变量之间存在一定的规律,但是无法用确定的数学函数进行度量,则称为相关关系。相关分析用以分析两个变量或者多个变量之间的关联程度和关联形式,若变量之间互为因果,可以再通过回归分析,来确定变量之间的数量关系,进而用于生产控制和预测,或者说预测对比函数关系。

(2) 相关分析的步骤。

第一步：绘制散点图。在对变量进行相关分析之前,可以先绘制散点图进行探索性分析。若是分析两个变量之间的相关关系,通过散点图就可以进行观察,一般情况下,存在三种情形：第一种是变量之间具有线性相关关系;第二种是变量之间具有非线性相关关系,或者说曲线相关,则需要通过一定的数学转换为线性相关;第三种是变量之间不存在明显的关系。若是分析多个变量之间的相关关系,可以采用矩阵散点图进行探索。

第二步：计算相关系数。通过散点图或者说通过转换之后确定变量之间是有相关关系,并且是线性相关的,则可以计算变量之间的相关系数,SPSS 软件或者其他统计软件中,能够同时实现对多个变量之间的相关系数的计算。相关系数计算公式如下：

$$r=\frac{\operatorname{cov}(X,Y)}{\sigma_X\sigma_Y}=\frac{N\sum XY-\sum X\sum Y}{\sqrt{N\sum X^2-(\sum X)^2}\sqrt{N\sum Y^2-(\sum Y)^2}}$$

其中,$-1\leqslant r\leqslant 1$。当 $r>0$,X 与 Y 之间存在正相关;当 $r<0$,X 与 Y 之间存在负相关;当 $r=0$,X 与 Y 之间完全不相关;当 $|r|=1$,X 与 Y 之间完全相关。

该相关系数称为线性相关系数,又可称为 Pearson 相关系数,是描述两个变量之间的线性关系的,其数值体现了两个变量之间的相关联强度。通过其数值的绝对值判断变量之间的相关程度,绝对数值越大相关性越强,当相关系数大于等于 0.8 时,说明变量之间高度相关;当相关系数介于 0.5—0.8 时,表示变量之间中度相关,当相关系数介于 0.3—0.5 时,表示变量之间相关性较低;当相关系数小于 0.3 时,表示变量之间相关性非常弱,可直接视作变量之间不存在线性相关性,但是可能存在非线性关系。

第三步：检验相关系数。对相关系数进行统计检验,确定其是否具有统计意义,能否推广到总体上。

检验的原假设为：相关系数等于 0;

检验的备选假设：相关系数不等于 0。

当给出的相伴概率 Sig. 或 P 值小于 0.05 时,拒绝原假设,说明相关系数具有统计学意义,能够进行总体推广。

(3) 相关分析的案例。

根据某单位员工工作年限与忠诚度的情况(见表 8-6),分析工作年限与忠诚度之间的相关关系。

在 SPSS 中演示,先绘制散点图,依次点击“图形”“旧对话框”“散点图”,可得工作

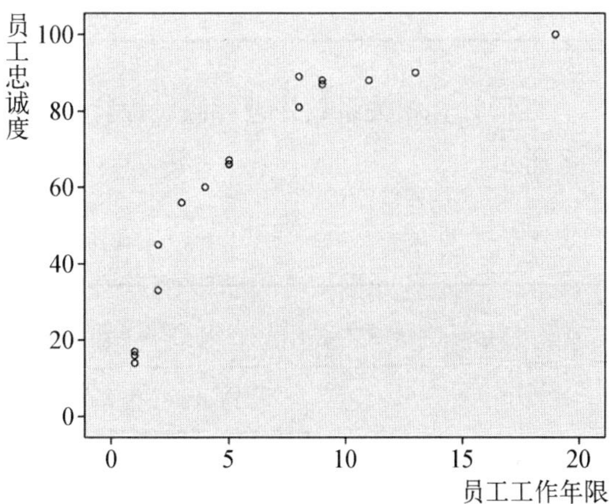

图 8-1　员工忠诚度与员工工作年限的关系

忠诚度和员工工作年限之间的散点图，两个变量之间存在明显的相关关系如图 8-1 所示。

表 8-6　某单位员工工作年限与忠诚度的情况

员 工 编 号	工作年限(年)	工作忠诚度
1	3	56
2	2	45
3	5	67
4	9	87
5	11	88
6	5	66
7	8	81
8	9	88
9	1	16
10	1	17
11	1	14
12	4	60
13	2	33
14	5	66
15	8	89
16	13	90
17	19	100

然后计算相关系数并进行假设检验，依次点击“分析”“相关”“双变量”“确定”，结果如表 8-7 所示。

表 8-7　相关分析结果

		员工工作年限(年)	员工忠诚度
员工工作年限	Pearson 相关性	1	0.867**
	显著性（双尾）		0.000
	N	17	17

续　表

		员工工作年限(年)	员工忠诚度
员工忠诚度	Pearson 相关性	0.867**	1
	显著性（双尾）	0.000	
	N	17	17

**. 在置信度(双侧)为 0.01 时,相关性是显著的。

表 8-7 分析结果显示,员工工作年限和员工忠诚度之间的相关系数为 0.867,两者之间高度相关,且显著性在 0.01 水平下显著,具有统计学意义。

3. 相关分析与回归分析的区别和联系

相关分析的目的是测量变量之间的关联程度,判断的依据是相关系数,相关分析的结果一般作为中间变量,作为回归分析的基础。因此,在对变量进行回归分析之前一个重要步骤就是分析变量之间的相关关系,若存在相关关系,才能进一步进行回归分析。

8.3.2　回归预测模型

1. 线性回归模型及 SPSS 应用案例

线性回归模型指因变量和自变量之间呈现直线关系,其是回归分析预测法中最简单和最常用的预测法。根据影响因变量的自变量个数可以分为一元线性回归模型和多元线性回归模型。

(1) 一元线性回归分析模型。

① 一元线性回归的模型概述。

一元线性回归分析预测法,是根据自变量 X 和因变量 Y 的相关关系,建立 X 与 Y 的线性回归方程进行预测的方法。在实际市场环境下,一个现象往往受到多个因素的影响,必须综合分析影响市场现象的各种因素。只有当某一因素的影响显著高于其他因素时,可将其作为一个独立的变量,采用一元线性回归模型进行预测和控制。

一元线性回归的模型为

$$Y = a + bX + \varepsilon$$

其中,X 为自变量,用来解释或者预测因变量的变量,在一元线性回归模型中只有一个自变量;Y 为因变量,被预测或者被解释的变量,在一个回归模型中,因变量只有一个;ε 为随机误差,或者称为残差项,是一个期望为 0 的随机变量,满足正态分布;a、b 均为参数,b 又称为回归系数,表示当每增加一个单位 x 时,y 的平均增加量。

模型一般采用最小二乘法,即计算因变量观测值与实际值之间距离的平方和最小的那条直线的方程,对参数 a,b 进行估计,则有

$$a = \overline{Y} - b\overline{X}$$

$$b=\frac{n\sum X_i \cdot Y_i-\sum X_i \cdot \sum Y_i}{n\sum X_i^2-(\sum X_i)^2}$$

② 一元线性回归分析预测的步骤。

一元线性回归分析预测的步骤如下：A. 根据预测目标，确定自变量和因变量。B. 相关性分析，只有具有线性相关的变量才能进行回归分析。C. 因果性分析，$\hat{Y}=\beta_0+\beta_1 X+\varepsilon$。D. 计算参数，一般通过EXCEL、SPSS等统计软件实现。E. 参数检验，一元线性回归模型有三个假设检验：整体线性关系检验，检验回归分析结果，是否存在线性关系，作为散点图判断的补充。斜率检验，检验自变量对因变量的影响是否显著；常数检验，检验回归方程的常数是否为0。

其中，对于整体线性的检验为F检验，斜率和常数的检验为t检验，相伴概率如小于0.05，则拒绝原假设。F. 进行预测和控制。预测，通过自变量X的取值来预测因变量Y的取值；控制，通过确定因变量Y的取值来控制自变量X的取值。在进行预测或者控制时，为了确保取得较好的效果，自变量和因变量的取值尽量保持在原有数据范围内。

G. 对回归结果进行评价，可以从以下四个方面进行判断：统计检验的显著性，Sig.小于0.05表示显著性较好；判定系数，其度量了回归方程的拟合效果，数值越大表示效果越好；回归系数是否与事先的预期相一致；残差项是否符合正态分布。

③ 一元回归模型分析案例。

根据某企业现有广告投放与销售额的情况(见表8-8)，进行回归分析，对销售额进行预测。

表8-8　某企业广告投放与销售额的情况

单位：万元

时　间	广　告	销　售	时　间	广　告	销　售
1	4.69	12.23	13	5.15	12.27
2	6.41	11.84	14	5.25	12.57
3	5.47	12.25	15	1.72	8.87
4	3.43	11.10	16	3.04	11.15
5	4.39	10.97	17	4.92	11.86
6	2.15	8.75	18	4.85	11.07
7	1.54	7.75	19	3.13	10.38
8	2.67	10.50	20	2.29	8.71
9	1.24	6.71	21	4.90	12.07
10	1.77	7.60	22	5.75	12.74
11	4.46	12.46	23	3.61	9.82
12	1.83	8.47	24	4.62	11.51

SPSS操作主要步骤：

第一步，绘制散点图。在SPSS中依次点击“图形”“图标构建器”“散点图”，绘制广告费用与销售额之间的散点图，判断两者之间的相关关系，散点图如图8-2所示。

从散点图可初步判断，广告费用与销售额之间存在正相关关系。

第二步，相关分析。在SPSS中依次点击，“分析”“相关”“双变量”，得出的结果如表8-9所示。

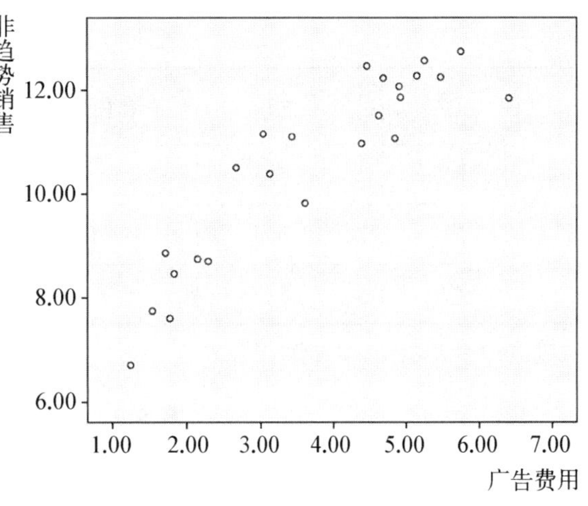

图8-2 广告费用与销售额散点图

表8-9 相关性分析结果

		广告费用	**非趋势销售**
广告费用	Pearson 相关性	1	0.916**
	显著性（双尾）		0.000
	N	24	24
销售额	Pearson 相关性	0.916**	1
	显著性（双尾）	0.000	
	N	24	24

说明：**. 在置信度(双侧)为0.01时，相关性是显著的。

表8-9分析结果显示，广告费用与销售额的相关系数为0.916，高度相关，与散点图结论一致。

第三步，线性回归。在SPSS中依次点击“分析”“回归”“线性”，分析结果如表8-10所示。

表8-10 模型汇总

模 型	**R**	**R 平方**	**调整后的 R 平方**	**标准估算的错误**
1	0.916a	0.839	0.832	0.738 75

说明：因变量为销售额；自变量为广告费用。

表 8-11 回归方程的方差分析

模 型		平方和	自由度	均 方	F	显著性
1	回归	62.514	1	62.514	114.548	0.000b
	残差	12.006	22	0.546		
	总计	74.520	23			

说明：因变量为销售额；自变量为广告费用。

表 8-12 系数与常量检验结果

模 型		非标准化系数		标准系数	t	显著性
		β	标准错误	Beta		
1	常 量	6.584	0.402		16.391	0.000
	广告费用	1.071	0.100	0.916	10.703	0.000

表 8-10 模型汇总结果显示，拟合优度为 R 方式 0.839，说明回归方程的拟合效果较好；表 8-11 回归方程的方差分析结果，即对模型整体检验，结果显示，P 值小于 0.05，具有统计学意义；表 8-12 系数与常量检验结果显示，显著性小于 0.05，同样具有统计学意义。以上结果显示模型的回归结果具有意义，可以进行预测和控制。

根据计算得到的系数与常量值，可得回归方程为销售额＝6.584＋1.071×广告收入

回归模型为 y＝6.584＋1.071×x

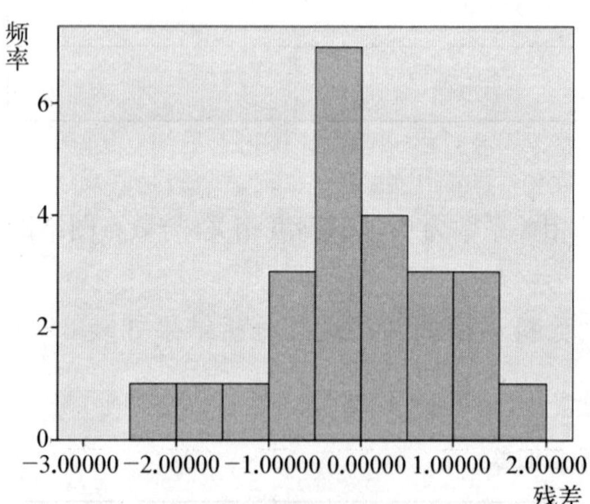

图 8-3 残差直方图

此外，还可通过观察残差的分布状态来评价模型结果。在 SPSS 的回归分析过程中，可以直接保存残差，并且绘制残差值的直方图，如图 8-3 所示。

图 8-3 显示，残差数据大致呈均值为 0 的正态分布，说明模型效果较好。

第四步，根据回归分析模型进行预测和控制。结果已经分析出广告投入和销售额之间的关系，因此若确定下一期的广告投入，可以预测未来可能的销售额的水平，同样，若设置一个预期的销售额水平，依据回归模型，可以计算得出需要投入的广告费用。

(2) 多元回归分析模型。

① 多元回归模型概述。

多元回归分析预测法是指通过对两个或两个以上的自变量与一个因变量的相关分析，

建立预测模型进行预测的方法。

若影响因变量 Y 的因素有多种，如 X_1，X_2，…，X_k 等，则多元回归模型为

$$Y = b_0 + b_1X_1 + b_2X_2 + \cdots + b_kX_k + \varepsilon$$

其中，$Y = (y_1, y_2, \cdots, y_n)^T$，$X_i = (y_{i1}, y_{i2}, \cdots, y_{in})^T$，$\varepsilon = (\varepsilon_1, \varepsilon_2, \cdots, \varepsilon_n)^T$。

取 $X = (1, X_1, X_2, \cdots, X_k)$，$B = (b_0, b_1, b_2, \cdots, b_k)^T$，则有 $Y = XB + \varepsilon$。

若 k 等于 0，则以上模型就退化为一元线性回归模型，可见一元线性回归模型是多元线性回归模型的特例。

与一元线性回归方程一样，多元性回归模型对参数的估计采用最小二乘法，结果如下：

$$\hat{B} = (X^TX)^{-1}(X^TY)$$

这些步骤均由统计软件完成。

多元回归分析过程与一元回归分析基本一致，但是有几个方面需要注意：

第一，每个自变量前的系数都要进行检验。增加模型的变量个数，模型的整体拟合效果会提高，但是增加的变量在统计上不一定显著，这样的变量的增加对于回归模型并无意义，在多元回归模型中，一般通过调整后的拟合优度来判断模型的效果，从而消除增加变量对模型的影响。

第二，识别并消除变量间的多重共线性。回归模型中，当两个或者两个以上的自变量彼此相关时，称回归模型中存在多重共线性。模型中若存在多重共线性，可能会导致整体模型线性关系显著，而大部分自变量前系数却不显著；或者回归系数的符号与理论或者预期的不相符。因此在进行回归分析之前，可以先通过绘制矩阵散点图初步判断变量之间的相关关系，或者通过回归分析的结果进行检验，或者根据方差扩大因子（VIF）进行判断，当 VIF 大于 10 时，可认为变量间存在严重共线性，需要进行处理。

处理多重共线性的常用方法有以下两种：第一种是在具有较强相关性的变量中删除一个或者多个自变量；第二种是利用因子分析或者主成分分析进行降维处理。

② 多元回归分析的步骤。

第一步：绘制自变量与因变量之间的散点图矩阵，观察变量之间的相关性，确定自变量与因变量之间是否线性相关，若是非线性相关，需要进行一定的数学转换。

第二步：判断并解决自变量之间的共线性问题，对于共线性问题的识别和处理方法在上一小结已经介绍。值得注意的是，若发现变量之间存在较强共线性，在回归分析之前，一般不对变量进行删除，先将变量都纳入模型中进行回归分析。

第三步：回归分析，输出相关系数矩阵、模型整体检验结果以及系数和常量检验结果和统计检验的 P 值。根据模型的系数或者共线性检验结果对自变量进行筛选，若对某些自变量进行了剔除。

第四步：将保留下来的变量再进行一次回归分析，并对模型进行解释。

第五步：进行预测分析。

③ 多元回归分析案例。

利用多元回归模型分析“某年不同省份的教育经费与人口规模、GDP 之间的关系”(见表 8-13)。

表 8-13 不同省份的教育经费投入情况

省 份	教育经费(万元)	人口(万)	GDP(万元)
北京市	7 373 843	2 019	16 251.93
天津市	4 136 097	1 355	11 307.28
河北省	8 447 882	7 241	24 515.76
山西省	5 494 903	3 593	11 237.55
内蒙古自治区	5 040 005	2 482	14 359.88
辽宁省	7 809 413	4 383	22 226.70
吉林省	4 293 877	2 749	10 568.83
黑龙江省	4 838 173	3 834	12 582.00
上海市	7 106 255	2 347	19 195.69
江苏省	15 882 132	7 899	49 110.27
浙江省	12 069 078	5 463	32 318.85
安徽省	8 172 010	5 968	15 300.65
福建省	6 344 839	3 720	17 560.18
江西省	6 307 866	4 488	11 702.82
山东省	13 727 939	9 637	45 361.85
河南省	11 821 418	9 388	26 931.03
湖北省	6 844 038	5 758	19 632.26
湖南省	7 987 607	6 596	19 669.56
广东省	18 846 365	10 505	53 210.28
广西壮族自治区	5 938 482	4 645	11 720.87
海南省	1 732 237	877	2 522.66
重庆市	5 039 550	2 919	10 011.37

续　表

省　　份	教育经费(万元)	人口(万)	GDP(万元)
四川省	10 244 130	8 050	21 026.68
贵州省	4 510 531	3 469	5 701.84
云南省	6 582 935	4 631	8 893.12
西藏自治区	826 102	303	605.83
陕西省	6 838 342	3 743	12 512.30
甘肃省	3 608 174	2 564	5 020.37
青海省	1 552 462	568	1 670.44
宁夏回族自治区	1 313 862	639	2 102.21
新疆维吾尔自治区	4 605 867	2 209	6 610.05

在 SPPS 中操作过程如下：首先，将教育经费确定为因变量，人口和 GDP 确定为自变量，绘制因变量与自变量之间的矩阵散点图，判断教育经费与两个自变量之间的线性关系。

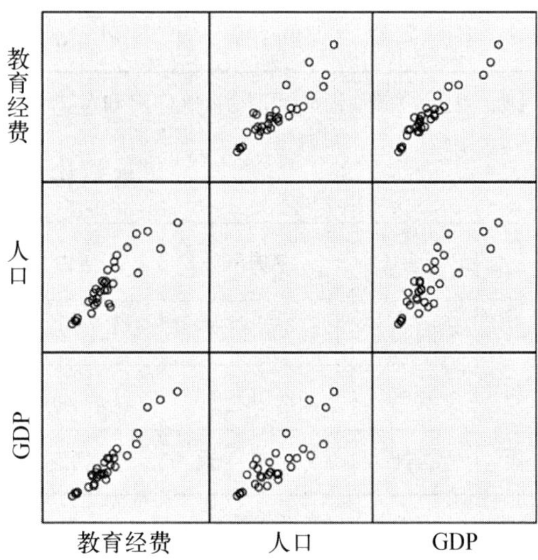

图 8-4　因变量与自变量之间的矩阵散点图

从图 8-4 中可以看出，自变量与因变量之间存在正向线性关系，同时两个自变量之间也存在较强的正向线性关系，这步不对自变量进行取舍。然后进行相关分析，对散点图分析进行补充。相关分析结果如表 8-14 所示。

相关性分析结果与散点图的结果一致。

其次，进行回归分析，建立一个多元回归回归模型。SPSS 分析结果如表 8-15 至表 8-17 所示。

表 8-14　相关性分析结果

		教育经费	人　　口	GDP
教育经费	Pearson 相关性	1	0.899**	0.965**
	显著性（双尾）		0.000	0.000
	N	31	31	31

续 表

		教育经费	人　口	GDP
人口	Pearson 相关性	0.899**	1	0.842**
	显著性（双尾）	0.000		0.000
	N	31	31	31
GDP	Pearson 相关性	0.965**	0.842**	1
	显著性（双尾）	0.000	0.000	
	N	31	31	31

说明：**. 在置信度(双侧)为 0.01 时，相关性是显著的。

表 8-15　模型汇总

模　型	R	R 平方	调整后的 R 平方	标准估算的错误
1	0.978a	0.957	0.954	890 489.179

说明：因变量为教育经费；预测变量指 GDP 和人口。

表 8-16　回归方程的方差分析

模　型		平方和	自由度	均方	F	显著性
1	回归	4.906E+14	2	2.453E+14	309.365	0.000b
	残差	2.220E+13	28	7.930E+11		
	总计	5.128E+14	30			

说明：因变量为教育经费；预测变量指 GDP 和人口。

表 8-17　系数与常量检验结果

模　型		非标准化系数		标准系数	t	显著性	共线性统计	
		β	标准错误	贝塔			容 许	VIF
1	（常量）	1 267 131.921	300 295.656		4.220	0.000		
	人口	444.305	108.952	0.298	4.078	0.000	0.290	3.444
	GDP	223.419	22.831	0.714	9.786	0.000	0.290	3.444

说明：因变量为教育经费；预测变量指 GDP 和人口。

表 8-15 模型汇总结果显示，调整后的 R 方为拟合优度为 R 方式 0.954，说明回归方程的拟合效果较好；表 8-16 模型整体检验结果显示，P 值小于 0.05，具有统计学意义；表 8-17 系数与常量检验结果显示，显著性小于 0.05，同样具有统计学意义，且 VIF 值为 3.444，说明无需处理自变量之间的共线性问题。以上结果显示模型的回归结果具有意义，可以进行预测。

根据计算得到的系数与常量值分别为 444.305、223.419、1 267 131.921，可得回归方程为

$$\text{教育经费} = 1\,267\,131.921 + 444.305 \times \text{人口} + 223.419 \times \text{GDP}$$

回归模型为

$$Y = 1\,267\,131.921 + 444.305 \times X_1 + 223.419 \times X_2$$

系数值之间的差异相差较大。为了使得自变量对因变量的影响权重差异减少，可以先对原始数据进行标准化处理。在 SPSS 中，依次点击"分析""描述统计""将标准化得分另存为变量"，得到标准化后的变量数值，并对此数值进行回归分析。

最后，对模型进行评价，评价方法与一元回归分析类似。

2. 非线性回归模型及 SPSS 应用案例

在实际分析时，很多数据之间并非是线性的关系，自变量与因变量之间是曲线相关的关系，则需运用一定的数学函数进行转换，如表 8-18 所示，转化后即可为直线相关，而后再进行回归分析。

对于非线性变量之间的相关关系，与线性相关一样，可以先通过绘制散点图进行探索性分析，然后选择适合的函数样式进行转化分析，函数转化样式如表 8-18 所示。

表 8-18　非线性转为线性回归的样式

函数名称	原函数	转为线性样式
指数曲线	$y = ae^{bx}$	$(\ln y) = \ln a + bx$
对数曲线	$y = a + b\ln x$	$y = a + b(\ln x)$
双曲线	$\frac{1}{y} = a + \frac{b}{x}$	$\left(\frac{1}{y}\right) = a + b\left(\frac{1}{x}\right)$
幂函数	$y = ab^{x}$	$(\ln y) = \ln a + x\ln b$
高次曲线	$y = a + bx + cx^2 + \cdots$	$y = a + bx + c(x^2) + \cdots$
柯布—道格拉斯函数	$y = Ax_1^{\alpha}x_2^{\beta}$	$(\ln y) = \ln A + \alpha(\ln x_1) + \beta(\ln x_1)$
逻辑曲线	$y = \frac{1}{1 + ae^{-bx}}$	$\left(\frac{1}{y} - 1\right) = \ln a - bx$
S 曲线	$y = e^{\left(a + \frac{b}{x}\right)}$	$(\ln y) = a + b/x$

在 SPSS 当中可以对数据之间进行曲线回归分析，以"某企业现有广告投放与销售额的

情况"作为案例进行回归分析。

SPSS操作过程如下:

第一步:绘制散点图。根据销售额和广告投放散点图可以看出两者之间存在一定的曲线相关,并非完全直线相关。

第二步:曲线相关分析。在SPSS中依次点击"分析""回归""曲线",将所有模型形式都选上并进行分析,如图8-5所示,再根据模型效果(见表8-19)选择适合的模型。

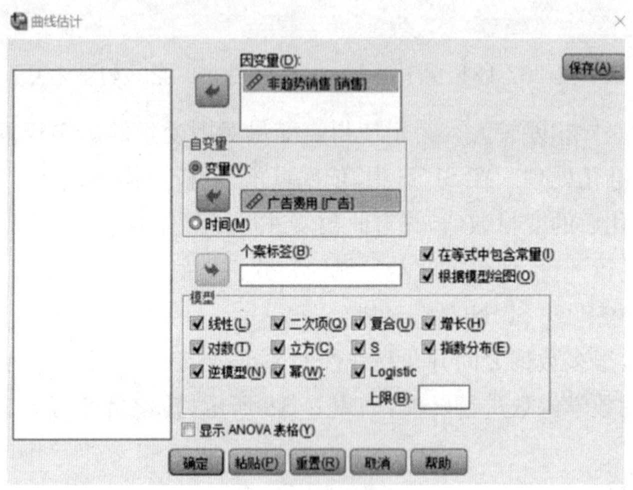

图8-5 曲线相关分析

表8-19 模型摘要和参数估算

方程式	模型摘要					参数估计值			
	R平方	F	df_1	df_2	显著性	常量	b_1	b_2	b_3
线性(L)	0.839	114.548	1	22	0.000	6.584	1.071		
对数	0.901	199.831	1	22	0.000	6.274	3.539		
逆模型(N)	0.894	185.866	1	22	0.000	13.751	−9.508		
二次项(Q)	0.908	104.213	2	21	0.000	3.903	2.854	−0.245	
立方(U)	0.909	66.684	3	20	0.000	3.283	3.471	−0.422	0.015
复合(U)	0.816	97.750	1	22	0.000	6.958	1.114		
幂	0.898	193.274	1	22	0.000	6.708	0.362		
S	0.916	240.216	1	22	0.000	2.672	−0.986		
增长(H)	0.816	97.750	1	22	0.000	1.940	0.108		
指数分布	0.816	97.750	1	22	0.000	6.958	0.108		
对数	0.816	97.750	1	22	0.000	0.144	0.897		

说明:因变量为销售额;自变量为广告费用。

从表 8-19 模型分析结果可知，对数、二次项、立方、S 的 R 方都达到了 0.9 以上，拟合效果较好，对这几个模型再进行一次曲线回归分析，得出拟合曲线如图 8-6 所示。

由拟合曲线图 8-6 可知，S 模型的效果最佳，根据 S 模型的函数表达，得到回归模型为

$$Y=e^{\left(2.627-\frac{0.986}{X}\right)}$$

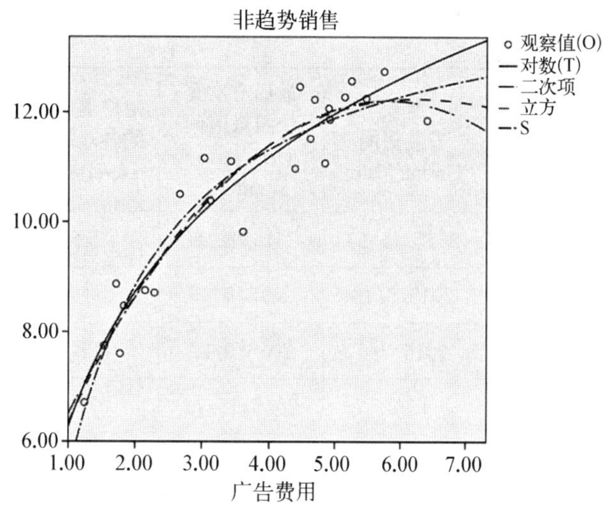

图 8-6　拟合曲线图

3. 二元逻辑回归模型及 SPSS 应用案例

(1) 二元逻辑回归模型原理。

逻辑回归是一种广义的线性回归分析模型，常用于经济预测等领域。在实际的数据分析过程中经常会遇到离散型的因变量，即因变量用两个值 0 和 1 来表示，常用的分析模型为二元逻辑回归模型。通过市场调研所得的数据很多都是二值变量，如买与不买，满意与不满意，付费还是不付费等，并要求分析二值变量与多个影响因素之间的关系，影响因素可能是连续变量也可能是定序变量，此时即可使用二元逻辑回归模型分析自变量与因变量之间的关系，然后进行预测。逻辑回归适合对大样本的数据进行分析，一般样本量要达到 200 以上。

逻辑回归的模型为

$$\text{Log}\,\frac{P}{1-P}=\beta_0+\beta_1X_1+\beta_2X_2+\cdots+\beta_mX_m$$

其中，$P=P(y=1\mid X)$ 为付费的概率，$P=P(y=0\mid X)$ 为不付费的概率。β_0 为常数项，$\beta_1,\beta_2,\cdots,\beta_m$ 为 m 个自变量的回归系数。

模型估算的方法为极大似然法，通过构造似然函数，$L=\prod P(y=1\mid X)P(y=0\mid X)$，通过迭代法对参数进行估计，使 L 达到最大值。

二元逻辑回归对模型的评价与线性回归一样，可从三个方面进行检验：模型的拟合优度、整体模型的显著性检验以及系数的显著性检验。

(2) 二元逻辑回归分析案例。

【示例】 某游戏公司，根据收集的 2016 年上半年的用户行为数据(见表 8-20)对用户是否会付费进行预测，根据预测结果对可能付费用户进行精准营销。该公司一共收集了用户的编号，以及用户的注册时间和最后一次登录时间，以及用户退出时的等级还有用户是否付费等数据(来源：CPDA 培训教学案例)。

表 8-20　2016 年上半年某游戏公司用户行为数据

用户编号(user_id)	游戏安装时间(install_date)	最后一次登录游戏时间(last_login_date)	用户退出时的游戏等级(level_end)	登录手机系统(os)	活跃天数(active_days)	每天登录频次(avg_session_cnt)	是否付费(is_payer)
iggve	2015/11/29	2016/12/12	32	Android	246	2.8	1
10a5a	2015/5/16	2015/5/16	1	Android	1	2	0
osgre	2016/3/6	2016/9/22	28	Android	63	8.4	1
hgvdz	2015/8/15	2016/12/12	78	Android	474	15.6	1
6fc22	2015/5/4	2015/7/10	29	Android	46	6.6	0
dea49	2015/5/2	2015/5/2	4	Android	1	3	0
gafdb	2016/7/12	2016/12/12	39	Android	151	9.2	1
68be8	2015/5/16	2015/5/16	2	Android	1	2	0
gdewm	2016/3/26	2016/12/12	61	Android	255	7.4	1
7b830	2015/5/12	2016/1/30	22	Android	16	6.3	0
0f53a	2015/5/9	2015/5/9	1	iOS	1	2	0
49dd0	2015/5/12	2015/8/15	7	Android	2	2.5	0
…	…	…	…	…	…	…	…
fe0f8	2015/5/17	2015/5/18	6	Android	2	8	0
4763e	2015/5/17	2015/5/17	1	Android	1	2	0
a4749	2015/5/8	2015/5/8	1	Android	1	2	0
7a84c	2015/5/13	2015/6/23	36	Android	42	17	1
41877	2015/5/19	2016/5/21	57	Android	202	16	1
grfke	2016/9/25	2016/12/12	37	Android	77	13.2	1
01adc	2015/5/6	2015/5/8	7	Android	3	2.3	0
17795	2015/5/3	2015/5/3	1	iOS	1	2	0
ggfcf	2016/6/21	2016/9/10	38	Android	60	9.6	1
75a13	2015/5/14	2015/5/14	1	Android	1	2	0

SPSS 逻辑回归分析步骤：

首先，对原始数据进行整理。由于游戏安装时间与最后一次登录游戏时间两个变量是日期型变量，因此在 SPSS 中先创建一个新变量替代这两个变量进行回归分析，即“生命周期 duration=最后一次登录游戏时间−游戏安装时间”。此外，将“登录手机系统”变量转化为 0、1 分类，“安卓”赋值为 1，“IOS”赋值为 0。此步可以在 EXCEL 或者 SPSS 中完成。

其次，二元逻辑回归分析。在 SPSS 中，依次点击“分析”“回归”“二元逻辑回归”，打开二元逻辑回归的选项框，如图 8-7 所示。

因变量为“是否付费”，协变量，也就是自变量为“登录手机系统”“活跃天数”“每天登录频率”“游戏等级”“生命周期”。

在“选项”对话框中，可以根据分析需求选择“分类图”“拟合优度”“相关性”“迭代记录”“置信区间”等，“输出”选择“在每个步骤中”。其中，“分类临界值”表示以四舍五入的原则，将概率预测值转化为 0 和 1，默认临界值为 0.5，即大于 0.5 的概率值为 1，小于 0.5 为 0。“迭代次数”默认为 20，为了提高模型效果，可以提高迭代次数，本案例中将迭代次数设置为 50，如图 8-8 所示。

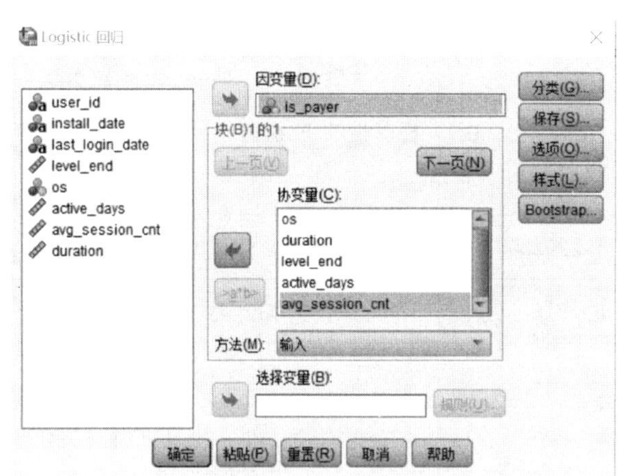

图 8-7　逻辑回归操作步骤(1)

图 8-8　逻辑回归操作步骤(2)

逻辑回归分析结果如表 8-21 所示。

表 8-21　模型检验结果

		卡　方	自 由 度	显 著 性
步骤 1	步长(T)	2 848.005	5	0.000
	块	2 848.005	5	0.000
	模型	2 848.005	5	0.000

表 8-21 模型统计学检验结果显示，模型的卡方值为 2 848.005，P 值为 0.000，小于 0.05，说明逻辑回归模型具有统计学意义。

表 8-22 拟合分类表

观测值		预测值		
		is_payer		百分比正确
		0	1	
is_payer	0	1 941	219	89.9
	1	300	1 582	84.1
总体百分比				87.2

说明：分界值为 0.500。

表 8-22 拟合结果显示，拟合符合率为 87.2，拟合效果较好。

表 8-23 常数和系数检验结果

		β	S. E.	Wald	自由度	显著性	Exp(β)	95% C. I. 用于 EXP(β)	
								下限	上限
步骤 1a	duration	−0.002	0.000	15.202	1	0.000	0.998	0.997	0.999
	avg_session_cnt	0.122	0.017	50.613	1	0.000	1.130	1.092	1.168
	active_days	−0.001	0.001	1.212	1	0.271	0.999	0.996	1.001
	level_end	0.124	0.006	362.120	1	0.000	1.132	1.117	1.146
	os(1)	0.632	0.129	23.940	1	0.000	1.882	1.461	2.424
	常量	−3.172	0.107	877.509	1	0.000	0.042		

表 8-23 常数和系数的统计检验结果显示，除了“active_days”的显著性大于 0.05 外，常数和其他自变量都通过了显著性检验，因此回归模型为

$$P=\frac{1}{1+e^{-3.172-0.002x_1+0.122x_2+0.124x_4+0.632x_5}}$$

最后，根据逻辑回归模型进行预测。

8.4 其他定量预测方法

8.4.1 巴斯模型预测法

巴斯模型，又称巴斯扩散模型(Bass Diffusion Model)，其是由 Frank M. Bass 提出的，主要研究创新产品、新技术的采用与扩散问题。该模型常在市场分析过程中用于对新产品的市场需求进行描述和预测，新产品一般为耐用消费品。

巴斯模型的公式如下：

$$n_t = p\overline{N} + (q - p)N_{t-1} - \frac{q}{N}(N_{t-1})^2$$

其中，n_t 为消费者在第 n 期购买该产品的预期数量；N_{t-1} 为 $t-1$ 的预期累计销售量；$\overline{N}$ 为市场潜力，即潜在使用者总数；p 为创新系数(外部影响)，即尚未使用该产品的人，受到大众传媒或其他外部因素的影响，开始使用该产品的可能性；q 为模仿系数(内部影响)，即尚未使用该产品的人，受到使用者的口碑影响，开始使用该产品的可能性；p、q 的取值范围为[0, 1]，在模型开始一般先任意给定一个取值，然后根据预测值和销售值之间误差最小的原则再修改取值。

8.4.2 生命周期预测法

产品生命周期是指产品开始研发、导入、成长、饱和直到被市场淘汰的全部过程，几乎所有产品都会经历这样的生命过程，受到产品本身的性质和用途、技术发展、政策法律和市场竞争情况的影响，不同产品的生命周期时长不同。在生命周期的不同阶段，产品呈现出的特征不同。企业若是能够对产品的生命周期轨迹进行准确预测，基于不同阶段产品的特征，并且制定相应的营销策略，就能在激烈的市场竞争中获得优势。

早期，对于产品生命周期只是进行定性判断；最近，对产品生命周期的判断加入很多定量的分析。一般情况下，对于产品生命周期阶段的划分可用通过销售增长率和市场普及率两个经济指标进行判断，如表 8-24 所示。

表 8-24　生命周期阶段的划分

指　　标	研发期	导入期	成　长　期	饱和期	衰退期
销售增长率	—	10%以下	10%以上	0—10%	小于 0
市场普及率(占有率)	—	0—5%	前期 5%—50% 后期 50%—80%	80%—90%	90%以上

注：此方法主要用于耐用消费品生命周期阶段的划分。

1. 市场占有率的分析与预测

产品市场占有率是指某企业某一产品(或品类)的销售量(或销售额)在市场同类产品(或品类)中所占比重。计算公式为

$$R=\frac{q}{Q}\times 100\%$$

其中,R 为某企业某产品市场占有率;q 为某企业某产品销售额;Q 为某产品全部销售额。

市场占有率预测是指未来某一时期一定市场范围内,本企业的商品销售量或销售额占市场销售总量或销售总额的比例的变动趋势预测。计算公式如下:

$$R_n=\frac{q_0(1+i_1)(1+i_2)\cdots(1+i_n)}{Q_0(1+r_1)(1+r_2)\cdots(1+r_n)}\times 100\%$$

其中,R_n 指 n 年后某企业的市场占有率;q_n 指 n 年后某企业某产品的销售额;Q_n 指 n 年后某产品的销售额;q_0 指某企业基期销售额;Q_0 指某产品基期销售额;i_1, i_2, $\cdots i_n$ 指某企业各年的销售额递增率;r_1, r_2, $\cdots$, r_n 指某产品各年的销售额递增率。

若今后若干年的增长率相同或年均增长率已知,则公式可写为

$$R_n=\frac{q_0(1+i)^n}{Q_0(1+r)^n}\times 100\%$$

其中,i 为某企业销售额年均递增率;r 为某产品销售额年均递增率。

【示例】 设某产品 2019 年的销售额为 645 亿元,今后 3 年内随着经济的发展,收入水平的提高,该类商品销售额预计每年递增 20%。生产该产品的某企业 2019 年的销售额为 51.6 亿元,经分析企业的经营条件与环境,测算今后 3 年内递增为 15%。试测算今后 3 年内各年的市场占有率。

分析过程如下:

第一步,计算 2019 年的市场占有率。

$$R_{2019}=\frac{51.6}{645}\times 100\%=8\%$$

第二步:计算 2010—2012 年的市场占有率。

$$R_{2020}=\frac{51.6(1+15\%)}{645(1+20\%)}\times 100\%=7.7\%$$

$$R_{2021}=\frac{51.6(1+15\%)^2}{645(1+20\%)^2}\times 100\%=7.35\%$$

$$R_{2022}=\frac{51.6(1+15\%)^3}{645(1+20\%)^3}\times 100\%=7.04\%$$

计算结果:该企业 2019—2022 年市场占有率变动趋势值如表 8-25 所示。

表 8-25　该企业 2019—2022 年市场占有率

年　　份	2019 年	2020 年	2021 年	2022 年
市场占有率	8%	7.7%	7.35%	7.04%

第三步：预测结果。根据表 8-25 可知该企业产品的市场占有率呈逐年下降趋势，进入产品生命周期的饱和期阶段，因此在未来几年企业要从深度和广度上拓展市场，在刺激现有顾客购买的同时，开发新的客源；提高产品质量，开发产品新的功能，创造特色，增加产品的使用价值；此外，不断改进营销组合策略，如灵活调整价格，开展多种促销手段，提高多样化的服务。

2. 市场普及率的分析与预测

市场普及率一般是用每百户或每百人拥有多少该种产品来表示。产品市场普及率的计算方法主要有两种，分别是按照人口和家庭户数计算的平均普及率。计算公式如下：

$$P_N = \frac{G}{N} \times 100\%$$

$$P_M = \frac{G}{M} \times 100\%$$

其中，P_N、P_M 分别为按人口、家庭户数平均的普及率；G 为产品的社会拥有量；M 为家庭户数；N 为人口总数。

普及率的计算一般采用抽样调查的结果进行推算，即在某一地区抽取一定的人口或者家庭数作为样本进行调查，然后根据结果推断整个地区的拥有量。

本章小结

本章重点介绍了定量预测的方法。定量预测是运用数学模型推断事物未来的变化趋势的方法。定量分析需要建立在翔实的历史统计资料的基础上，因此与定性分析相比显得更为准确与科学，但是这一方法对分析人员的数学基础要求更高。定量预测根据数据类型的不同，可以分为两类：连续型变量的预测分析和离散型变量的预测分析。连续型变量的预测分析方法包含回归分析与时间序列分析，离散型变量的预测分析方法包含逻辑回归、决策树、神经网络、KNN、SUM、贝叶斯等方法。此外，定量预测方法还有鱼骨分析法、生命周期预测法、灰色系统预测法、情景分析预测法、巴斯模型法等，这些方法近几年也得到了广泛的应用。

关键词

定量预测、实践序列预测法、平滑预测法、趋势预测法、季节性预测法、相关分析、回归分析

思考题

1. 简述时间序列预测法的含义和作用。
2. 平滑预测方法和趋势预测方法的应用条件是什么？
3. 简述季节性预测方法及其应用。
4. 简述回归分析的意义和作用。
5. 回归预测的过程是怎样的？
6. 如何判断因素之间是否存在相关关系？相关关系的种类有哪些？
7. 简述各类回归模型的应用条件有哪些？如何建立和判别最合适的回归模型？
8. 简述生命周期预测的意义。

案例分析

案例一：某游戏公司，根据收集的2016年上半年的用户行为数据（见表8-26）对用户是否会付费进行预测，根据预测结果对可能付费用户进行精准营销。该公司收集了用户的编号、用户的注册时间、最后一次登录时间、用户退出时的等级、用户是否付费等数据（来源：CPDA培训教学案例）。

表8-26　用户行为数据

user_id	install_date	last_login_date	level_end	os	is_payer	active_days	avg_session_cnt
用户编号	游戏安装时间	最后一次登录游戏时间	用户退出时的游戏等级	登录手机系统	是否付费	活跃天数	每天登录频次

表8-27　数据及数据类型解释

user_id	install_date	last_login_date	level_end	os	is_payer	active_days	avg_session_cnt
字符型	日期型，如2015/5/4	日期型	数值型	字符型，取值为Android和iOS	是否付费 1代表付费， 0代表未付费	数值型	数值型

请根据原始数据，对数据进行预处理（包括对类别型变量进行数值化处理、重新构造新的变量），然后根据原始数据，自行选择变量和分析算法进行分析，写出分析过程和思路，并且根据模型进行预测。

案例二：某市某童装厂前几年沾尽了独生子女的光，生产销售连年稳定增长。谁料该厂李厂长这几天来却在为产品推销、资金占用大伤脑筋。原来，年初该厂设计了一批童装新品种，有男童的香槟衫、迎春衫，女童的飞燕衫、如意衫等。借鉴成人服装的镶、拼、滚、切等工艺，在色彩和式样上体现了儿童的特点，活泼、雅致、漂亮。由于工艺比原来复杂，成本较高，价格比普通童装高出了80%以上，比如一件香槟衫的售价在160元左右。为了摸清这批新产品的市场吸引力如何，在春节前夕厂里与百货商店联合举办了“新颖童装迎春展销”，小批量投放市场十分成功，柜台边顾客拥挤，购买踊跃，一片赞誉声。许多商家主动上门订货。连续几天亲临柜台观察消费者反映的李厂长，看在眼里，喜在心上。不由想到，“现在都只有一个孩子，为了能把孩子打扮得漂漂亮亮的，谁不舍得花些钱？只要货色好，价格高些看来没问题，决心趁热打铁，尽快组织批量生产，及时抢占市场”。

为了确定计划生产量，以便安排以后的月份生产，李厂长根据去年以来的月销售统计数，运用加权移动平均法，计算出以后月份预测数，考虑到这次展销会的热销场面，他决定生产能力的70%安排新品种，30%为老品种。二月份的产品很快就被订购完了。然而，现在已是四月初了，三月份的产品还没有落实销路。询问了几家老客商，他们反映有难处，原以为新品种童装十分好销，谁知二月份订购的那批货，卖了一个多月还未卖出1/3，他们现在既没有能力，也不愿意继续订购这类童装了。对市场上出现的近180度的需求变化，李厂长感到十分纳闷。他弄不明白，这些新品种都经过试销，自己亲自参加市场查和预测，为什么会事与愿违呢？

问题：你认为该童装厂产品滞销的问题出在哪里？为什么市场的实际发展状况会与李厂长市场调查与预测的结论大相径庭？

第9章 市场调查报告

学习目标

- ◆ 理解市场调查报告的功能及类型
- ◆ 熟悉理论型和实际型市场调查报告的格式
- ◆ 掌握市场调查报告的撰写技巧
- ◆ 掌握市场调查报告成果展示的注意事项

导入案例

乡村振兴战略背景下中国乡村数字素养调查分析报告

1. 调研背景与目的

数字时代,数字素养已经成为公民的基本生存技能与必备素养。进入21世纪,欧盟、美国、日本等多个发达国家和地区比我国更早启动了培养国民数字素养的相关举措。在我国,数字素养日益受到重视。在此背景下,中国社会科学院信息化研究中心借鉴联合国教科文组织2018年发布的《全球数字素养框架》,通过问卷调研、数据分析方式,对居民数字素养水平展开了评估,并结合调查结果,分析了当前数字素养存在的问题,并提出了为加快提升数字素养、推动数字科技赋能乡村的相关建议。

2. 调研结果及分析

(1) 根据分层随机抽样原则,共收回有效样本数共计1 247份,样本结构的分布情况如表9-1所示。

表 9-1 调查问卷受访者样本结构

性别与户籍	男	女	城市	乡村			
百分比	54.1	45.9	41	59			
年龄	17及以下	18—20	21—30	31—40	41—50	51—60	61及以上
百分比	3.8	8.2	14.4	36.7	18	18	0.9
教育程度	小学及以下	中学教育(初中、高中)	职业学校(中专、职高、技校)	大学本科	硕士及以上		
百分比	4	27	40	26	3		
职　业	农民	企业职工	个体创业者	中小企业管理者	非营利机构在职人员	无业	其他
百分比	27.2	22	10.1	5.5	6.2	7	22
年收入(万元)	1以下	1—3	3—5	5—10	11—20	20—50	50及以上
百分比	16	12.5	24.5	21	20	3.3	2.7

(2) 受访者数字素养平均得分43.6,标准差15.7,表明我国居民数字素养整体参差不齐、亟待提升。

从表9-2和表9-3来看,受访者数字素养平均得分43.6,在专业领域数字化应用能力、数字内容创建能力、数字化协作、电脑使用方面的得分比例较低,上述能力是当前我国居民在数字素养方面迫切需要提升的短板。

表 9-2 所有评估项目得分情况及对应能力评估

《全球数字素养框架》提出的能力域	问卷评估项目	受访者单题平均得分	单题得分比例(得分/满分)	单项能力评估
0. 设备与软件操作	智能手机使用	4.6	66.1%	★★★
	电脑使用	3.4	42.5%	★★
1. 信息与数据素养	信息真实性判别	3.2	67.2%	★★★☆
2. 沟通与协作	数字化协作	5.1	34.5%	★★
3. 数字内容创建	数字内容创建能力	2.7	27.1%	★☆
4. 数字安全	数字安全意识	2.3	46.6%	★★☆

续 表

《全球数字素养框架》提出的能力域	问卷评估项目	受访者单题平均得分	单题得分比例（得分/满分）	单项能力评估
5. 问题解决	普通故障处理能力	2.2	45.0%	★★
6. 职业相关能力	专业领域数字化应用能力	2.5	25.8%	★☆
（综合多个能力域）	手机工具价值开发	5.0	50.9%	★★☆
（综合多个能力域）	电脑工具价值开发	6.6	44.2%	★★
——	数字化增收能力	6.0	40.3%	★★
各题总得分		43.6		

表 9-3　数字素养得分描述性统计结果

样本量	1 247
平均值	43.6
标准差	15.7
中位数	43
最小值	3
最大值	100

（3）农村居民数字素养平均得分比城市居民低 37.5%，城乡之间“数字素养鸿沟”应引起重视。

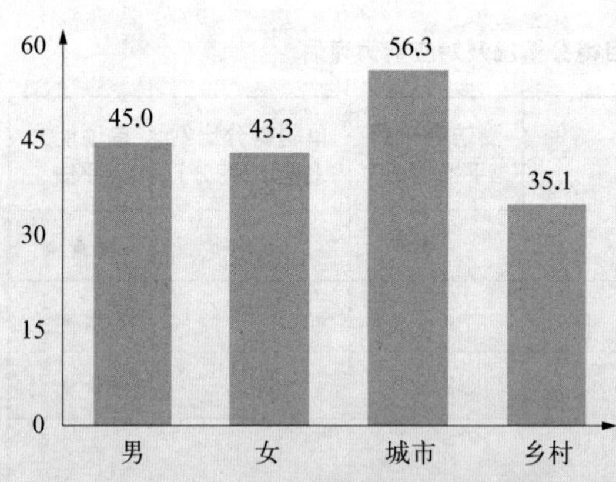

图 9-1　不同群体数字素养平均得分

从图 9-1 来看，我国男女数字素养平均得分仅相差 1.7 分，差距很小。城乡居民数字素养平均得分差距高达 21.2 分，农村居民比城市居民低了 37.5%。

（4）农村居民使用智能手机的能力已接近城市居民，但使用电脑并开发其价值的能力明显较弱。

通过图 9-2 可知，农村居民在所有评估项目中的得分比例都低于城市居民。城乡居民得分差距较大的五项依次为：数字安全意识、电脑使用、数字化增收、电脑工具开发、手机工具开发，差值依次为：43.2%、31.7%、27.7%、25.6%、23.8%。差距最小的两项为数字内容创建能力、智能手机使用。

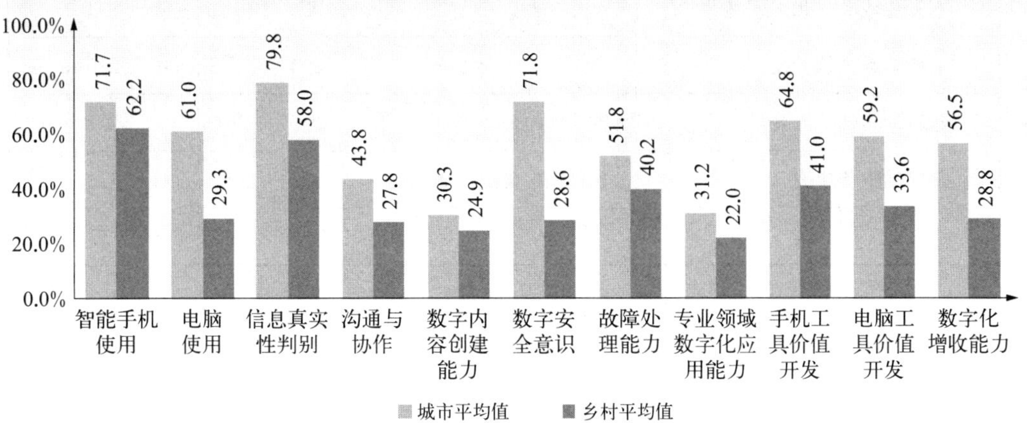

图 9-2　城乡受访者在各评估项目中的得分比例

(5) 农民数字素养得分仅 18.6，比平均值低 57%，在数字化协作和电脑使用上存在严重短板。

从表 9-4、图 9-3 来看，不同职业的数字素养得分呈现巨大差异，其中企业管理者的数字素养得分最高，达到 63 分；农民的数字素养得分最低，仅 18.6 分，对比全体人群平均值(43.6 分)，低了 57%。在电脑工具价值开发、数字化增收能力、电脑使用三个方面，农民群体得分与整体得分差距较大。

表 9-4　农民在各评估项目得分情况与平均值对比

问卷评估项目	整体人群平均得分	农民群体平均得分	差　值
智能手机使用	4.6	3.2	1.4
电脑使用	3.4	0.7	2.7
信息真实性判别	3.2	2.9	0.4
数字化协作	5.1	2.5	2.6
数字内容创建能力	2.7	1.2	1.5
数字安全意识	2.3	1.6	0.7
普通故障处理能力	2.2	1.1	1.1

续 表

问卷评估项目	整体人群平均得分	农民群体平均得分	差 值
专业领域数字化应用能力	2.5	0.4	2.1
手机工具价值开发	5.0	2.4	2.6
电脑工具价值开发	6.6	0.9	5.7
数字化增收能力	6.0	1.7	4.3
总得分	43.6	18.6	25

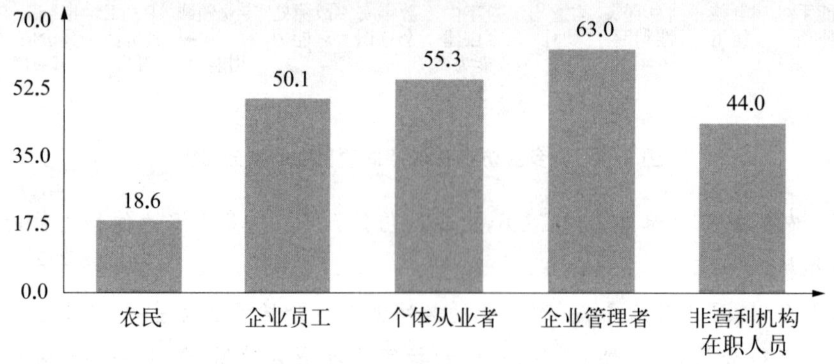

图 9-3 不同职业数字素养得分

（6）数字素养水平与受教育程度正相关、与年龄呈倒U形关系。90后、大学及以上学历者得分最高。

数字素养得分与年龄整体呈现倒U形关系（见图9-4），最高得分人群为伴随互联网成长的“90后”（21—30岁），其次为“80后”（31—40岁）、“00后”（20岁及以下）。而

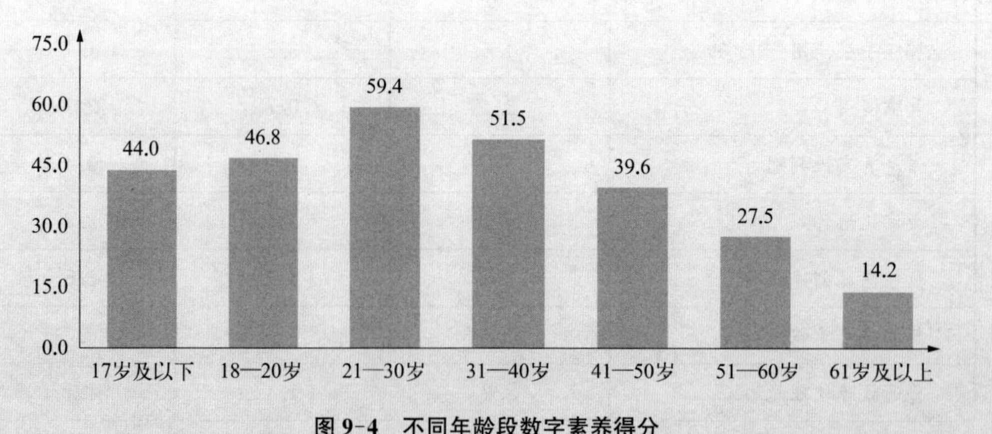

图 9-4 不同年龄段数字素养得分

随着年龄的增大，数字素养得分逐步下降。老年人遭遇“数字鸿沟”，折射出加快数字服务适老化的紧迫性。图 9-5 显示，数字素养得分与受教育程度成正比例关系，表明教育和培训可以有效提升个人数字化能力。

(7) 城乡居民数字素养得分与收入水平正相关：数字素养越高，收入水平越高。

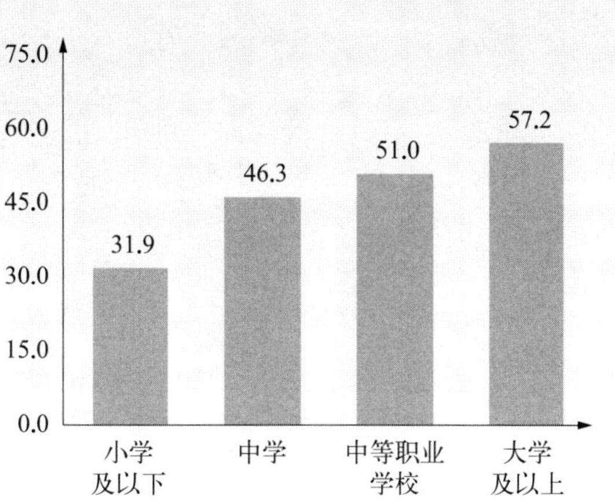

图 9-5　不同学历背景数字素养得分

图 9-6、9-7、9-8 表明，数字素养得分与收入水平整体成正比例关系，表明提升数字素养有利于收入水平的提高。值得注意的是，被访者中有一定量未参加工作的学生人群，拉高了年收入 3 万元以内人群数字素养得分平均值。

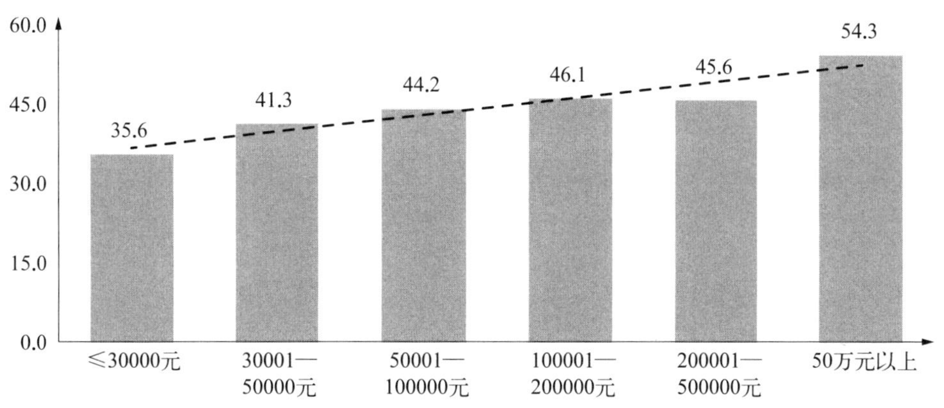

图 9-6　不同收入水平数字素养得分

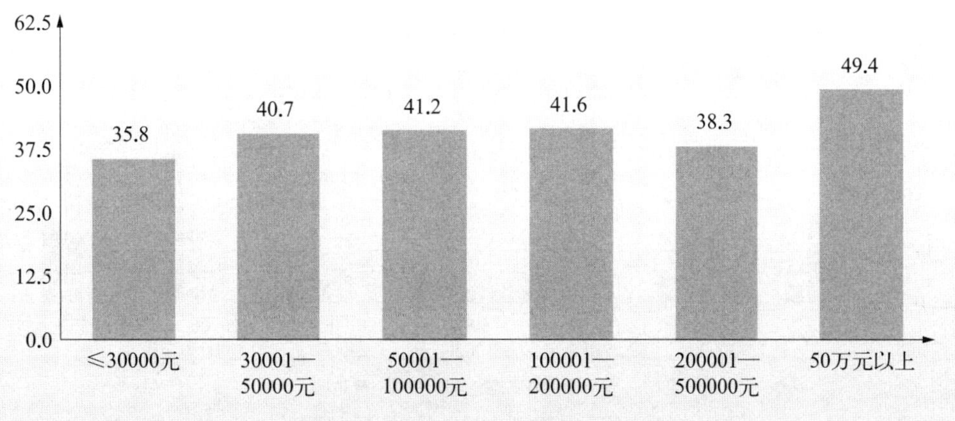

图 9-7　乡村不同收入水平数字素养得分

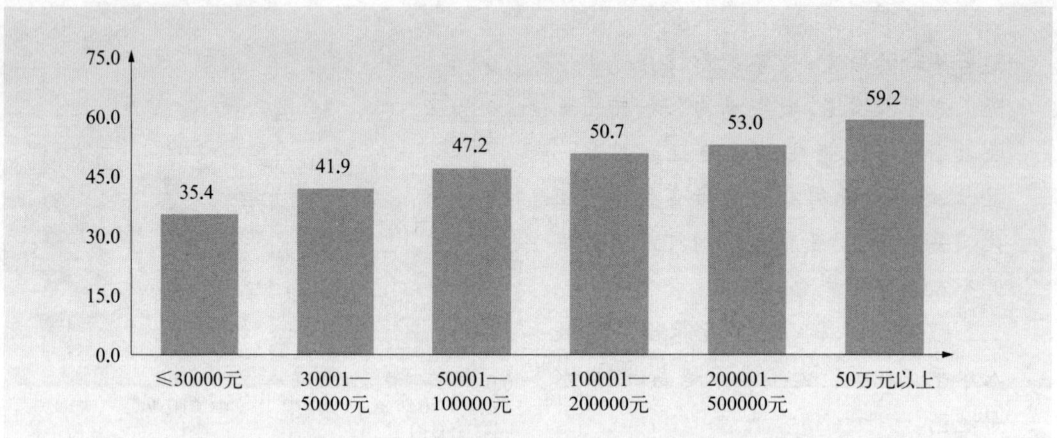

图 9-8　城市不同收入水平数字素养得分

(8) 多项数字能力与收入水平正相关。电脑作为数字生产力工具,有助于提升收入。

从图 9-9 来看,受访者在数字化内容创作、专业领域数字化应用、电脑使用、数字化协作四个能力项上的得分均与个人收入水平成正相关关系。

图 9-10 表明,受访者的电脑使用能力与收入水平总体呈正相关关系。随着收入

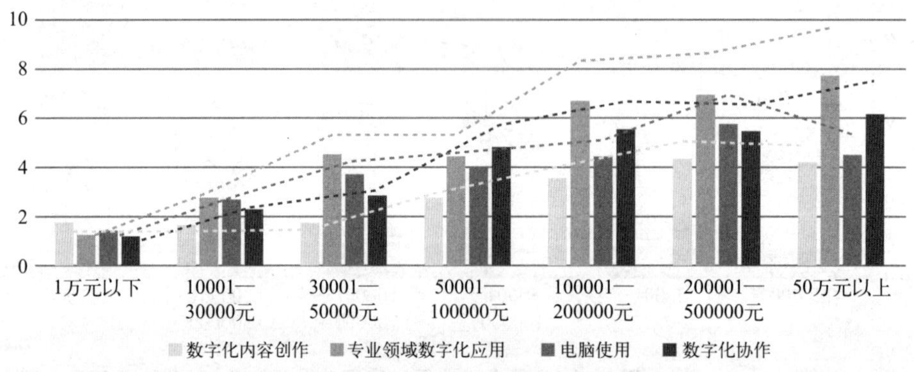

图 9-9　不同收入区间者在 4 项单项能力测评中的平均得分

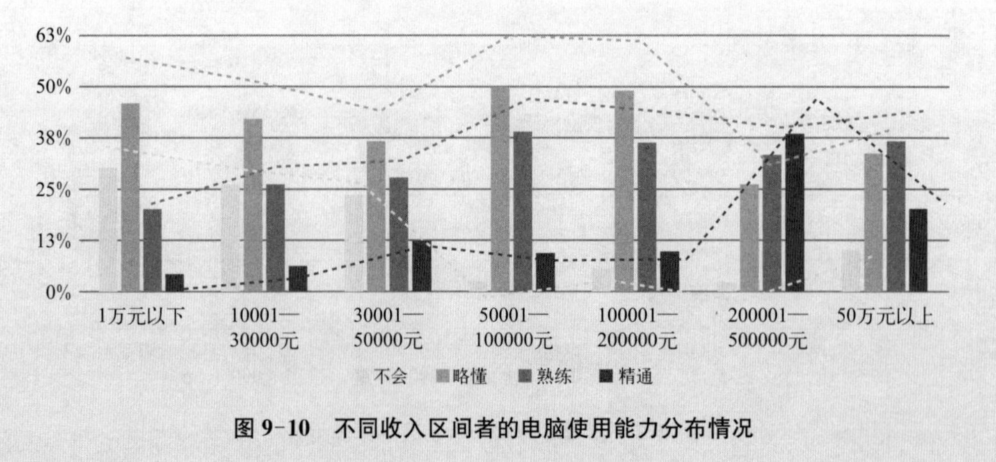

图 9-10　不同收入区间者的电脑使用能力分布情况

水平提升,"不会"使用电脑者占比明显下降,"熟练"和"精通"使用电脑者占比则明显上升。反过来说,随着受访者使用电脑的能力提升,收入水平升高。这说明,电脑作为重要的数字生产力工具,有助于提升收入水平。

3. 调研结论及建议

(1) 调研相关结论。本次调研结果显示,我国居民数字素养水平整体偏低;存在明显的城乡发展不均衡;农民数字素养存在"掉队"风险;中老年群体数字素养跟不上时代发展;使用个人电脑、手机等智能设备从事创造性、生产性活动的意识和能力不足。提升国民数字素养已刻不容缓。

(2) 建议:① "十四五"时期数字化发展提速,应总体提升国民数字素养;② 从"新 IT"基础设施和数字素养两方面弥合城乡数字鸿沟,助力乡村振兴;③ 在农村地区因地制宜、系统提升农民数字素养;④ 推动数字化工具适老化改造,缩小老年人与社会间数字鸿沟。

资料来源:https://zhuanlan.zhihu.com/p/412857959.

9.1 市场调查报告的概述

9.1.1 市场调查报告的概念及其构成要素

1. 市场调查报告的概念

市场调查报告意指调查者在对所得资料进行筛选加工和整理分析等的基础上,记述和反映调查结果并提出相应见解或策略建议等的一种文书,是对市场调查结果的集中体现。市场调查报告可以以书面方式向管理者或需求方汇报调查的结果,也可以通过口头汇报的方式沟通相关结论,还可以通过电子媒介等形式向决策者或需求者进行演示、解说或沟通。

2. 市场调查报告的构成要素

通常情况下,市场调查报告应该具备以下三个要素。

(1) 对基本情况的客观介绍。基本情况的介绍是对调查过程、对象及结果的客观描述与解释,依托图表、文字或数字等加以阐释。翔实客观的基本情况介绍是研究结论形成的重要依据。

(2) 分析及结论。在深刻理解数据分析结果的基础上,对现象的本质、问题及其各方面的影响因素等进行阐释,形成鲜明的观点和见解。

(3) 措施与建议。在明晰相关问题及其原因的基础上,结合研究对象的客观情况,提出相关问题解决的建议,以供决策者参考。

9.1.2 市场调查报告的类型

市场调查报告可以根据不同标准进行划分，它既可以书面方式向管理者或用户报告，调研的结果为口头汇报和沟通调研结果的依据，还可以制作成多媒体演示课件，向决策者或客户演示、解说和沟通。一般而言，市场调查报告是调查报告的一个重要种类，它是以科学的方法对市场的供求关系、购销状况以及消费情况等进行深入细致地调查研究后所写成的书面综合报告。市场调查报告的作用在于帮助企业了解掌握市场的现状和趋势，增强企业在市场经济大潮中的应变能力和竞争能力，从而有效地促进经营管理水平的提高。

通常情况下，市场调查报告的划分方法有很多种，具体如下图 9-11 所示。

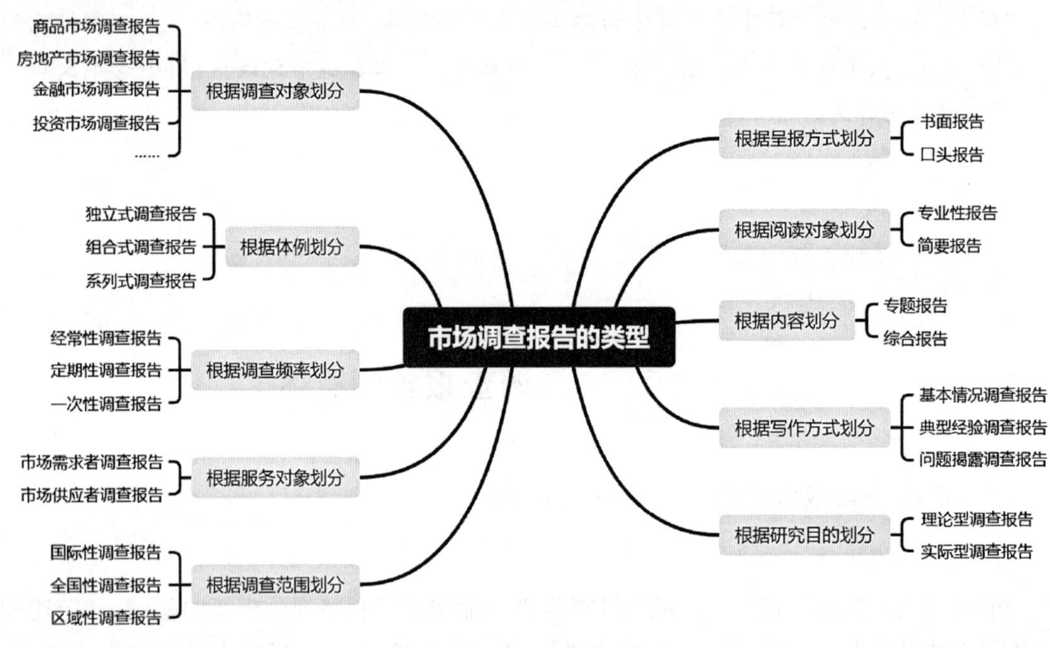

图 9-11 市场调查报告的类型

在此主要介绍以下五种常见的分类。

1. 根据呈报方式划分

根据呈报方式的不同，市场调查报告可分为书面市场调查报告和口头市场调查报告，或书面报告和口头报告。书面报告是调查背景、内容、过程、结果和结论的全面且系统的分析报告。口头报告是根据市场调查与分析结果，进行的口头讲解，主要包括即兴讲解、按书面报告讲解和专门讲解。

2. 根据阅读对象划分

根据阅读对象的不同，市场调查报告分为专业性报告和简要报告。针对一些受委托的市场调研活动，可能阅读报告对象为非专业人士，如政府产业部门工作人员，所以市场调查报告可能就要有两种形式：一种是专业性、研究性、系统性的报告；另一种是简要报告。此外，简要报告不仅供非专业人士使用，而且可以作为专业性报告的交流汇报使用。

3. 根据内容划分

根据内容的不同，市场调查报告分为综合报告和专题报告。专题报告主要针对某个问题或侧面而撰写的调查报告，如农村居民消费问题调查报告，某地旅游业发展调查报告。专题报告涉及范围较窄，针对性强，研究内容较深入。综合报告是围绕调查对象的基本状况和发展变化过程，对全部调查的结果，进行全面、系统、完整、具体反映的调查报告。综合报告涉及的内容及范围比较宽泛，资料比较丰富，篇幅较长。它对调查对象的发展变化情况进行纵横两方面的介绍。

4. 根据写作方式划分

根据写作方式的不同，市场调查报告分为基本情况调查报告、典型经验调查报告、问题揭露调查报告等三种形式。基本情况调查报告主要用于反映某一地区、某一领域或某一事物的基本面貌，目的在于报告全面的情况，为决策者制定方针政策、规定任务、采取措施提供决策依据和参考。典型经验调查报告主要用于对先进典型进行深入调查分析后，提炼出成功的经验，以便更有效地指导和推动其他相关单位的工作。问题揭露调查报告主要是针对某一方面的问题，进行专项调查，澄清事实真相，判明问题的原因和性质，估算造成的危害，并提出解决问题的途径和建议，为问题的最后处理提供依据，也为其他有关方面提供参考和借鉴。

5. 根据研究目的划分

根据研究目的的不同，市场调查报告可以分为理论型调查报告和实际型调查报告。理论型调查报告是以提出、证明或补充某个经济理论观点为目的的调查分析报告，特点是注重理论研究和陈述，讲求分析问题的立场和方法，具有学术性，是为科学研究服务的。实际型调查报告是针对某个市场现象和有影响的问题进行调查研究，进而为某项工作提出相应策略或政策建议而撰写的报告，兼具政策性调查报告和事务性调查报告的特征，服务对象通常包括各类党政部门和各行各业的企业。

9.2 市场调查报告的撰写

9.2.1 市场调查报告的撰写程序

市场调查报告的撰写包括确定主题、取舍资料、拟定提纲和撰写成文四个主要步骤。

1. 确定主题

确定主题是市场调查报告撰写的关键一步，决定了整个市场调查报告的调性，对其成败有决定性作用。通常情况下，要注意报告的主题与调查的主题具有一致性，且主题不宜过于宽泛，也要注意主题与标题的协调，避免文不对题的情况。确定主题的步骤主要包括选题和确定观点。

(1) 选题。选题的过程本质上是挖掘、选择、确定和论证论题的过程,通常情况下表现为市场调查报告的标题,是对调查对象及目的的综合概括。在确定选题的过程中要注意选题对已知领域和未知领域的综合表达,既要能反映一些大众所熟知的部分,也要展现出一些关于报告创新性的信息,否则会严重影响报告需求者对报告价值的认知。成功的选题就像航标一样,对后续的报告撰写工作起到指引作用。在确定选题的基础上,报告撰写者对积累哪些资料、运用哪些方法和技术手段等都会更有方向。成功的选题来源可以是撰写者自己观察选定,也可以通过征集报告需求者意见、领导意见等确定,关键在于在撰写者条件、服务对象需求以及分析对象的意义这三者取得平衡。

(2) 确定观点。观点本质上是报告撰写者对分析对象所持有的看法及见解,是撰写者依据个人主观认知对客观材料的一种升华解读,是构思、材料取舍和撰写报告的基本依据和出发点。观点的形成是一个循序渐进的过程,通常是在对调查资料进行反复分析和整理进而形成更高水平的认知的基础上而产生的。在形成观点的过程中,报告撰写者要注意以下三个方面:首先,观点的形成基础是对调查资料的深入分析,要从调查资料的实际结果出发,而不是依据撰写者自己在过去所形成的某种看法或者政府的某个条文而形成;其次,观点形成过程中的关键在于对调查资料的具体分析,要从具体的一些现象或数字着手对事物的特殊性进行分析,而不是提纲挈领的综合概括;最后,观点的内容要新颖,观点应该是在深入且具体分析基础上形成的关于现象、事物等的新认知。

2. 取舍资料

经过统计分析或理论分析后得到的调查资料,不能都放入调查报告中,应该有一个对调查资料进行精心挑选的过程。对调查资料进行解读,在基础上形成观点,据此决定调查报告中呈现的资料的取舍。唯有调查资料与观点高度统一,资料才能对调查报告的主题起到支撑作用。在取舍资料的过程中要注意以下三个方面。

(1) 资料的相关性。资料只有与调查报告的主题、观点等相契合,才会使得报告的主题更加突出。在资料筛选的过程中要注意将一些与主题无关的、关系不太密切的、非主要的或非本质的资料剔除出去,以避免冲淡主题,降低报告的效度。在依据相关性对资料进行精选的过程中,可以通过比较鉴别的方法,对同类型的材料按照主题相关性的高低进行排序,结合对篇幅等因素的考虑,综合决定材料的取舍。

(2) 资料的充分性。在保证相关性的同时,也要注意保证资料的充分性和完整性。市场调查报告通常要求根据调查的目的和要求等对具体现象进行具体分析、比较和论证,某个观点的表达和结论的形成等需要从点、面、体多个维度形成支撑,且资料不仅要支持直接的观点,还需要相互支撑,形成立体化体系。

(3) 资料取舍的多轮性。资料的取舍并不是一蹴而就的过程,可以根据需要进行多轮的取舍。对于资料的量非常大的情况,可以在分析之前就进行一次资料的取舍;或者在一开始很难界定的时候,进行一次初步的取舍。随着相关标准、架构、观点逐渐清晰,再进行精度更高的取舍。资料取舍的标准最好能依据科学客观的概率统计理论,并与定量分析和定性分析等工作结合起来,以保证资料的代表性和科学性。

3. 拟定提纲

拟定提纲是构思调查报告过程中的关键环节，本质上就是通过对调查资料进行进一步的分类和架构，进而确定调查报告的骨架。确定提纲的原则是“围绕主题、层层递进、环环相扣”，从结构上反映报告的内在逻辑性。有了提纲，报告撰写者的思路会更加清晰。

市场调查报告的提纲通常包括两种：观点式提纲和条目式提纲。观点式提纲即撰写者根据其对调查资料形成的观点按逻辑一一罗列出来，进而明晰每个部分要阐述的观点的一种提纲拟定方式；条目式提纲是从层次逻辑上罗列出报告的章、节、目进而明晰报告的整体结构的一种提纲拟定方式。

拟定提纲的过程通常是先拟定粗略的提纲，把市场调查报告分为几个大的章或者几种主要观点部分。然后，再确定各章或主要观点部分内部的内容，按照不同内容的重要次序和逻辑关系等确定细则节、目或子观点，拟定提纲的过程中要注意同级章节标题之间的互补性和互斥性，以保证内容的完备性。

4. 撰写成文

依据确定好的主题、选取好的资料以及拟定好的提纲，在把握观点和立定格局的基础上，用恰当的文字技巧和表达方式，有条不紊地撰写报告。撰写成文的过程通常包括初稿撰写和修改定稿两个阶段。

(1) 初稿撰写。

初稿撰写的过程中需要注意以下三个方面：首先，注意初稿的结构合理性，按照拟定的提纲，有条理、有逻辑地说明和论述相关章节部分的内容。其次，注意初稿内容的规范性，在保证基本排版美观性的基础上，尽量保证内容的对称性和审美性，例如同级标题的表达风格保持一致、同级内容尽量控制体量差异等；此外还需尽量考虑报告阅读者的阅读环境和习惯等，使得报告内容在编排上更符合读者的需求。最后，注意语言表达的通俗易懂性，在词汇表达方面，做到准确表达的基础上，尽量避免过多的专业词汇堆积，在图表、数字等的呈现方面，不要停留于图表和数字表面，而是要对其形成易于理解的观点，做到深入浅出。

(2) 修改定稿。

市场调查报告的修改定稿主要包括两个方面：撰写者自行检查并修改和撰写者广泛征集意见与建议并修改。撰写者自行检查并修改指撰写者在对报告主题、材料、结构、语言文字或标点符号等进行详细检查的基础上，对报告内容进行增加、删减、调整和修改。在检查修改报告的过程中要注意在确保无错别字、明显逻辑错误的基础上，做到以下三个方面：首先，内容翔实，无重要遗漏，不管是对市场调查报告基本情况的介绍，还是对具体观点的阐释，都要尽量保证客观具体地反映事实，切忌存在观点阐述不清晰、论证内容不完整、基本情况介绍无条理性等问题；其次，结论客观，无故意夸大或扁低，在修改定稿的过程中，注意检查每一个结论的形成，是否都有客观资料的支撑，切忌形成过分主观的结论而导致错误的决策。最后，建议准确无明显冗余，修改定稿的过程中要注意检查提出的相关策略建议是否与结论中反映的问题一一对应，切忌在报告里呈现泛泛而谈的建议。

撰写者广泛征集意见与建议并修改意指在报告成文的基础上，撰写者将报告发送给相关专家或其他相关人员，征集相关修改建议并对报告进行反复修改的过程。在征集意见并修改的过程中，首先需要注意征集对象的专业性，唯有寻求到相关领域的专家或对相关领域报告撰写有着丰富经验的人，才会得到有建设性意见的修改意见；其次便是要正确客观地对待征集的意见，不要对意见有很强的个人主观想法，本着对报告完善有用性的原则吸纳科学意见。

9.2.2 市场调查报告的撰写原则

由于市场调查报告是市场调查活动结果和效果的重要体现形式，它具有绩效和目标导向的特质。因此，撰写市场调查报告，可以采用绩效管理的相关原则，如 SMART 原则(Specific，明确性；Measurable，可衡量性；Achievable，可行性，Relevant，相关性；Time-constrained/Time-related，时限性)。

1. 明确性原则

所谓明确，就是要用具体的语言清楚地说明要达成的行为标准。明确的目标几乎是所有成功团队的一致特点。很多团队不成功的重要原因之一就因为目标模棱两可，或没有将目标有效地传达给相关成员。市场调查报告明确性原则要求调查主题要明确，调查思路明晰，调查结果陈述得当。

2. 可衡量性原则

可衡量性就是指目标应该是明确的，而不是模糊的。应该有一组明确的数据，作为衡量是否达成目标的依据。如果制定的目标没有办法衡量，就无法判断这个目标是否实现。但并不是所有的目标都可以衡量，有时也会有例外，例如大方向性质的目标就难以衡量。市场调查报告可衡量性原则要求调查报告具有一定可衡量性，最好具有一定量化指标，指导实践也应当具有可衡量性。

3. 可行性原则

可行性原则代表着这一总体目标是能够完成的，是能够达到的。目标是要能够被执行人所接受的，如果管理者利用一些行政手段，利用权力性的影响力将目标强制传达给下属，下属可能会产生一种心理和行为上的抗拒，一旦这个目标没有完成，执行者有各种理由推卸责任。市场调查报告可行性原则要求调查报告介绍的调查方法具有可行性，用调查报告结果指导实践要具有可行性。

4. 相关性原则

相关性原则是指实现此目标与其他目标的关联情况，如果实现了这个目标，但对其他的目标完全不相关，或者相关度很低，那么，这个目标即使被达到了，意义也不是很大。市场调查报告相关性原则要求调查报告所涉及的内容要与调查课题密切相关，同时调研结果和建议也要与调研内容具有相关性。

5. 时限性原则

时限性原则就是指目标是有时间限制的，没有时间限制的目标无法经受考验，它会不知不觉成为一个没有任何意义的摆设,起不到任何督促作用。市场调查报告时限性原则要求从调查过程到最终呈交调查报告要有时间限制。所以,一般在调查报告前,需要根据目标设置和具有时间限制的要求,以及根据工作任务的权重、事情的轻重缓急,拟定出完成目标项目的时间要求,并定期检查项目的完成进度。

9.2.3 市场调查报告的格式

良好的市场调查报告格式,表现出调查者的优秀业务素养。一篇结构清晰的调查报告,不仅可以真实反映调研内容和调研结果,而且可以让委托方或阅读者准确、快速地了解调研结果。正如前面分类所述,按照研究目的的不同,市场调查报告可以分为实际型调查报告和理论型调查报告两大类,下面将对这两类报告的格式进行介绍。

1. 实际型调查报告的格式

目前常见的实际型市场调查报告格式主要包括扉页、正文和附录。

(1) 扉页。

扉页通常包括标题、客户(委托人)、调查公司、日期、目录和摘要等。

① 标题。

市场调查报告的标题就是市场调查报告的题目。标题必须准确揭示调查报告的主题思想。标题要简单明了、高度概括、题文相符。如《关于哈尔滨市家电市场调查报告》《某新产品市场进入壁垒调查报告》《某店铺商圈调研报告》等。这些标题都很简明,比较吸引人。

调查报告要使用能揭示内容中心的标题,具体写法有以下四种。

A. 公文式标题。这类调查报告标题多数由事由和文种构成,平实沉稳,如《关于农民工工作生活状况的调查报告》,也有一些标题由调查对象和"调查"二字组成,如《女性网络消费情况的调查》。

B. 一般文章式标题。这类调查报告标题直接揭示调查报告的中心内容或思想,十分简洁,如《本市老年人各有所好》。

C. 提问式标题。如《分红新政策,能给投资者带来几多利好?》。这是典型调查报告常用的标题写法,特点是具有吸引力。

D. 正副题结合式标题。这是用得比较普遍的一种调查报告标题,特别适用于介绍典型经验的调查报告和反映新生事物的调查报告。正题揭示调查报告的思想意义,副题表明调查报告的事项和范围,如《政协委员破解从田头到餐桌的"环节拥堵"——"卖难买贵"为何两头受累?》。

标题和报告日期、委托方、调查公司,一般应打印在扉页上。

② 目录。

如果调查报告的内容、页数较多,为了方便读者阅读,应当使用目录或索引形式列出报告所分的主要章节和附录,并注明标题、有关章节号码及页码,一般来说,目录的编写可以采用一级或二级目录,篇幅不宜超过一页,放置在题目之后的另一页;有些市场调查报告的图表非常多,也会列出相应图表的目录,如图 9-12 所示。

中国共享经济发展报告（2022）

目录

I

图表目录

II

图 9-12　市场调查报告章节目录及图表目录示意图

③ 摘要。

摘要是对市场调查报告主要内容的高度概括。市场调查报告不像简报，通常情况下内容的体量是比较大的，对于一些管理者特别是高层管理者而言，他们没有很多时间来仔细阅读调查报告中的每一个细则内容，或者说对报告的复杂细节是不感兴趣的，他们只想知道相应的结果及主要的结论，以及他们如何按照调查结果来做出决策；另外，还有一些情况便是有些读者在不太明确某些调查报告中是否有自己所需信息的时候，会通过阅读摘要来判断报告的契合性。因此，对于体量较大的市场调查报告而言，提供摘要是非常重要的。摘要极有可能就是使用报告的读者唯一关注或者阅读的部分，所以摘要应该尽量言简意赅，一般不超过报告内容的 1/10，需要用精练的语言尽量展现报告的价值所在。摘要的内容通常包括以下四个方面：

A. 调查目的说明，即简要介绍市场调查活动开展的缘由。

B. 调查对象和内容说明。对调查时间、对象、地点、范围、调查要点及聚焦的主要问题做一个简要概述。

C. 调查和分析方法说明。通过对调查和分析的方法进行介绍，有助于让读者直接判断或者感知该报告调查结果的可靠性。因此，在摘要中需要介绍本次调查活动主要使用的调查方法以及选取该方法的原因，另外，对调查资料的分析方法也要做简要概述，如因子分析法、指数平滑分析法、回归分析法、聚类分析法、灰色关联法等。

D. 结论及建议说明。摘要中通过对主要结论以及策略建议提出的主要方向进行概述，有助于读者对报告的价值形成更为直观的感知，此部分可以通过摘取正文中对应部分的小标题文字予以说明。

（2）正文。

正文是市场调查分析报告主体部分。这部分必须准确阐明全部有关论据，包括问题的提出到引出的结论，论证的全部过程，分析研究问题的方法，还应有可供市场活动的决策者进行独立思考的全部调查结果和必要的市场信息，以及对这些情况和内容的分析评论。正文一般分为前言、主体、结尾三部分。

① 前言。

前言是市场调查报告的开头部分，一般用来说明市场调查的目的和意义，介绍市场调查工作的基本概况，包括市场调查的时间、地点、内容和对象以及采用的调查方法、方式，这是比较常见的写法。也有调查报告在前言中，先写调查的结论是什么，或直接提出问题等，这种写法能增强读者阅读报告的兴趣。

调查报告的前言一般要根据主体部分组织材料的结构顺序来安排，常用的前言有以下三种类型。

A. 提要式。提要式就是对调查对象最主要的情况进行概括后写在开头，使读者在开篇时就对它的基本情况有一定的了解。

B. 交代式。交代式是指在问卷开头简单地交代调查的目的、方法、时间、范围、背景等，使读者在开篇时就对调查的过程和基本情况有所了解。

C. 问题式。问题式是指在开头提出问题，以引起读者对调研课题的关注，促使读者思考。这样的开头可以采用提问的方式引出问题，也可以直接将问题摆出来。

② 主体。

主体是调查报告最主要的部分，这部分详述调查研究的基本情况、做法、经验，以及分析从调查研究所得材料中得出的各种具体认识、观点和基本结论。

主体是市场调查报告中的主要内容，是表现调查报告主题的重要部分。这一部分的写作直接决定调查报告的质量高低和作用大小。主体部分要客观、全面地阐述市场调查所获得的材料、数据，用它们来说明有关问题，并得出有关结论，对有些问题、现象要做深入分析、评论等。总之，主体部分要善于运用材料，来表现调查的主题。这部分是调查报告的主干和核心，是引语的引申，是结论的依据。这部分主要写明事实的真相、收获、经验和教训，即介绍调查的主要内容是什么，为什么会是这样的。主体部分要包括大量的材料，如人物、事件、问题、具体做法、困难障碍等，内容较多，所以要精心安排调查报告的层次，安排好结构，有步骤、有次序地表现主题。

前言之后、结语之前的文字都属于主体。这部分的材料丰富、内容复杂，在写作中最主要的问题是结构的安排。主体的主要层次形式有以下三种。

A. 用观点串联材料。由几个从不同方面表现基本观点的层次组成主体，以基本观点为中心线索将它们贯穿在一起。

B. 以材料的性质归类分层。课题比较单一，材料比较分散的调查报告，可采用这种层次形式。作者经分析、归纳后，根据材料的不同性质、将它们梳理成几种类型，将每个类型的材料集中在一起进行表达，形成一个层次。在每个层次之间可以加上小标题或序号，也可以不加。

C. 以调查过程的不同阶段自然形成层次。事件单一、过程性强的调查报告，可采用这种层次形式。它实际上是以时间为线索来谋篇布局的，类似于记叙文的时间顺序写法。

调查报告中关于事实的叙述和议论主要都写在主体部分里，这一部分是充分表现主题的重要部分。一般来说，调查报告主体的结构一般有以下三种形式。

A. 横式结构。横式结构是指把调查的内容加以综合分析，紧紧围绕主旨，按照不同的类别将内容分别归纳成几个问题来写，在每个问题之前可以加上小标题，而且每个问题里往往还包含着若干个小问题。典型经验性质的调查报告的格式多采用这样的结构。这种调查报告形式观点鲜明，中心突出，使人一目了然。

B. 纵式结构。纵式结构有两种形式。一是按调查事件的起因、发展及先后次序进行叙述和议论。一般情况的调查报告和揭露问题的调查报告的写法多使用这种结构形式，这一形式有助于读者对事物的发展有深入的、全面的了解。二是按成绩、原因、结论层层递进的方式安排结构。一般综合性质的调查报告多采用这种形式。

C. 综合式结构。这种调查报告形式兼有纵式和横式两种形式的特点，互相穿插配合，组织安排材料。采用这种调查报告写法，一般是在叙述和议论发展过程的时候会选择用纵式结构，而在阐述收获、认识和经验教训时采用横式结构。

调查报告的主体部分不论采取什么结构形式，都应该做到先后有序、主次分明、详略得当、联系紧密、层层深入，以便更好地表达主题。

③ 结尾。

结尾是调查报告分析问题、得出结论、解决问题的必然结果。对于不同的调查报告，结尾的写法各不相同。一般来说，调查报告的结尾有以下五种情形：对调查报告归纳说明，总结主要观点，深化主题，以提高人们的认识；对事物发展做出展望，提出努力的方向，启发人们进一步探索；提出建议，供领导参考；写出尚存在的问题或不足，说明有待今后研究解决的问题；补充交代正文没有涉及而又值得重视的情况或问题。

(3) 附录。

附录是指调查报告正文包含不了或没有提及，但与正文有关必须附加说明的部分。它是对正文报告的补充或更详尽说明。一般附录包括有关调查的统计图表、数据汇总表、原始资料背景材料、有关材料出处、参考文献和必要的工作技术报告等，如为调查选定样本的有关细节资料及调查期间所使用的文件副本等。

2. 理论型调查报告的格式

理论型调查报告，又称做学术型调查报告，主要用于专业学术会议或专业学术刊物，读者对象通常是相应领域的专业研究人员，因此，理论型调查报告相较于实际型调查报告而言在撰写要求方面更加严格，且撰写的格式或形式相对固定。一般情况下，理论型研究报告主要包括扉页、引言、方法、结果、讨论与启示、参考文献和附录这几个部分。

（1）扉页。

理论型调查报告的扉页通常包括标题、作者及其相关信息、摘要和关键词、受资助情况等。

① 标题。

理论型调查报告的标题同样是对调查报告核心内容的高度概括，标题的写法与实际型调查报告相似，但是相较于实际型调查报告的标题而言，理论型调查报告的标题应该更注重凸显调查报告在理论上的发展性和创新性。如图9-13所示的标题，采用的是正副题结合式标题，主标题直接展示了调查报告的创新性，关注了疫情背景下的农业农村复工复产问题，且通过副标题的形式展现数据的广度，增强对报告的价值感知。

② 作者及其相关信息。

理论型调查报告的标题下面通常会写上作者的姓名，并在姓名下方附上作者的个人单位地址、区域、邮编等相关信息，并以脚注的形式呈现作者的出生年月、籍贯、研究领域等信息。作者及其相关信息的呈现方式主要依据理论型调查报告的使用刊物而定，如图9-13中所展示的作者及其相关信息所示。

③ 摘要和关键词。

摘要是对理论型报告中所有内容的提纲挈领的总结，通常不超过250—300字。理论型调查报告的摘要的作用主要也是让读者能够对报告内容、方法、结果和结论等有一个总的了解，从而决定是否继续阅读整个报告的细节内容。摘要是整个报告中最难写好的一个部分，篇幅十分有限，其中的词句都要十分明确和恰当。也正是因为由于不可能把各方面的情况都写在摘要里，所以需要尽量仔细斟酌，做出选择，主要突出哪些内容、略去哪些内容。理论型调查报告的摘要通常也是首先对研究背景进行一句话的高度总结，然后对报告的研究主题、使用的方法、得到的具有理论发展性和创新性的结果、主要的理论贡献和策略启示进行高度概括性介绍。有的时候受到相关刊物的字数限制或其他要求，会对上述部分进行有选择性地介绍，如图9-13中展示的摘要。

关键词是通过3—5个词汇来高度展现调查报告的内容，关键词作为报告撰写者与读者之间的重要桥梁，其作用主要是通过少量的词汇使得读者产生联想，例如图9-13中展现的关键词，从中我们不仅能看到标题带给我们的讯息，关注疫情背景下的农业农村的复工复产问题，我们更能感知到该报告是本着为乡村振兴的目标来关注这一问题的，而不是仅仅对复工复产情况的描述。在写理论型调查报告的关键词时，要注意充分借助关键词的联想引发作用，更加鲜明地凸显报告的价值。

④ 受资助情况。

有些理论型调查报告是在相关基金项目的资助下完成的，学术性刊物在发表相关调查报告时也会要求作者提供并展示相关受资助情况，如图9-13中介绍的基金项目所示。

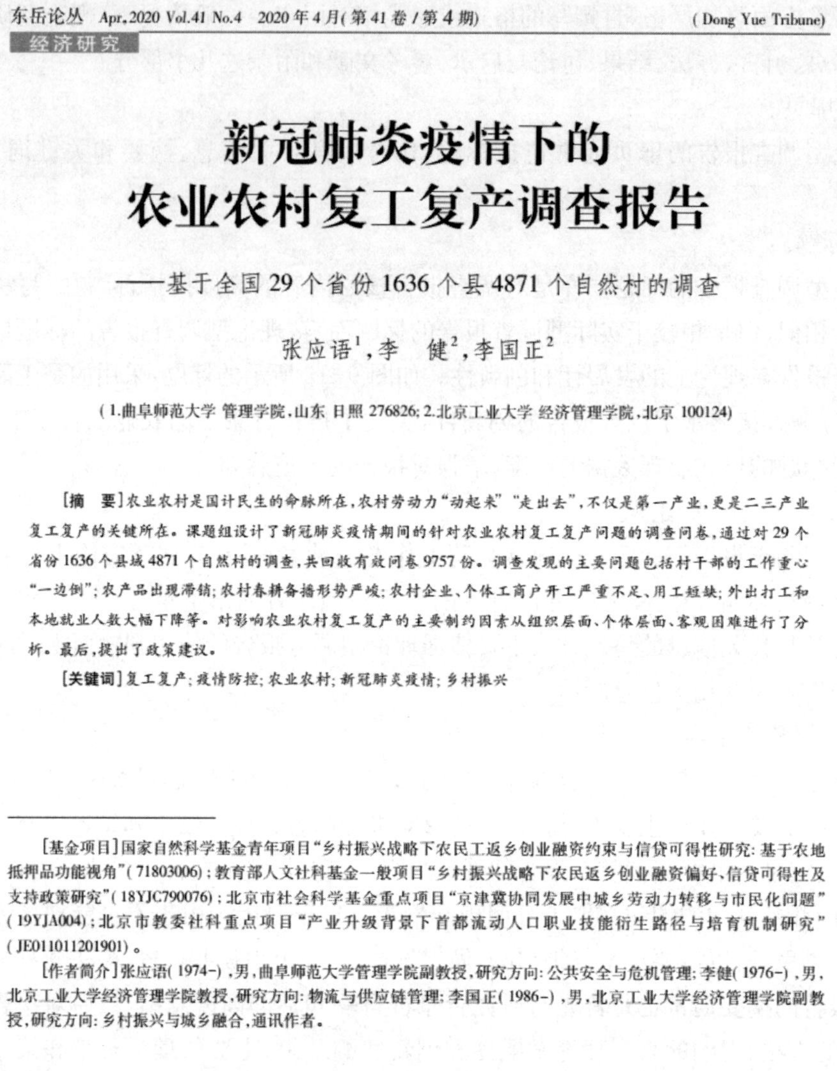

东岳论丛 Apr,2020 Vol.41 No.4 2020年4月(第41卷/第4期) (Dong Yue Tribune)

经济研究

新冠肺炎疫情下的
农业农村复工复产调查报告

——基于全国29个省份1636个县4871个自然村的调查

张应语[1],李 健[2],李国正[2]

(1.曲阜师范大学 管理学院,山东 日照 276826;2.北京工业大学 经济管理学院,北京 100124)

[摘 要]农业农村是国计民生的命脉所在,农村劳动力"动起来""走出去",不仅是第一产业,更是二三产业复工复产的关键所在。课题组设计了新冠肺炎疫情期间的针对农业农村复工复产问题的调查问卷,通过对29个省份1636个县域4871个自然村的调查,共回收有效问卷9757份。调查发现的主要问题包括村干部的工作重心"一边倒";农产品出现滞销;农村春耕备播形势严峻;农村企业、个体工商户开工严重不足、用工短缺;外出打工和本地就业人数大幅下降等。对影响农业农村复工复产的主要制约因素从组织层面、个体层面、客观困难进行了分析。最后,提出了政策建议。

[关键词]复工复产;疫情防控;农业农村;新冠肺炎疫情;乡村振兴

[基金项目]国家自然科学基金青年项目"乡村振兴战略下农民工返乡创业融资约束与信贷可得性研究:基于农地抵押品功能视角"(71803006);教育部人文社科基金一般项目"乡村振兴战略下农民返乡创业融资偏好、信贷可得性及支持政策研究"(18YJC790076);北京市社会科学基金重点项目"京津冀协同发展中城乡劳动力转移与市民化问题"(19YJA004);北京市教委社科重点项目"产业升级背景下首都流动人口职业技能衍生路径与培育机制研究"(JE011011201901)。

[作者简介]张应语(1974-),男,曲阜师范大学管理学院副教授,研究方向:公共安全与危机管理;李健(1976-),男,北京工业大学经济管理学院教授,研究方向:物流与供应链管理;李国正(1986-),男,北京工业大学经济管理学院副教授,研究方向:乡村振兴与城乡融合,通讯作者。

图9-13 理论型调查报告中扉页示意图

(2)引言。

理论型调查报告的引言部分与实际型调查报告的前言部分很不相同,通常更为详细,包括的内容更多。理论型调查报告的引言一般包括以下三个方面的内容。

① 研究问题阐释。清晰地阐释研究问题是理论型调查研究报告和实际型调查报告都需要完成的部分,在明确地说明选择某个研究问题的背景及缘由的基础上,明示研究问题具体是什么。引言中对研究问题的阐释,可以借用沙漏式的写作方式,先从较为宏观的实践背景开始讲起,逐渐引到与主题相关的小范围实践背景的说明上,然后再引出问题。这样的写作方式有助于读者从宏观到微观的角度全面理解研究问题为什么重要、为什么有研究价值,让读者从理性认知上认同研究问题选择的合理性。引言部分关于研究问题的阐释不能过于

详细,尽量运用简明的语言,在清晰的层次逻辑的引导下向读者展现调查研究的背景和实际研究的问题。

② 有关文献述评。由于理论型调查研究报告相对更加注重理论上的发展性和创新性,所以在研究问题阐释清楚的基础上,需要对研究问题相关领域中已经有的理论研究成果进行一个全面的概括总结,以证明调查报告的立意是具有理论创新性的。有关文献的述评应该包括以下三个方面:首先,阐明研究问题相关的既往研究都聚焦分析了哪些方面,主要类型包括哪些?既往文献之间是否存在着有关的理论、有哪些不同的理论?此部分最好是在对既往文献进行分门别类的基础上,以理论发展的视角梳理相关文献;其次,介绍相关研究在阐释相关问题时较常运用的研究方法,得到了哪些有价值的结果;最后,在前面两个模块的基础上,提出现有研究存在着哪些缺陷和不足之处,做出述评,以证明本选题研究的理论必要性。

③ 对调查研究报告的介绍。引言的最后一般是在证明了调查报告选题研究的实践必要性和理论必要性的基础上,引出本调查报告将从哪些方面展开研究,以解决实际问题和发展相关理论。这部分的介绍并不是详细介绍调查研究内容的细节,而是介绍自己的研究的起点及基本框架。在这种介绍中要突出说明自己的调查报告与已有的研究所不同的地方,说明自己调查报告的特殊意义。

总之通过引言部分的介绍,读者应该能了解你的调查报告所聚焦的问题是什么?选题的实践背景是什么?之前关于该选题已经做了什么?你打算通过怎样的设计实现什么目标?当读者了解了上述这些内容,就能很顺利地沿着你的思路继续读下去。

(3) 方法。

理论型调查报告中对方法的介绍说明是一个非常重要的部分,这也是理论型调查报告和实际型调查报告相区别的一个重要标志。实际型调查报告中更注重凸显调查的结果展示,对方法阐释的要求不高。但是在理论型调查报告中,不仅需要注重调查结果的阐释,关于调查研究方法如何支撑调查结果的形成过程也需要有翔实的介绍,因为这一过程是读者判断结果科学性、价值性的重要依据。虽然不同的调查研究所采取的方法不完全相同,所以在调查研究报告中各自介绍的内容也不完全一样。但是一般来说大多数调查研究报告的方法部分都包括下述几个方面的内容:① 调查方式介绍。② 调查对象介绍。③ 资料收集过程介绍。④ 资料分析方法说明。

(4) 结果。

结果部分主要是介绍调查的成果。一般按照"先总体后个别、先一般后具体"的原则撰写,先给出基本的结果然后再陈述更细小的一些方面的结果。在具体写法上往往也是先给出答案再展示证据。每一个方面的结果陈述完毕后应进行简要小结,然后再开始下一个方面内容的陈述。在结果的表达上要做到层次分明、条理清楚。此外,还有两个方面的问题要注意。一般来说任何一篇调查研究报告的结果部分总是或多或少地包含着对这些结果的分析和讨论,二者完全分开、毫不相关的情况是没有的。通常的写法是当调查研究报告的内容较少时,结果与讨论两部分合在一起,即成为"结果与讨论"部分。而当调查研究报告的内容较多、较复杂时，则将两部分分开。此时在结果部分侧重表达和分析各部分的结果，而在讨论部分则着重表达和分析研究的整体结果，或者在结果部分里侧重讨论各结果的直接内涵，在讨论部分里则着重讨论结果的深入内涵和对结果的推广等。

关于结果中呈现的数据资料和相关图表的处理，也要注意以下两个方面：首先，根据主题呈现最能支撑相关结果的数据资料和图表，不要将所有的资料和相关图表不分主次地都放置在报告中，要在分析、加工、提炼资料和证据上多动脑筋、多下功夫，从浩繁的材料中抽取最能说明结论的证据。其次，注重图表的内涵和质量而不是数量，对于一些重复性程度较高、较为简单的图表要思考有没有整合的可能性，多在图表的设计上构思，以充分利用好每一个图表所占用的篇幅，注重图表的说服力和质量。

(5) 讨论与启示。

讨论与启示部分主要包括结果讨论和策略启示两个模块。在结果讨论部分，主要是对调查结果进行更为深入的总结、阐释，对其与既往研究中相关结果的异同点、发展性等进行说明，并阐明一些出乎意料的结果出现的原因。对结果讨论的作用主要是从理论或实践上论证结果的科学性和可信性。

在写结果讨论时，通常是从告诉读者本想调查研究掌握了什么开始，但是要注意对结果的说明不要与结果呈现部分重复，应该是对结果呈现部分相关论述的升华，要在结果部分的基础上挖掘新的、更深的东西。

在结果讨论的基础上，需要根据调查研究的主要发现提出一些策略建议，这是最后从实践上论证调查报告存在价值的重要步骤。在提出策略建议的过程中，要注意策略建议与调查结果的针对性，主要针对调查结果中呈现的关键结论及主要问题提出相应的强化和问题解决措施，以供相关的决策者参考。

(6) 参考文献。

与实际型调查报告所不同的是理论型调查研究报告通常要在报告的末尾列出参考书目。这些书目是研究者在从事这项研究过程中所阅读、评论、引证过的文献。这样做，一方面，体现了科学的、实事求是的研究态度，另一方面，也为同一领域的研究者提供了一个参考的文献索引。

(7) 附录。

附录部分是将一些可以帮助读者更好地了解研究细节的资料编排在一起作为正文的补充。这些资料主要有收集数据资料所使用的调查表、问卷、心理测验量表等，计算某些指标或数据的数学公式，介绍某些统计和测量指标的计算方法，介绍某些调查工具、测量仪器以及计算机软件介绍等。由于这些材料占有较大的篇幅，在学术刊物发表时常常略去这一部分，而在以学位论文形式出现的研究报告中则必须有附录部分。

9.2.4 市场调查报告的撰写技巧

市场调查报告的写作技巧主要包括表达、表格和图形表现等方面的技巧。表达技巧主要包括叙述、说明、议论、语言运用四个方面的技巧。

1. 叙述的技巧

市场调查的叙述主要用于调查报告开头部分，叙述事情的来龙去脉，表明调查的目的、根据以及过程和结果。此外，在调查报告主体部分还要叙述调查过程及结论。市场调查报告常用的叙述技巧有：概括叙述、按时间顺序叙述、叙述主体的省略。

（1）概括叙述。叙述有概括叙述和详细叙述之分。市场调查报告主要用概括叙述，将调查过程和情况概略地陈述，不需要对事件的细枝末节详加铺陈。这是一种"浓缩型"的快节奏叙述，文字简约，一带而过，给人以整体、全面的认识，以适合市场调查报告快速、及时反映市场变化的需求。

（2）按时间顺序叙述。这是指在交代调查的目的、对象、经过时，往往采用按时间顺序叙述的方法，秩序井然，前后连贯。例如，开头部分叙述事情的前因后果，主体部分叙述市场的历史及现状，就体现为按时间顺序叙述。

（3）叙述主体的省略。市场调查报告的叙述主体是写报告的单位，叙述中常用"我们"第一人称。为行文简便，叙述主体一般在开头部分出现后，以后各部分中可省略。

2. 说明的技巧

市场调查报告常用的说明技巧有数字说明、分类说明、对比说明、举例说明等。

（1）数字说明。市场运作离不开数字，反映市场发展变化情况的市场调查报告，要运用大量的数据，以增强调查报告的精确性和可信度。

（2）分类说明。市场调查中所获的材料杂乱无章，根据主旨表达的需要，可将材料按一定标准分为几类，分别说明。例如，将调查来的基本情况，按问题性质归纳成几类，或按不同层次分为几类。每类前冠以小标题，按提要句形式表述。

（3）对比说明。通过横向对比分析差距，通过纵向对比分析发展及变动，并进行因素分析。

（4）举例说明。为说明市场发展变化情况，举出具体、典型的事例，这也是常用的方法。市场调查中，会遇到大量事例，应从中选取有代表性的例子。

3. 议论的技巧

（1）归纳论证。市场调查报告是在占有大量材料之后，进行分析研究，得出结论，从而形成论证过程。这一过程，主要运用议论方式，所得结论是从具体事实中归纳出来的。

（2）局部论证。市场调查报告不同于议论文，不可能形成全篇论证，只是在情况分析、对未来预测中进行局部论证。例如，对市场情况从几个方面进行分析，每一方面形成一个论证过程，用数据、情况等作为论据证明其结论，形成局部论证。

（3）推论论证。市场调查报告经常根据数据分析的结果，进行推理和论证。

4. 语言运用的技巧

（1）用词。市场调研报告中数量词用得比较多，因为市场调查离不开数字，很多问题要用数字说明。可以说，数量词在市场调查报告中以其特有的优势，越来越显示出其重要作用；市场调查报告中介词用得也很多，主要用于交代调查目的、对象、根据等方面，如用"为""对""根据""从""在"等介词。此外，还多用专业词，以反映市场发展变化，如"商品流通""经营机制”“市场竞争”等词。为使语言表达准确，撰写者还需熟练市场有关专业术语。

(2) 句式。市场调查报告多用陈述句，陈述调查过程、调查到的市场情况，表示肯定或者否定判断。祈使句多用在提议部分，表示某种期望，但提议并非皆用祈使句，也可用陈述句。

5. 图表的运用技巧

(1) 表格的表现技巧。在制定呈现在调查报告中的表格时，应该注意以下四个方面：首先，每个表格都要赋予其编号和标题，表的标题既要简明扼要，也要能较为全面地概述表格内的主要内容。其次，所有表格的内容排布应该遵循一致的规律，例如根据结果的显著与否、根据时间的先后顺序、根据显著性大小的顺序等对表格内的内容进行规整。再次，对于表格中呈现的内容层次要根据实际情况把握，分组不宜过细，以免冗繁；也不宜过粗，以免掩盖了重要的差异结果。最后，表格的内容呈现规范性要格外注意，线条不宜过多，斜线、竖线、数之间的横线在不影响阅读的情况下可以省去；数据的单位要在表格中注明；小数点、个位数、十位数等应该上下对齐，一般应有合计；对于一些需要注释的变量或数字要给出说明和标注；表格中数据的来源要注明，一手数据注明为何种渠道整理而来，二手数据注明获取的渠道来源；表格的放置最好不要跨页，不得不跨页的表格做成续表的形式放置在报告中。

(2) 图形的表现技巧。制作放置在调查报告中的图形时，也有一些注意事项：第一，与表格相同，每张图片都应该有编号和标题，标题简明扼要，也能充分反映图形中的内容。第二，图形中的内容呈现要有逻辑，可以按照项目的重要性、频度大小、上升或下降的趋势等排布图片中的项目，使得结果一目了然。第三，计量单位的选择要恰当，使得图形尽量匀称，并使得所有的差异都是可视的。第四，尽量避免使用附加的图标说明，应该将图标的意义及其所表示的数量尽可能标记在对应的位置上；关于图形中有些需要统一说明的标记，最好能在图的底部或其他恰当的位置添加上。第五，图形的内容呈现要注意规范性，线条和标记不宜过多，使得图片看起来很杂乱；线条的粗细、颜色、字体的大小等在图中要统一；不同项目在图形中颜色的呈现要有规律，最好能考虑配色搭配的规律，同时也要考虑颜色与文字的搭配使用，避免在黑白印刷时有些内容会变得不清晰；图形中内容的安排要考虑读者的阅读习惯，例如西方人阅读图形的习惯是从左到右，中国和日本人更可能习惯从上到下等；图片的标题和图片尽量保持在同一页内，不要跨页。

9.3 市场调查报告的交流与展示

市场调查最后阶段的工作就是将问题情景下的调研结果进行沟通交流，如果调研结果不能以某种形式呈现给人们，调查项目就会变得毫无意义。调研结果的呈现主要有两种形式：口头汇报或书面报告，大多数调研项目的结果展示都是采用这两种形式。

9.3.1 调研结果的交流

在一些项目中，调查结果以会议记录以及出版刊物或书籍的形式保存下来。展示和报告之所以对企业来说很重要，主要是因为：能够明晰地反映调研结果；可以用于调研结果的沟通和传播；可以作为影响说服客户的一种方法；可以强调调研结果的价值；能够体现调研者外部营销的能力和专业技能。

调研结果展示之所以重要，还在于它是涉及客户以及调研者的一种双向沟通过程，双方可以一起讨论调研结果，探索结果之下的信息。报告还有其独特的力量，作为一种包含了调研项目全部资料的文件，报告记录着从原始问题界定到最终调研结果反映的信息，记录了调研中已经完成的工作。很多阅读报告以及参与展示的人员并不负责调研项目中某一阶段的工作，他们的任务可能仅仅是展示调研结果。客户在委托未来的一些工作时就需要参考这些报告对调研的质量以及调研提供商提供的服务质量进行评价，因此在撰写报告时需要了解报告可能的用途。

在详细介绍展示准备和报告撰写之前，必须知道沟通的艺术以及沟通的重要性。沟通的目的在于传递一些东西，如数据、信息以及知识、想法，目的是为了能够影响或者说服别人。沟通的工作包括四个部分：信息来源；信息本身；信息传播渠道；信息接收者。为了能让沟通过程更加有效，需要先了解这四部分的内容以及它们之间的相互作用。需要知道展示表达的内容，信息具体是什么，信息接收者都有谁，以及对他们来说信息重要的原因。目的是为了使信息能够满足客户的需求，并且更好地利用渠道提供信息传递速度。

9.3.2　准备展示成果

通过对调研项目的背景调查，了解出席展示会议的听众，接下来就是如何更好地设计调研成果展示，来吸引听众的兴趣。

1. 目标

在计划展示以及报告之前，需要清楚知道准备表达的内容，展示的目的，想要达到和实现的最终目标是什么？聚焦于客户的需求，从客户角度来思考问题是非常重要的。在展示结束之后，客户方面会做出什么样的行动？是否为了满足客户某种需要而提供定制化服务？在准备展示的过程中，要时刻考虑客户的需求，努力将客户的想法与展示者保持一致。展示的最后，客户应该明白接下来要做出什么样的行动，下一阶段的工作该如何展开。展示准备阶段，不要总是考虑是否能够在一定的时间或空间范围内获得多少数据，数据并不是客户真正感兴趣的，他们真正感兴趣的是信息和知识，是那些能够帮助他们做出更好决策的线索。展示内容要根据最终调研结果、调研目标而定，而不是调研过程中产生的一些数据，目的在于向客户传递相关信息，尤其是对其业务有价值的信息。

2. 假设

为了能够更好地说明假设，需要清楚客户的需求，了解决策过程的本质，以及决策环境的作用机制，还需要对听众有所了解。因此，先要明白自己真正掌握的以及假设自己已经掌握的信息，再思考为什么要进行调研，调研结果主要用于哪些方面，客户需要做出的决定，以及他们现在的一些想法，要先考虑一下对以上问题做出的假设。客户主要面对什么样的问题？他们对这次的调研、问题以及将要做出的决策态度和看法是怎样的？对于调研实践和调研技巧他们了解多少？听众中是否有人持不同的意见？对这些问题存在疑问的话，就需要在展示之前或之后及时地提出，之所以需要这样的信息是为了让展示中传递的信息符合听众需求，从而实现最终目标。展示会议是同客户团队进行沟通的唯一机会，也是客户团队能够聚在一个地方彼此交流调研结果的有限机会之一，因此要能够更好地利用彼此共同的时间。

展示会议中的听众可能非常多元化，要清楚与会人员不同采用相同的思维方式，对最终结果也存在着不同的预期。展示之前，需要决定自己最先需要影响的人有谁，并且需要在展示过程中实现这样的目标。有时候也需要针对不同的听众准备不同的展示，满足各自不同的需求。这里需要注意的问题主要包括：哪些人？各自的职务级别是什么？他们对调研的熟悉程度如何？他们对问题的熟悉程度如何？他们会在哪里听展示？预计会有多少听众？

3. 媒体选择

要在特定的会场中考虑选择以最佳的方式将信息传递给听众，使用恰当的手册、活动挂图、幻灯片这些工具可以实现多媒体工具同样的效果。

尽管手册相比之下容易准备并且可以作为资料记录永久保存，但手册若作为主要的展示资料，能产生的影响实际上很不理想，因此最好是在展示结束后再将手册分发给听众。活动挂图在听众数目比较少的时候会很有效，比较容易准备，但对于规模较大的会场效果不是很好(特别是挂图的文字较小且不清楚的情况下)。

幻灯片也是很容易准备的，很多会场都有放映幻灯片的设备，设计良好的幻灯片(有较少或适量的文本以及从文本中提炼而来的背景介绍)，能够发挥很大的作用，但是幻灯片的设计、演示要操作得很好则有一定的困难。可以使用软件包或模板配合要展示的内容，并且多多练习，这样在向客户展示时才会让其感觉舒适并取得比较好的效果。展示中如果要使用会场电脑或自己的笔记本电脑，需要先确保这些设备可以使用，还要为会议中可能发生的意外事件准备好应对方案，可以将幻灯片文件上传到网上或是移动硬盘中，甚至是准备好纸质版文件以备不时之需。

在设计图表或幻灯片的过程中要考虑到人们消化吸收信息的不同方式，有些人喜欢数据，有些人喜欢文字，还有一些可能更偏向于图片或图表。实际设计中，一般幻灯片会综合文字、数据、图表等内容，打破某种固定的风格，保证幻灯片不是将资料单调地堆砌起来，资料的处理方式要符合资料本身的特点。目前展示中使用最多的是PPT，但还有其他的一些提供不同功能的程序，可以根据演示需求左右平移、放大局部细节或缩小以显示演示文档全貌。还有很多软件能够更加形象生动地展示数据，学会用先进的方法和较新的软件进行内容展示。

4. 模拟实践

展示之前需要做好充足的准备，充分彻底地了解资料，在展示时间上进行控制。可以邀请同事来听一下模拟展示，让大家对展示提问并给予相关反馈，反馈中尤其要注意这几个方面的问题：可听度、声调、语速、肢体语言、与听众的互动、视觉工具的操作、视觉工具的质量、对资料的掌握程度、展示的逻辑性、标记的设置、时间长度、对论点的说明情况、开篇以及结尾、提问和讨论环节等。

如果无法组织展示模拟演练的话，也可以一个人通过大声练习的方式模拟一下展示的全过程，大声地说出来意味着要比自己在脑海中过一遍演示过程花费更多的时间。出声演示的方式能够帮助发现在调研结果展示过程中可能出现的一些问题，比如发现那些比较薄弱的论据，从而加强它们。

此外，还应该考虑一下展示过程中可能提出的问题，根据展示的种类，这些问题可能是技术上的，也可能是方法论上的疑问，甚至是对于陈述方式、提出的建议、对问题的看法、问题的商业社会背景等的疑问。

9.3.3 展示成果

展示之前要首先确定展示时间、陈述时间、讨论时间以及其他部分的时间各占多少并根据时间安排调整自己的展示。不要让大量的数据占据了展示，人们通常集中注意力的时间不会超过 45 分钟，因此要有意识地缩短展示时间。如果展示之前被分配的时间为 45 分钟，最好在设计展示阶段将展示限制在 30 分钟，因为展示过程中很可能发生各种各样的事情打断调研结果的展示，比如与会人迟到时可能需要等候一段时间，但是展示的时间限制却是固定的。

1. 适应展示的环境

开始展示之前要提前进入会场、熟悉会场环境，需要调整空调至适宜的温度，过低会让听众无法集中精力，过高则会让人感觉乏力。展示之前会感觉很紧张，没关系，要相信自己能够做好，因为已经做了充足的准备，练习的也足够多，还可以通过放慢自己的呼吸来调整紧张的心态。

检查技术细节：保证展示中使用的设备不会发生障碍、会场的大小与听众以及展示的方式相适应。还要让自己或团队成员清楚在设备出现问题时如何解决，以保证不耽误调研结果的展示。一些展示中使用的资料要存有备份。

2. 开始展示阶段

展示开始之前将手表或手机放在讲桌上、方便能很自然地看到时间，在全部与会人员到场后，要先试调一下设备，保证每个人都能听清并看清放映的幻灯片。开始展示时，要有意识地控制自己的语音语速，人在紧张的时候很容易加快语速或提高音调。尝试在陈述的过程中灵活地转变语调，使自己的演示听起来更加声情并茂。展示中，目标是吸引听众的注意力、从而建立起比较好的联系，要让听众将注意力放在展示的内容而非展示的方式上。展示中还要注意肢体语言，让自己的肢体语言看起来更加大方友好，保持和听众之间的目光接触，把听者带入到陈述中来。还要注意最好不要在展示的过程中念稿子或背对着听众，更不要有一些会分散听众注意力的动作，比如转笔、将手放在口袋里、来回走动等。如果使用笔记本电脑进行展示，可能会有一些打印出来的资料，展示中不要只是照着资料读，也不要照着幻灯片上的内容念，那样展示会变得很单调乏味，只是将这些资料作为展示过程中的提示。还要注意自己的语音语调，这是在汇报工作，而不是在分配任务。

如果与会人中有一些母语并不是相同的语言，要努力让自己的陈述足够清晰，避免使用过多的俚语，还要在手册以及图表中标注展示的主要内容，一般来讲，使用第二语言的人对书面资料理解的会更好。

3. 吸引听众兴趣

展示过程中如何吸引听众的兴趣并激发他们对展示内容的关注？如果在展示之初，已经从听众的角度为满足他们的需求来思考展示的结构，结果就会是自然而然的。人们总是倾向于接受他们感兴趣以及同其需求相关的一些信息，因此一个好的开始就变得十分重要。展示开始阶段需要同听众建立起良好的联系，开始阶段主要是为接下来的讲解做预热，使听众做好接收信息的准备。可以利用这个时间使大家放松一下，说一些大家都知道的信息，比如进行调研的原因；如果之前已经介绍过调研背景，这时可以说一下接下来的讲解会如何解释调研结果。另一种开始的方式是，先说明目前已经提出来的选择方案或客户在决策时可能遇到的问题，介绍时可以按照调研结果会如何作用于客户需求方面展开。调研结果中会包含很多故事，也可以选择其中一些比较有意思的来吸引听众的兴趣，这些故事还可以为客户提供一个全新的视觉来审视问题。

考虑到听众以及项目性质，可能需要在展示时先对调研方法论进行一个简要的介绍，包括样本结构描述等，这部分不能占用太多时间，毕竟人们不会对详细的方法论有很大的兴趣。听众的目的是为了获知调研结果，尽管这些信息会使他们在调研效度和信度上有更好的理解，但展示开始阶段太多晦涩难懂的信息会打击听众的热情。同时，对于那些可能存在争论的问题，最好不要在展示开始阶段涉及，这有可能分散他们的注意力，当然，在需要启发听众对调研课题产生新的理解时，可以考虑使用。

无论采用什么样的方式，都要努力在展示开始阶段尽可能吸引听众兴趣，引导他们关注接下来的展示。可以考虑在展示时向听众展现一个本次展示陈述结构图，让与会者能够清楚地知道展示涉及哪些内容，最终会引领他们得到什么样的结论。告知与会者这次展示会持续多长时间，是否有准备好的资料手册，这样他们可以决定是否要记录展示会议的内容。

4. 展示的结束阶段

展示的结束阶段，要用一些概括性语言或建议来提醒听众调研结果的展示阶段已经接近尾声，概括总结信息的几个关键部分，也就是再次简短地强调主要信息以加深听众对调研问题的认识。要根据自己之前的展示内容提出概括性或结论性的语言，这一阶段就不要在发表一些新的信息了，如果可以的话，提供一些对未来行动的建议也不错。这些建议主要是针对下面一些阶段的工作内容，邀请听众在存在疑问的情况下联系团队，或者对此次调研项目进行评价等内容。保证展示能够在规定的时间完成，如果这时已经没有很多时间，完全可以跳过这部分直接进入展示的最后部分。

在很多展示中，讨论以及回答问题阶段是放在最后的，在回答问题中要思考缜密一些，不要匆匆忙忙就给出答案；也不要害怕会有停顿，要知道停顿的时间其实并没有感觉的那么长。回答问题时，可以先重复一下问题，这样让大家理解问题也能为自己争取一些思考的时间；如果展示现场还有其他展示小组的成员，可以请他们帮忙记录下问题和你的回答，以便在需要的时候可以查看。在回答问题时，不仅是回答提问者，也是回答全部与会者，要让给出的答案与问题相关，而不是抛开问题去讲一些其他内容。如果一些问题与展示主题并不相关，可以告知提问者这些问题可以在会后进行单独详细解答。

本章小结

本章重点介绍了市场调查报告撰写及展示的相关内容。市场调查报告本质上是调查成果的集中体现和有形展示，具有针对性、科学性、新颖性、时效性和可读性特征。从功能上来讲，市场调查报告标志着调查活动的完成，也是衡量调查活动质量水平的重要标尺，是对调查活动成果的有效总结，并将其升华为可以指导实践的决策依据。按照不同的标准可以将市场调查报告分为不同的类型，不同类型的调查报告在功能、使用对象、写作方式和研究目的等方面都存在明显差异。撰写市场调查报告的程序包括确定主题、取舍资料、拟定提纲和撰写成文四个主要步骤。过程中要注意不同类型调查报告间在格式上的差异，要善于应用撰写技巧，以呈现高质量的调查报告。在最终的调查报告交流与展示的过程中，要注意做好准备，提前分析目标，选择适应环境的媒介，有条件的情况下尽量多提前模拟演练，展示的过程中要注意内容层次分明、语调抑扬顿挫，吸引听众的兴趣，并在展示结束后积极总结。

关键词

市场调查报告、理论型调查报告、实际型调查报告、调查报告的格式、调查报告的撰写技巧、成果展示

思考题

1. 简述市场调查报告的特点及意义。
2. 市场调查报告的类型有哪些？
3. 在确定市场调查报告格式时，要注意哪些问题？
4. 市场调查报告的撰写技巧有哪些？除了本章介绍的，还有没有其他技巧？
5. 在撰写理论型和实际型市场调查报告过程中，要注意哪些异同点？
6. 为什么要做调研成果的交流与展示？展示前要做哪些准备？
7. 怎样克服市场调查报告口头汇报前的焦虑情绪？
8. 拿一份你所撰写的暑期社会实践调查报告，根据本章所学习的知识，对其进行优化和完善。

案例分析

关于中国民航运行的市场调查

根据航班管家发布了2020年7月中国民航运行数据报告，从2020年1—7月民航市场总体情况、7月千万级机场航班量、7月TOP10航线、7月TOP10航司等维度解读民航市场

发展趋势。以下为部分报告内容。

2020 年 7 月民航旅客量 3 699.56 万人次，恢复到 2019 年同期的 62.38%。7 月和 8 月份是中国民航运输的传统旺季，时值暑期，商旅、休闲旅游、亲子旅游、学生出行等客流的叠加，使得出行需求旺盛。因而，2020 年 7 月和 8 月民航暑运市场的恢复情况显得至关重要。2020 年 7 月中国民航运输旅客量 3 699.56 万人次，环比增长 20.35%，同比下降 37.62%；7 月民航单日运输旅客 119.34 万人次，恢复到 2019 年同期日均旅客量的 62.38%。2020 年 1—7 月，民航累计运送旅客 1.84 亿人次，同比下降 51.62%。

7 月民航客运航班量 37.72 万架次，恢复到 2019 年同期的 76.24%。相比旅客量，航班量恢复的速度更快：2020 年 7 月份民航客运航班实际执飞量 37.72 万架次，环比增长 17.86%，恢复到 2019 年同期的 76.24%。2020 年 1—7 月，民航客运航班量 174.1 万架次，同比下降 42.38%，恢复至同期的 6 成以上。对于民航市场而言，航班量快速恢复、增大市场供应，是进一步促进民航旅客市场的复苏的直接手段。

2020 年 7 月民航市场利好与利空因素参半，航班量在艰难中稳步提升。进入 7 月中旬，全国大部分省份中小学陆续开始放暑假，亲子游、探亲出行等需求释放；7 月 14 日，文旅部发布《关于推进旅游企业扩大复工复业有关事项的通知》，恢复跨省团队游及“机+酒”业务，旅游景区接待游客最大承载量由 30%调至 50%，进一步刺激旅游市场恢复。而 7 月 16 日新疆乌鲁木齐出现本土疫情反弹、7 月 22 日大连出现本土疫情反弹，两地迅速采取严格措施进行疫情防控，相应的机场航班量骤减。在利好与利空因素参半的情况下，2020 年 7 月每日民航客运航班量依然保持着上升的趋势。

资料来源：https://xw.qq.com/cmsid/20200810A085ZW00？ADTAG=amp.

问题：请结合案例内容和数据，分析关于中国民航运行的市场调查对消费者以及民航业的意义。

第 10 章 应用案例

案例一 基于 SPSS 软件的消费者持续共享意愿影响因素分析

本案例旨在探索消费者持续共享意愿的影响因素，因变量为持续共享意愿；消费者持续共享意愿的影响因素，即自变量有 4 个：经济价值、社交娱乐价值、感知有用性和可持续价值；中介变量有 1 个：态度。具体模型图如图 10-1 所示。在参考以往文献的基础上，设计了相关变量的量表及对应的问卷，通过对有参与共享经济经历的消费者展开调研获取数据，以支撑下述数据分析。

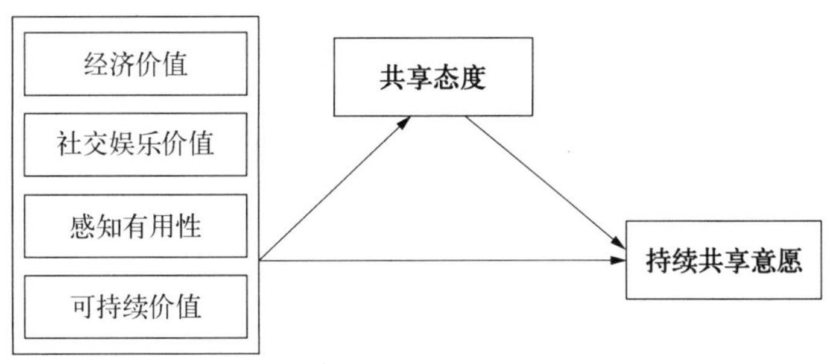

图 10-1　案例一概念模型图

具体软件安装、数据分析流程解析等资料，可以扫描下述二维码获取（获取码：sbs123456）。

案例一

案例二　基于 SmartPLS 软件的居民信息素养影响因素分析

本案例旨在探索居民信息素养的影响因素，其中居民信息素养为因变量，包含 4 个维度：信息意识、信息能力、信息安全和信息态度；其影响因素包括：信息技术态度、家庭数字接入、家庭成员信息技术态度、城市政策及信息设施建设。概念模型图如图 10-2 所示。通过参考以往文献，设计了相应因素的测量量表及问卷，针对某地居民展开了问卷调查，基于此获取的数据进行下述模型的验证。本案例分析工具为 SmartPLS3.0，分析方法为结构方程模型。

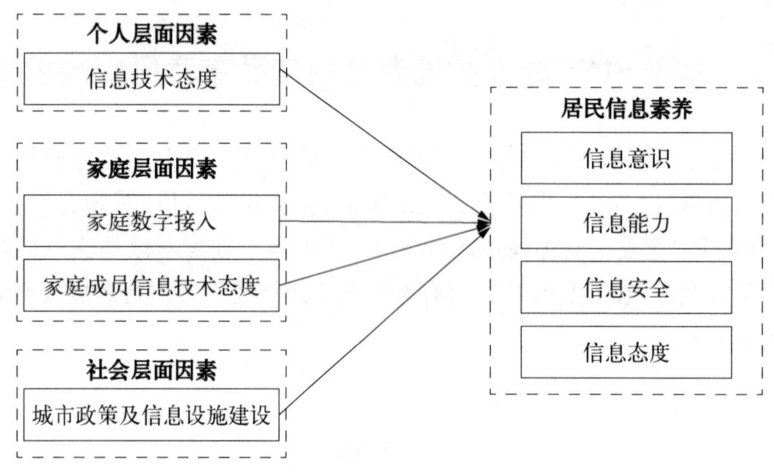

图 10-2　案例二概念模型图

具体软件安装、数据分析流程解析等相关资料，可以扫描下述二维码获取（获取码：sbs123456）。

案例二

案例三　基于火车采集器爬取结构网页大数据

结构网页数据采集是将网页中结构化数据按照一定的需求进行采集。这种方法适用于直接可以看到信息的网页，如有关住房的链家网、安居客和搜房网，有关美食的大众点评网，有关商业的企信宝等。下面以链家网为例，介绍如何通过火车采集器爬取基本网页数据。

具体软件安装、数据分析流程解析等相关资料，可以扫描下述二维码获取（获取码：sbs123456）。

案例三

图书在版编目(CIP)数据

市场调查与预测/吴培培,江江主编. —上海:复旦大学出版社, 2023.4(2024.12 重印)
新零售系列教材
ISBN 978-7-309-16442-8

Ⅰ.①市…　Ⅱ.①吴…②江…　Ⅲ.①市场调查-教材②市场预测-教材　Ⅳ.①F713.52

中国版本图书馆 CIP 数据核字(2022)第 186353 号

市场调查与预测
SHICHANG DIAOCHA YU YUCE
吴培培　江　江　主编
责任编辑/鲍雯妍

复旦大学出版社有限公司出版发行
上海市国权路 579 号　邮编:200433
网址:fupnet@fudanpress.com　http://www.fudanpress.com
门市零售:86-21-65102580　团体订购:86-21-65104505
出版部电话:86-21-65642845
杭州日报报业集团盛元印务有限公司

开本 787 毫米×1092 毫米　1/16　印张 17.5　字数 393 千字
2024 年 12 月第 1 版第 4 次印刷

ISBN 978-7-309-16442-8/F·2920
定价:48.00 元